.

国家出版基金资助项目
"十四五"时期国家重点出版物出版专项规划项目

中国城乡可持续建设文库（第一辑）
丛书主编　孟建民　李保峰

本书为"十三五"国家重点研发计划项目子课题（2019YFD1100804）、国家自然科学基金面上项目（52378005）、重庆市自然科学基金面上项目（CSTB2022NSCQ-MSX1567）的研究成果

国家出版基金项目　NATIONAL PUBLICATION FOUNDATION
建筑前沿

Spatial Integration Planning Method and Practice of Public Service Facilities in Mountainous Rural Communities in Southwest China

西南山地乡村社区公共服务设施空间一体化规划方法与实践

徐苗　杨震　李壮　张莉媛　著

华中科技大学出版社
http://press.hust.edu.cn
中国·武汉

图书在版编目（CIP）数据

西南山地乡村社区公共服务设施空间一体化规划方法与实践 / 徐苗等著 . -- 武汉：华中科技大学出版社 , 2025.8. -- (中国城乡可持续建设文库). -- ISBN 978-7-5772-1969-1

Ⅰ . D669.3

中国国家版本馆 CIP 数据核字第 2025QH9481 号

西南山地乡村社区公共服务设施空间一体化规划方法与实践

Xinan Shandi Xiangcun Shequ Gonggong Fuwu Sheshi Kongjian Yitihua
Guihua Fangfa yu Shijian

徐　苗　杨　震
李　壮　张莉媛　著

策划编辑：简晓思

责任编辑：简晓思

封面设计：王　娜

责任校对：刘小雨

责任监印：朱　玢

出版发行：华中科技大学出版社（中国·武汉）　　电话：(027)81321913

　　　　　武汉市东湖新技术开发区华工科技园　　邮编：430223

录　　排：武汉正风天下文化发展有限公司

印　　刷：湖北金港彩印有限公司

开　　本：710 mm×1000 mm　1/16

印　　张：18.5

字　　数：309千字

版　　次：2025 年8月第1 版第1 次印刷

定　　价：198.00 元

作者简介

徐　苗

重庆大学建筑城规学院教授、博士生导师，城乡规划系副主任。兼任中国城市规划学会住房与社区规划专业委员会委员、中国城市科学研究会健康城市专业委员会委员、重庆市城市规划学会社区规划学术委员会委员、美国麻省理工学院高级城市研究中心访问学者、中文核心期刊《国际城市规划》编委委员。主持国家自然科学基金面上及青年项目、科技部国家重点研发计划课题子课题、重庆市自然科学基金面上项目等 10 余项。出版英文专著 1 部、译著 1 部，发表高水平学术论文 30 余篇，其中 2 篇英文 A&HI 期刊文章分别获得美国规划院校与欧洲规划院校联会颁发的"青年人才奖"和国际规划史协会颁发的"东亚规划史奖"。主要研究方向：城市住房发展和社区规划、城市非正规发展的空间规划响应与治理、乡村空间发展、城市设计与更新。

杨 震

重庆大学建筑城规学院教授、博士生导师，重庆大学建筑规划设计研究总院有限公司副总建筑师，英国卡迪夫大学城市设计博士，国家注册城乡规划师。兼任中国建筑学会城市设计分会理事、对外交流工作委员会委员，中国城市规划学会城市设计学术委员会青年委员，重庆市城市规划学会常务理事。重庆市建筑学学术带头人后备人选，重庆市城市设计研究生导师带头人。发表权威期刊论文 50 余篇，出版学术专著、译著 10 部，主持国家自然科学基金项目 2 项、省部级纵向科研课题 10 余项，获国家、省部级优秀设计奖 30 余项。主要研究方向：城市设计、城市更新、公共空间与社区营造。

李 壮

重庆大学建筑城规学院城乡规划学博士研究生。参与多项研究课题，包括城乡社区公共服务设施规划、城市非正规发展空间规划与治理等。主要研究方向：城市边缘区非正规产业治理、乡村发展研究。

张莉媛

重庆大学建筑城规学院城乡规划学博士研究生。参与科技部国家重点研发计划项目子课题、重庆市自然科学基金面上项目等 2 项，主持重庆市研究生科研创新项目 1 项。主要研究方向：城中村更新治理和社区规划、乡村规划与城乡公共服务设施规划、城市非正规空间治理。

编写（调研）组成员

序　言

从长期深耕城市社区研究走向对乡村社区的关注，最初的契机来自研究团队对我国城市非正规经济与就业群体及其空间需求问题的持续跟踪与调查。研究发现，广泛分布于城中村、保障房社区及老单位社区等不同类型城市低收入社区中的大量农民工是非正规就业群体的主力，而造成这种现状的根本原因，黄宗智教授在其著作《中国的新型非正规经济：实践与理论》中明确指出，是中国改革开放后的经济增长深度依赖城乡二元结构下的劳动力流动和非正规经济。虽然城市非正规经济吸纳了大量的农村剩余劳动力，但农民工在户籍制度限制下缺乏社会保障，其低工资与不稳定就业状态是城市对农村的"隐形剥削"。以农民工为基础的城市非正规经济虽然为农村提供了重要的非农就业收入增长，但未能从根本上改变我国农村小农经济的脆弱性，反而在某种程度上延缓了农村的结构性转型，流动人口在进城与回乡之间进退维谷。因此，对占据城市低收入人群主要体量的农民工的关注，将我们的研究视野从城市社区引向了这个群体钟摆型生活的另一端——乡村社区。而另一个契机，则来自研究团队有幸参与的由哈尔滨工业大学（深圳）牵头，由东南大学、重庆大学、山东建筑大学共同承担的"十三五"国家重点研发计划项目"村镇社区空间优化与布局研究"的子课题——"村镇社区公共服务体系与公共设施规划技术"。课题推进过程中在西南山地乡村展开的大量田野调查与研讨交流成果，形成了本书内容的基础。

在长期的城乡二元结构发展过程中，我国乡村社区普遍存在公共服务设施配置不健全、基础设施建设滞后等问题。此外，由于地域辽阔，由南到北、由东到西、由东南沿海到西北内陆，地理要素叠加城乡空间格局、经济结构、城镇化进程等差异，我国乡村社区及其公共服务设施供需情况分异显著。本书聚焦的西南地区具有典型的山地特征，山地面积占总面积的71.7%，丘陵占13.5%，高原占9.9%，平原仅占4.9%。该地域的乡村社区，受制于大型山系和长期边缘化的经济地理区位，生态环境脆弱，人口流失水平高，居住分散，导致山地村镇单元的经济体量小、农村基础设施建设成本高，公共服务设施普遍存在供需结构失衡、资源闲置浪费、设施使用效率低下等问题，在村镇层级建立起完整公共服务体系的难度高、浪费大。另外，受到现代化、工业化与城市化的影响，尤其是在近二十年国家推动的交通、信息等基础设施建设取得巨大成就的影响下，城乡之间物质、服务和信息等要素的流动性与交互性日益增强。西南地区大量乡村的生产生活系统现已处在动态、复杂、开放的重构过程中，居民活动圈层范围及获取公共服务设施的时空路径得到了大幅拓展。2016年全国小城镇调查的村镇居民调查数据显示，西南地区的四川、重庆的调研村到县城的高频次出行比例较高，这些村庄与县城的空间互动联系更加紧密，表明传统的"村—镇—县"三级服务设施配置体系正在"动摇"，村民开始倾向于直接前往更高等级的服务地享受高等级服务。这类跨等级、跨地域使用公共服务设施的客观现象，反映了乡村发展要素正由本地化供给转向城乡交互作用，也反映了乡村公共服务设施已深度嵌入区域之间较大规模、复杂关联的流动关系网络。随着中共中央办公厅、国务院办公厅于2022年5月印发的《关于推进以县城为重要载体的城镇化建设的意见》的实施，国家公共资源以县城为重要载体向乡村辐射，公共服务设施本身较为完整的县城将在西南山地乡村社区公共服务设施的区域统筹布局中发挥益发重要的支点性作用。因此，从区域视角评估与优化县域尺度的公共服务设施配置网络体系是西南山地乡村社区公共服务设施空间规划破局的关键。

基于以上研究成果与认知，本书聚焦于日益扁平化、互嵌化和网络化的空间网络体系新变化，针对西南山地乡村社区的社会空间特征与公共服务设施的供需问题，首先从宏观的历史维度，论述了东亚乡村及其社区公共服务设施的发展趋势对西南山地乡村社区的规律性启示；其次基于县域尺度的区域视角，从区域网络一体化、多元供给一体化和三生场景一体化三个方面介绍西南山地乡村社区公共服务设施空间一体化配置的规划理论、发展现状、规划目标与策略、技术方法，并辅以简明清晰的导则手册，希望对关注乡村振兴以及乡村基础设施规划与建设的学生、研究学者、规划师、政策制定与管理者有所启示和帮助，也为关心乡村发展的广大读者群众提供一个新的视角去看待中国乡村建设的现在与未来。

　　2025 年 1 月，中共中央、国务院印发了《乡村全面振兴规划（2024—2027 年）》，提出"率先在县域内破除城乡二元结构，一体推进城镇和乡村规划、建设和治理，推动城乡基本公共服务均等化"。紧接着，中央城市工作会议于同年 7 月在北京举行。这是继 1978 年、2015 年后又一次高规格的城市工作会议，标志着我国城镇化进程进入历史性转折点。会议首次将"以县城为重要载体的城镇化建设"纳入中央城市工作总体部署，强调以全国 1866 个县城为公共服务枢纽，通过"互联网＋教育 / 医疗"实现公共资源下沉，推动公共服务均等化基础上的城乡融合发展。因此，在乡村社区实现医疗、养老、教育、交通等公共服务设施和社会保障的一体化和全覆盖是城乡规划领域的重要议题与任务。本书的出版将为国家的乡村发展战略与乡村社区规划路径提供一个在地化的注脚。

2025 年 7 月

目　录

绪论：西南山地乡村振兴与乡村社区公共服务设施规划

0.1 西南山地乡村振兴的目标与困境：历史视角

自 1978 年中国实施改革开放政策以来，40 多年间，中国的城镇化、工业化和信息化进程迅猛发展，农业农村现代化和城乡一体化也在持续推进。到 2020 年，中国成功打赢了脱贫攻坚战，全面建成小康社会，并计划到 2035 年基本实现社会主义现代化。在过去的半个多世纪里，中国乡村发展大致经历了三个阶段：首先是解决温饱问题，其次是建设小康社会，最后是迈向富裕。在这一过程中，中国乡村发展也呈现出三个显著的转型特征：由单一农业生产模式，到多功能乡村发展，再到城乡融合发展的新格局。

当前，中国的城镇化和乡村建设已经迈入全面转型的城乡融合新阶段。随着城乡结构、人地关系及乡村制度的深刻变革，中国已经从传统的"乡土中国"——以农为本、以土为生、以村而治，转变为"城乡中国"——乡土成为故土、告别过密化农业模式、城乡实现互动。然而，城乡二元结构的体制性障碍和制约乡村可持续发展的因素仍然存在。长期以来"重城轻乡"战略路径导致的"城进村衰"局面尚未得到根本扭转，村庄空心化、主体老弱化和环境污损化等"乡村病"仍未得到根治。

正视现实问题、面向发展目标，党的十九大报告提出，实施乡村振兴战略。乡村振兴战略作为实现乡村现代化的主要线路，强调农业农村农民问题是关系国计民生的根本性问题，被列入党和国家未来发展的"七大战略"之一。2018 年 1 月，中共中央、国务院发布的《中共中央 国务院关于实施乡村振兴战略的意见》指出，实施乡村振兴战略，是解决人民日益增长的美好生活需要和不平衡不充分的发展之间的矛盾以及实现全体人民共同富裕的必然要求。党的二十大报告进一步深化了这一战略的重要意义，强调要全面推进乡村振兴，坚持农业农村优先发展，加快建设农业强国，扎实推动乡村产业、人才、文化、生态、组织振兴。《中华人民共和国国民经济和社会发展第十四个五年规划和 2035 年远景目标纲要》也明确指出，要"走中国特色社会主义乡村振兴道路，全面实施乡村振兴战略，强化以工补农、以城带乡，推动形成工农互促、城乡互补、协调发展、共同繁荣的新型工农城乡关系，加快农业农村现代化"。

公共服务设施是城乡居民生产、生活的基本保障，构建高效、优质、均衡的公共服务设施体系对于营造城乡宜居环境、切实推进乡村振兴具有重要意义。随着城镇化进入新的发展阶段，我国城乡规划建设领域越来越重视公共服务设施配置的合理性、均等性及质量。公共服务设施的均衡配置和协调发展是促进城乡融合、增进社会福祉、改善民生水平和实现社会公平正义的关键内容之一。乡村振兴战略中提升人民群众的获得感、幸福感和安全感的目标，对公共服务设施的供需均衡提出了更高的要求。

基于上述背景，本节将从以下几个方面展开对西南山地乡村振兴的分析讨论。

首先，明确乡村振兴的科学内涵，梳理我国乡村建设政策的发展脉络，充分理解乡村振兴在农业农村现代化建设中的重要理论意义和实践价值。

其次，归纳总结西南山地乡村的自身特色及发展局限，准确把握西南山地乡村建设中的历史遗留问题，同时面向现代化进程中的新挑战，分析梳理西南山地乡村建设中乡村社区公共服务设施配置与建设发展的现实困境，为探索乡村振兴战略的在地实施路径打下坚实基础。并基于当前的现实困境，有针对性地提出在乡村振兴过程中，西南山地乡村社区在公共服务设施规划与建设中面临的具体发展任务。

0.1.1　乡村振兴政策的内涵及实施进程

1. 乡村振兴的内涵

乡村振兴战略是中国城乡发展的必然产物，也是有效化解乡村主要社会矛盾的必然选择。实施这一战略，要坚持农业农村优先发展理念，遵循"产业兴旺、生态宜居、乡风文明、治理有效、生活富裕"的总体要求，从思想和实际行动两方面入手，将乡村塑造成为集政治、经济、文化、社会、历史、环境等多方面元素于一体的中华文明载体，进而构建健全的城乡融合发展体制机制和政策体系，加速推进农业农村现代化进程。乡村振兴实质上是乡村地域系统要素重组、空间重构、功能提升的系统性过程；着眼于根本解决农业、农村、农民"三农"问题，补齐乡村发展短板，促进城乡经济社会均衡发展和乡村的全方位充分发展。

中国城乡发展经历了从"统筹城乡经济社会发展"迈向"城乡融合发展"的过程。

在"统筹城乡经济社会发展"阶段，主要以城市建设为中心，通过城市经济社会增长的外部作用来实现"以工补农、以城带乡"并推动乡村发展。然而，由于城市"虹吸效应"过强，各类生产要素难以顺畅流向农村，从而导致乡村发展缺乏动力，乡村建设难以推进。相比而言，"城乡融合发展"在城乡协调发展的基础上强调"农业农村优先发展"的基本前提，并由此构建城乡融合发展的体制机制。

其一，乡村治理现代化是乡村振兴的首要任务。实现这一目标的关键在于创新发展理念，推动"乡贤治乡"，即利用熟悉当地情况的乡村干部和乡贤，引领乡村治理向现代化转型。促进干部下乡，配备熟知实际情形的乡村基层工作人员，是提升乡村治理能力的重要措施。乡村基层干部队伍建设应以"懂农业、爱农村、爱农民"为导向，通过人口要素的流动带动城乡系统中其他要素的有效流动。

其二，城乡要素配置优先满足农村发展需求，激发农村发展活力。在确保劳动力、金融等要素在城乡间自由流动的前提下，优化顶层设计，完善以"农业、农村、农民"为重点的要素配置，实现资源向乡村倾斜。深化乡村土地制度改革，加强土地"三权分置"改革，激发农村土地流转动力，为农村发展奠定坚实基础。

其三，优先保障资金投入，补齐农村产业发展短板。公共财政应进一步向农业、农村倾斜，有序引导农村特色产业发展，并撬动社会资本和金融资本流入农村。资本的落实和有效运用，将在乡村振兴中发挥关键的支持作用。

其四，优先安排公共服务，解除乡村发展的后顾之忧。准确剖析人民在基本生活层面的实际需求，特别是在医疗资源、"一老一小"（养老、托育）等领域，实现精准供给，补齐乡村社区公共服务设施短板，确保乡村居民在"衣、食、住、行"等方面的实际需求得到满足。这一点对于西南山地乡村社区公共服务设施规划尤为重要，因为它直接关系到乡村居民的生活质量和乡村可持续发展的能力。

2. 乡村建设政策演进历程

作为一个农业大国，我国长期保持对农村发展的高度重视，始终将"三农"问题作为关系国计民生的根本性问题。自新中国成立以来，中国政府围绕乡村建设和发展推行了一系列政策创新实践，旨在促进乡村经济的发展和社会的进步。在乡村建设发展过程中，宏观社会经济制度决定了城乡资源分配关系，进而影响了不同时期的乡村建设政策内容及城乡发展和空间变化趋势。当下中国正处在传统乡土中国向城乡中国转型的巨大历史变革之中，梳理不同历史时期的乡村建设政策和体系，整体把握乡村建设政策的历史演变规律，可以为更好地诊断当前发展阶段的乡村建设问题提供依据。

随着乡村振兴的实践浪潮在全国各地兴起，乡村建设重新走入决策者、实践者和研究者视野，但是目前关于乡村建设有效性的讨论还不多。广义而言，乡村建设的有效性可以理解为乡村治理的有效性。党的十九大报告中指出，"治理有效"是乡村振兴的基础。

本书以时间发展为脉络，以城乡资源的分配（经济体制）为依据，结合乡村建设的基本内涵——社会秩序、社会发展及乡村空间环境建设，借鉴相关研究，构建了乡村建设有效性的评估框架，从社会秩序稳定性、基本公共服务供需平衡性、乡村经济社会发展秩序及乡村空间环境建设几个方面对不同历史发展阶段的乡村建设政策做了相应的总结（表 0-1）。

表 0-1 我国不同发展阶段乡村建设政策总结

历史阶段	主要政策方向	社会秩序稳定性	基本公共服务供需平衡性	乡村经济社会发展秩序	乡村空间环境建设
土地改革到集体化时期	土地改革，废除封建土地制度，把土地分配给农民；人民公社制度，集体化生产，公社化管理	社会秩序相对稳定，农民积极性提高；集体经济管理下的统筹分配	公共服务供给不足，基础设施薄弱；集体化时期集中供给，资源分配不均	经济发展初期，以农业为主；集体经济时期开始初步发展农业机械化	初始空间松散，以自然村落为单位；集体化时期乡村空间结构简单、公共服务设施逐步完善
改革开放初期	土地承包责任制，市场化改革，乡镇企业发展	政策引发社会活力，乡村秩序逐渐稳定和多元化	公共服务供需矛盾显现，尤其在教育、医疗等领域	乡村经济逐步转型，乡镇企业迅速发展	空间环境建设滞后，部分乡村基础设施落后
新农村建设时期	重视农村基础设施建设，改善农村生活环境，推动城乡一体化	社会秩序稳定，但城乡差距逐渐显现	基本公共服务逐步改善，但区域不均衡现象仍存在	乡村经济结构多样化，部分地区经济活跃	乡村空间环境改善，基础设施（如道路、供水系统等）建设提速
乡村振兴时期	以"产业兴旺、生态宜居、乡风文明、治理有效、生活富裕"为核心发展目标	社会秩序逐步趋于规范，基层治理水平提高	基本公共服务设施覆盖面扩大、均衡性提升	乡村经济与农业现代化同步推进，产业链延长	生态环境保护与乡村空间规划并行，环境质量大幅提升

资料来源：笔者根据相关文献整理。

1）土地改革到集体化时期（1949—1977年）

新中国成立初期，为了保障工业生产和城市建设的资本积累及稳定粮食生产，政府通过严格的户籍管理制度干预城乡人口流动，最终形成了严格的城乡二元分治局面。受"三线建设""上山下乡"等历史事件进一步影响，城镇化趋于停滞状态。同时在计划经济体制下，政府通过行政手段分配资源，农村建设发展主要围绕农业经营体制的社会主义改造和稳定农业生产展开。

在经营体制方面，逐步建立起以人民公社为主导的集体经营制度；在农业生产方面，经过"农业合作化"和"农业学大寨"等，重点发展农业生产和基础设施建设，兴修农田水利，提高农业生产力，最终实现通过乡村生产哺育城市和重点产业建设的目的。

在人民公社制度下，乡村建设主要聚焦于公社（生产大队、管理区）建设和居民点规划两个层面，公社为日常开展集体活动的公共服务空间，而居民点则以生产队为对象，考虑农业生产需要设置田间工作站等。

原农业部土地利用局和原国家计划委员会城市规划局分别组织编制了人民公社规划技术指南与案例集，以及新中国成立后的首本《城乡规划》教材，为人民公社的规划和建设提供了技术支持与理论指导。

2）改革开放初期（1978—1992年）

改革开放初期，中国农村经济体制经历了重大改革，推行家庭承包责任制，实行"包产到组、包干到户"的农村经济模式。随着农业生产迅速恢复，农村农产品商品化意识不断增强，从而促进了农产品流通体制的改革；同时，农民自主经营土地，极大地解放了农村劳动力，并促成剩余劳动力逐步流向城市。在国家政策的鼓励和支持下，农村地区开始发展除传统种养业之外的多种经营，包括加工、建筑、运输等行业。乡镇企业的兴起不仅为农村地区提供了大量就业机会，还促进了农村经济的多元发展，一定程度上推动了乡村工业化发展。随着经济发展，乡村建设开始受到关注，部分村庄开始尝试有规划引导的开发建设，农村地区逐渐兴起大规模的农房建设热潮。

"建房热"现象引发了占用耕地、大拆大建等破坏乡村环境的问题。为规范农户自发的乡村建设行为，国家设立了乡村建设管理局，负责指导和协调全国农房建设工作。1981 年的第二次全国农村房屋建设工作会议上提出了将乡村及其周边环境一体化综合规划的概念，并在 1982 年开始初步推进村镇规划编制工作。到 1986 年底，全国共有约 3.3 万个小城镇和 280 万个村庄编制了初步规划，这些规划开始注重基础设施的建设，包括村庄生产、生活配套设施及工程管网系统的布置，以及乡村公路的建设等；乡村工业化中的村镇空间布局、功能组织等内容也逐渐得到重视。同时，全国范围内有计划地开展扶贫脱困工作，基础设施的逐步提升不仅改善了贫困地区的经济状况，也为贫困地区的居民提供了更好的生活条件。

3）新农村建设时期（1993 年—20 世纪末）

从 20 世纪 80 年代起，中国逐步推行乡村治理结构改革，逐步构建起县—乡—村三级基层治理体系。在这一时期，"村镇规划"概念开始形成，并逐步实现法治化、规范化、制度化建设。1993 年，国务院在总结村镇初步规划经验的基础上出台了《村庄和集镇规划建设管理条例》，并配套颁布相关法规和标准，明确了以"乡镇域总体规划，村庄、集镇建设规划"为核心的村镇规划体系。1998 年，《中华人民共和国村民委员会组织法》修订通过，标志着我国村民自治正式步入法治轨道。

随着分税制的推行和加入世界贸易组织（WTO）带来的全球化机遇，地方政府积极响应，大力发展新兴工业和城市建设。然而，这一过程也导致了城乡、工农发展不平衡的问题。为解决这种失衡问题，政府制定了一系列涉及乡村建设和乡村振兴的政策措施，包括"三农"政策、农村改革政策、扶贫开发政策等。先发地区注重耕地保护、环境质量及农村劳动力管理，而落后地区则重点解决乡村衰败问题，逐步推进整村开发的扶贫脱困建设。

在乡村公共服务设施建设方面，政府重点推动农村基础设施建设和农业产业发展，加强农村教育、医疗等公共服务设施的建设，以提高农村居民的生活水平和生活质量。随着改革开放的深入，政策逐渐转向市场经济，强调效率优先，乡村公共服务设施开始引入一定市场机制，鼓励社会资本参与，进一步提升农村公共服务的供给能力和效率。

4）乡村振兴时期（21 世纪初至今）

进入 21 世纪以来，随着城镇化进程的加速推进和城乡发展差距的日益凸显，政府开始采取多种措施开展新型城镇化建设，以优化调整城乡关系，先后经历了城乡统筹、城乡一体化、城乡融合等阶段。这些政策更加强调公共服务均等化以及农村地区的综合发展，突出政府在公共服务供给中的主导作用。

2001 年，国务院颁布《中国农村扶贫开发纲要（2001—2010 年）》，旨在加强贫困乡村的基础设施建设，解决少数贫困人口的温饱问题，为达到小康水平创造条件。2003 年，全国开始建立新型农村合作医疗制度，标志着我国农村卫生事业取得重大进展。自 2004 年起，中央连续发布 22 个以"三农"为主题的"中央一号文件"，在"三农"领域的财政投入和政策倾斜不断加大。在城乡统筹发展的理念指导下，21 世纪以来农业农村政策遵循"少取、多予、放活"的基本原则，逐步构建了强农、惠农的政策制度框架，加大对农村基础设施和公共服务领域的财政投入，开展农村综合改革试点。与此同时，乡村振兴作为国家重要战略得到高度重视。政府出台了一系列关于乡村振兴的战略规划和政策文件，如"社会主义新农村建设"、《中共中央 国务院关于全面推进乡村振兴 加快农业农村现代化的意见》、《乡村振兴战略规划（2018—2022 年）》等。这些规划和政策致力于加大对农村基础设施建设、农村产业发展和乡村环境保护等的支持力度，实现乡村经济的转型升级和农民生活水平的提高。

3. 乡村公共服务设施建设演进历程

城乡社区公正、均等、优质的公共服务设施建设和发展是中国全面建设社会主义现代化国家的重要组成部分。近年来，随着国家对乡村地区的持续关注和投入，乡村社区的基础设施和公共服务设施建设取得了显著成就。

在基础设施建设方面，基础设施的改善是乡村社区发展的基础。从最初的道路、水利、电力建设，发展到现在的宽带网络、清洁能源等现代化设施配置，乡村基础设施实现了质的飞跃。根据 2024 年 11 月国务院发布的《新时代的中国农村公路发展》白皮书，截至 2023 年底，全国农村公路总里程达到 460 万千米。根据《数字乡村发展实践白皮书（2024 年）》，截至 2023 年底，全国农村宽带用户总数达 1.92 亿户，比上年增长 8.8%，极大地促进了信息的流通和提高了农民的信息化水平；根据 2024 年全国水利工作会议报告，2023 年全国农村自来水普及率达到了 90%。同时，清洁能源（如太阳能、风能等）的推广使用，不仅改善了乡村的能源结构，也为乡村的绿色发展提供了动力。

在公共服务设施建设方面，国家不断增加投入，尤其是乡村的教育和医疗条件得到显著提升。乡村小学和卫生所已经发展成为标准化的乡村学校和卫生室，服务水平不断提高。例如，根据教育部数据，2023年，全国农村九年义务教育巩固率达到95.7%，全国农村义务教育阶段学校互联网接入率达到100%，反映出教育公共服务的普及和质量的提高。在医疗方面，截至2024年，全国乡村卫生室数量约为57.1万个，乡村医疗卫生服务的覆盖率和服务质量也在不断提升，为农民提供了更加便捷和优质的医疗服务。

此外，乡村社区的文化和体育设施建设也逐渐得到重视。乡村文化站、体育场等设施的建设，为乡村居民提供了丰富的文化和体育活动场所，提升了生活品质。根据《中国统计年鉴2024》，截至2023年，全国乡镇文化站数量达到3.2万个。乡村居民的文化生活水平显著提升。

0.1.2　西南山地乡村振兴实践及社区发展困境

社区作为国家和社会最基本的聚居及治理单元，承载着居民的日常生活和社会治理的多重功能。在我国，乡村社区特指行政村、自然村、集镇、乡（包括民族乡、苏木、民族苏木）等农业居民点所对应的社区，以及与之直接关联的城镇社区。《中华人民共和国乡村振兴促进法》第二条对"乡村"概念做了明确界定，将其定义为"城市建成区以外具有自然、社会、经济特征和生产、生活、生态、文化等多重功能的地域综合体，包括乡镇和村庄等"。因此，乡村作为一个复杂的地域系统，包含多个子系统，并且其功能和特征随着地区差异而有所不同。

本书中讨论的乡村社区，除非特别说明，通常是指那些以农业居民点为主体的社区，如行政村、自然村、集镇、乡等，而不包括建制镇以及镇政府所在地的社区，譬如与乡村社区具有直接关联的社区（如县、区、镇、街道等非农居民点范围内的社区）。

作为乡村振兴的核心战场，乡村社区不仅是生活空间和生产空间的聚集地，更是生态空间的重要"细胞核"。然而，在长期的"城乡二元"发展过程中，乡村社区普遍存在服务设施配置不健全、基础设施建设滞后等问题，这些问题制约了乡村生产力的进步。这些挑战既受到城镇化趋势和阶段性发展规律的影响，也与社会经济规律和文化意识导向有关。

乡村社区的振兴，是保障农产品供给和粮食安全、保护生态环境、传承中华优秀传统文化的关键。与城市社区相比，乡村地区的社会结构更为紧密，村庄不仅是有效的社会组织和经济组织单位的集合体，也是社会福利（如养老、低保）的主要提供者。村庄作为基层社会自治组织，具有悠久的历史，农业文明的生产方式和伦理道德就建立在乡村自治的基础之上。尽管人民公社制度已取消，但村庄内的农地和宅基地相互紧密依存，农业家庭承包制仍然以村为单位组建，村级经济单位的作用依然显著。

我国地域辽阔，各类地理要素呈现出由南到北、由东到西、由东南沿海到西北内陆的明显地域分异规律，与城乡空间格局、经济结构、城镇化进程等方面的差异性共同作用，决定了乡村地域类型的复杂多样性。2018年颁布的《乡村振兴战略规划（2018—2022年）》明确提出"分类推进乡村发展"的理念。在乡村振兴战略背景下，乡村社区规划需要充分尊重地域分异规律，以解决乡村发展面临的问题为导向，以补齐乡村发展短板、实现城乡一体化为目标，分区、分类、分级推进乡村振兴战略。根据地域区位和历史发展阶段的不同，我国的乡村社区可划分为不同的类型，不同乡村社区类型表现出显著的地域差异和发展阶段差异，这就要求我们在规划和实施乡村振兴战略时，采取差异化的方法，以适应不同乡村社区的特定需求和条件。

《地理学词典》（1983年版）中将山地定义为"许多山的总称，由山岭和山谷组合而成"。山地具有绝对高度和相对高度较大，切割深、切割密度大，地质结构复杂等特点，通常位于构造运动和外力剥蚀作用活跃的地区。所谓山地乡村社区，就是位于复杂山地环境中的村庄，为保证研究的连续性和空间单元的完整性，本书把大山地环境下所形成的小丘陵、小坝子等坡度较缓地区的村庄也纳入研究范畴。

本书所述西南山地乡村社区，就是分布在我国西南地区，具有典型山地特征的乡村社区。西南山区位于东经98°—111°30′、北纬22°30′—34°30′，包括云南、贵州、四川、重庆、湖南西部、湖北西南和西北部及与之相连的陕西安康等地区的山区，本书主要关注云南、贵州、四川、重庆等区域。据调查，该区域山地占总面积的71.7%，丘陵占总面积的13.5%，高原占总面积的9.9%，平原占总面积的4.9%，形成了旱地多、坡地多的耕地特点。西南山区地形地貌复杂，自然生态脆弱，民族文化多样，多为经济较落后的集中连片区域，是我国社会经济发展的主要"洼地"，尤其农村地区贫困问题突出，是国家扶贫及生态修复建设重点地区。在这样的区域推进乡村振兴战略，对于顶层设计、基层探索都是一个重大的挑战。

受制于大型山系和长期边缘化的经济地理区位，西南山地乡村社区常常是移民、少数民族、贫困易发群体和生态环境脆弱区域的集中地。这些社区地域广阔，自然生态环境脆弱，山地、丘陵广泛分布，使得农业发展相比平原地区更为困难，农村基础设施建设成本更高。在以往的开发建设中，由于对相关配套建设重视不足，基础设施建设存在较大欠账。面对这些挑战，有效实施乡村振兴战略，促进西南山地乡村社区的全面发展，是一个需要综合考虑生态保护、经济发展、社会进步和文化传承等多方面因素的复杂任务。

在国家乡村振兴战略背景下，西南山地地区开展了相关的乡村振兴实践活动，在这一过程中，由于西南山地乡村社区的特殊性，其公共服务设施的配置与建设面临诸多的历史局限和发展困境，在下述东西区域乡村建设方面的一系列对比中可见一斑。

重庆市乡村在社会结构和人口流动方面与发达省市乡村差距较为明显。政府公开文件显示，2021 年重庆农村地区老年人口 352 万人，占农村人口的比例高达31.3%，已进入重度老龄化社会。这一老龄化现象不仅使得养老服务需求增加，也导致了劳动力短缺问题，影响了乡村经济的可持续发展。

教育资源和医疗资源分布不均衡的问题在重庆市乡村尤为突出。具体来看，2022 年全国乡村卫生室数量为 587749 个，重庆的乡村卫生室数量为 9629 个，远低于江苏（14750 个）和浙江（11388 个）。在卫生人员配备上，重庆乡村医生和卫生员为 13124 人，而江苏为 20022 人。尽管重庆的乡村人口较少，但人均卫生资源明显不足。

在乡村养老机构数量方面，2022 年全国乡村共设有 16913 个养老机构，其中重庆仅有 360 个，而江苏和浙江分别为 1482 个和 812 个。相比之下，重庆的养老设施严重不足，难以满足老龄化人群的养老需求。专用养老床位的数量也呈现出明显的差距，重庆仅有 13367 张养老床位，而江苏和浙江的养老床位分别为 44796 张和 21356 张。这些数据反映出重庆在老龄化社会背景下乡村养老资源的严重不足。在文化设施方面，2022 年全国共有乡村文体活动室 33932 个，而重庆仅有 1360 个，与江苏的 5300 个和浙江的 3748 个差距较大。文化活动设施的不足限制了重庆乡村居民的文化生活和社区凝聚力。

根据《重庆市污水资源化利用实施方案》，到 2025 年，全市新建农村生活污水处理设施 300 座，农村生活污水治理率达到 40%，农村生活污水资源化利用取得一定成效。此外，到 2025 年，全市再生水利用率达 15% 以上，其中缺水地区主城都市区再生水利用率达 25% 以上。

2022 年重庆的耕地面积约为 18500 平方千米，远低于江苏的 40912 平方千米。这表明重庆乡村生态资源丰富，但这些资源尚未被充分开发或转化为有效的经济和生活服务资源。

2022 年全国乡村人均可支配收入为 20133 元，而重庆乡村人均可支配收入为 19313 元，低于江苏的 28486 元和浙江的 37565 元。尤其在第三产业收入上，重庆乡村居民仅为 4670.8 元，而江苏和浙江则达到 6759.3 元和 9760.2 元，差距明显。这表明重庆乡村经济的多样化程度较低，尤其在第三产业方面发展滞后，缺乏现代服务业等高附加值产业的支撑。

2022 年重庆市南部与东部的南川区、巴南区及黔江区、彭水苗族土家族自治县、石柱土家族自治县乡村常住人口占户籍人口比重仅为 53%，乡村人力资本流失严重，削弱了乡村经济活力与竞争力。重庆市乡村家庭人均纯收入 15133 元，大学生占乡村人口比重仅为 2.77%，明显低于全国 13.57% 的平均水平。

重庆市乡村在社会、环境、经济层面的发展存在较大的瓶颈，尤其在社区公共服务设施的建设和覆盖率方面，与江苏、浙江等东部发达省份相比存在显著差距。

上述统计数据的分析比较充分揭示了西南山地乡村社区在公共服务资源的供给上存在诸多亟待解决的问题。

0.2 东亚乡村社区特征及公共服务设施发展趋势：未来视角

东亚地区包括中国、日本、韩国、朝鲜、新加坡等国家。这一地区的乡村发展经验，常被视为后发现代化国家或地区乡村振兴的典范。东亚国家基本都传承了深厚的农耕文化传统，形成了以自耕农业、小农经济为主的生产模式和社会结构，在乡村社区公共服务设施的需求和发展上有着诸多相似之处。

在城乡发展进程中，东亚乡村普遍面临人口过疏化、乡村功能瓦解、劳动力流失等挑战，这些问题对乡村社区的公共服务供需关系造成了显著影响，也让东亚乡村在公共服务设施建设方面面临着共同的发展困境。因此，东亚乡村的发展历程也积累了宝贵的建设经验：在区域内通过空间重构优化公共资源配置；多方共建、振兴治理，针对乡村产业转型，通过分类施策开展社区营建……这些治理举措不仅缓解了乡村衰退问题，也为乡村社区的公共服务设施建设提供了切实可行的解决方案，为促进乡村社区振兴提供了创新治理模式。

本节内容通过总结东亚乡村的发展历程和建设经验，明确乡村发展中的趋势性、规律性、特例性、阶段性特征，从而更好地理解我国乡村发展趋势。这些认识将为我国乡村社区治理、产业转型、空间重构提供重要的参照与借鉴。从未来视角审视东亚乡村社区营建实践，我们可以发现，有效的公共服务设施规划不仅要考虑当前的需求，还要预见未来的发展趋势——全球化和信息化不断深入，乡村社区营建需要结合新趋势、新机遇，构建适应未来需求的公共服务设施体系，以实现可持续发展的目标。

0.2.1 东亚乡村社会空间发展特征

1. 共同的文化传统，乡村社区具有类似的公共服务需求

东亚乡村社区因为共同的文化传统和历史背景，展现出类似的公共服务需求。中国、日本、韩国等东亚国家普遍山地多、平原少，以季风气候为主，人地关系紧张，并且受地理环境、气候条件和农耕文化等共同影响，形成了以自耕农业为基础的小农社会。这些社会基于共同的儒家文化思想体系，崇尚农耕文化，以血缘和地缘维系村落共同体，自给自足的乡村生产、生活组织模式在东亚乡村广泛存在。在这样

的社会结构中，形成了人地粘连、稳定世居的小农农耕生活[1]。

稳定的农耕生活进一步外显为以血缘、地缘为基础的乡村聚落形态，乡村往往具有同姓聚居的特征、清晰的地理界线，小农的经济活动与社会关系都是在各自的村庄之内发生与实现的。小农社会在经济及其他方面存在共同利益，并依赖村社实现共同利益，完成农民共同体的公共活动，如宗教活动、经济活动、与维护地方秩序和道德相关的活动、地方防卫等。

这些共同的生产、生活组织模式使得东亚乡村在公共服务需求上表现出类似的特点，包括对教育和文化活动场所的需求。在儒家伦理支配的家族秩序中，礼仪与教育是日常生活的核心，各个家族遵循着"田可耕兮书可读，半为农者半为儒"的生活方式，使得教育设施在乡村社区中具有重要地位。同时，小农社会的东亚乡村还遵循自治原则，村庄里最神圣的地方通常是各村的宗祠，族内居民的所有问题，都在各族的宗祠里解决。村中各类公共事务、文化活动等也在宗祠里开展。宗祠、庙会等文化场所在乡村社区中扮演着重要角色，因为这些场所不仅提供了文化交流的平台，还在一定程度上提高了社区的凝聚力。

东亚乡村的公共服务设施规划和建设也受到共同文化背景的影响。集体主义文化和儒家思想导致政策制定倾向于大规模、广泛性地分配资源，但这种资源分配方式往往忽视了乡村之间的差异，导致设施需求与供给之间的不匹配。例如，尽管教育和医疗设施在政策上得到一定支持，但由于资源分配的平均主义，部分乡村地区的实际需求依然无法得到满足，而有些地区却出现设施闲置和资源浪费现象。

此外，在现代化进程中，东亚乡村也面临着共同挑战：小农经济过密的人口和有限的耕地资源难以满足大量增长的粮食需求，在农本主义思想主导下，第二次世界大战后东亚国家先后进行了土地改革，建立了"耕者有其田"的自耕农体制，并增加对农业的公共投入，力图实现粮食的增产和自给。通过农业组织化（组建农村

---

[1]　宫嶋博史《东亚小农社会的形成》。

经济合作组织）解决小农户、分散化、小规模的局限，改善农业经营结构，优化生产条件，促进农户农业收入显著增加，进而推动乡村的技术、物流、投资、规划等优化提升，增加乡村地区的文化设施和公共福利设施，提升乡村文化意识。

2. 相似的发展历程，乡村社区选择相似的发展路径

东亚乡村在从传统小农社会向现代化社会转型的过程中，呈现出极为相似的发展轨迹，在乡村社区的营建和发展路径上也表现出明显的相似性。尤以日本、韩国和我国台湾地区为其中的典型代表，同为东亚经济体，它们的城乡关系起点与中国大陆有着诸多相似之处[①]：它们都拥有悠久的小农经济传统，都经历了高速的工业化和城镇化发展；都通过土地改革和技术创新实现了农业转型，并在铁路交通的影响下形成了城镇化的空间发展廊道；随着城镇化推进，这些经济体的城镇化率在达到80%～90%后，城乡关系逐渐稳定，在实现现代化的同时，传统的小农经济和自然农村空间形态等要素也得到较为完整的保留。随着乡村就业和农民收入来源的多样化，东亚农村不再只是粮食生产空间，而是成为包含生活休闲、生态保育、文化传承等功能在内的多功能空间。这种多元化发展路径强调了"村落文化、家庭单元、小规模耕作"，与北美和澳大利亚的大农场经营模式形成了鲜明对比。

东亚乡村的城镇化进程中，城市迅速崛起，社会经历了从农业化向工业化的快速、急剧转变，这一过程被学者称为"压缩式城镇化""赶超式现代化"。综合考虑日本、韩国及中国台湾地区 1950—2010 年的经济、产业及社会的结构性变化（表 0-2），将其城乡关系演进大致划分为三个阶段，即城乡发展初期阶段、城乡发展中期阶段和城乡发展成熟阶段，每个阶段都对应着特定的城镇化率和经济社会发展特征（图0-1）。

---

① 东亚经济体人口、土地的基本特征是人少地少（日本、韩国、中国台湾地区的人均耕地面积均约0.03 hm²，户均耕地面积不超过 1 hm²），是传统农耕文明地区，小农经济自给自足的历史悠久，农地规模细碎、零散，农业基础薄弱，具有典型的小农村、弱农业的特征。在快速工业化、城镇化的进程中，东亚城市均提出了"以工补农"的发展政策，工业通过压榨农业积累资本，形成了较大的城乡差距，城乡二元结构显著。

表 0-2　日本、韩国和中国台湾地区城乡发展阶段特征及其乡村建设政策措施

国家／地区	阶段特征	城乡关系	时代背景	政策策略	乡村建设关键措施
日本	农业化向工业化转变，工业化带动城镇化	以农补工、以乡育城	明治维新到第一次世界大战结束（19世纪60年代到20世纪初）；重工业发展迅速，劳动力向城市集中	颁布"明治农法"，推行农地改革，拉开农业小农经营序幕	第一次町村大合并；村落自治，农地开发、整顿；普及基本公共服务；引进农业科学技术，提升农业生产效率
	工业化与城镇化恢复、主导、快速发展	工农协调	第二次世界大战后重建（20世纪40—60年代）；迅速的工业化与农村现代化同步推进	通过农业产业与非农产业结合，促进乡村发展；扶持农业协作组织	第二次町村大合并，消除城乡基本公共服务差距
	农村人口老龄化、空心化严重	以工补农、以工促农	20世纪60—90年代，经济高速增长，日本成为世界第二大经济体，对工业过度倾斜，向后工业时代过渡，增长放缓	政府主导，颁布《农业基本法》《山村振兴法》；积极推进城乡统筹发展，以缩小城乡差距	提升农业技术和基础设施，建设农村福利社会，推动"人才返乡"政策，开展"一村一品"运动
	农村人口老龄化、空心化加剧，城乡差距在一定程度上缩小	以城养乡，城乡关系通过政策逐步趋于融合	2000年后，城镇化完成，三大都市圈逐渐分异	建立城乡一体化制度，实行农业、农村振兴计划，推行多元化经济发展，强化生态保护	第三次町村大合并，促进乡村旅游与非农产业发展
韩国	高速城镇化、工业化；农业生产力滞后	城市压制农村；城市主导经济，乡村依赖农业生产	20世纪50—70年代，"压缩式"、集中推进工业化和城镇化	推行一系列"农地改良计划"，颁布《农业基本法》；开展"新村运动"，推进乡村农业经营组织化	推动农业生产设施升级，扩大粮食生产；改善农业经营结构；改善农村文化、公共服务设施，提升乡村文化意识
	农村依赖城市市场，城乡差距持续扩大	农工协调，城乡公共服务不均衡	20世纪80—90年代，韩国入世，受到全球化浪潮冲击	推行乡村工业化；颁布《农业·农村基本法》，推进乡村振兴；积极促进农业现代化和产业多元化	提升乡村非农产业收入，优化农业结构；提升农村的自给能力，增强社区自治
	乡村社会衰败，人口过疏化加剧	城乡融合发展	2000年至今，城镇化进程基本完成	颁布《农业·农村综合对策》，探索韩国乡村振兴社会政策演进，完善乡村社会发展政策	社会政策成色加深，自下而上的参与式乡村振兴；"归农归村""企业型新农村建设"

国家/地区	阶段特征	城乡关系	时代背景	政策策略	乡村建设关键措施
中国台湾地区	城市经济占比小，城乡差异较大，农村社会结构相对稳定	农村经济处于核心地位	1945年至20世纪60年代，发展经济建设	推行土地改革："三七五减租""公地放领""耕者有其田"等政策	土地改革，防止土地兼并，并通过新技术和政策提高农村生产效率；改善农业基础设施，推动农业发展
	城镇化快速推进，乡村人口逐渐减少，劳动力流失和空心化逐渐显现	城市成为经济核心，城乡差距逐渐扩大	20世纪60—80年代，推行"出口导向型"工业化政策，工业化驱动城镇化	建设农业基础设施，改善乡村交通基础设施；农业转型、农业现代化	推行"十大建设"项目（包括公路、电力、水利等基础设施）；农业机械化、科技化发展，减少农村对人力的依赖
	乡村面临人口老龄化、资源枯竭、经济低迷的问题，出现空心化现象	城乡差距进一步扩大，人口向城市流动加剧	20世纪80—90年代，经济腾飞，全面城镇化	农村多功能化发展，农业产业现代化	实施新农村建设：改善农村居住环境、基础设施，并推动农村的多元化发展模式；扶持农村产业发展，支持农业合作社、农产品品牌化，推动农业产业链的延伸
	城乡差距显著，乡村空心化问题加剧	城镇化区域成熟稳定，"逆城市化"现象出现	2000年至今，后城镇化，乡村振兴	政府推行多项乡村振兴政策，强调乡村的绿色、可持续发展	实施生态及文化保护措施；发展数字化与智慧农业；鼓励乡村创新创业，推动农村经济多元化

资料来源：笔者根据相关文献整理。

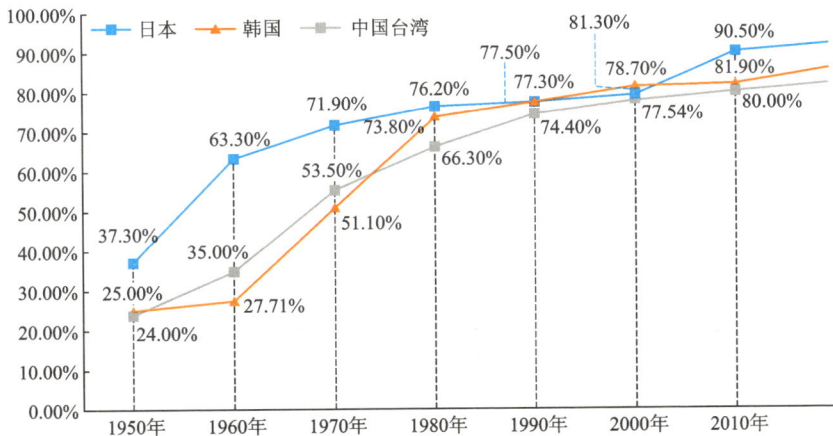

图 0-1　日本、韩国和中国台湾地区城镇化率发展趋势

（图片来源：笔者自绘[①]）

---

① 除特别说明，本书所有图片（包括封面图片）均由作者团队供稿。

城乡发展初期，东亚经济体的城镇化率普遍低于 50%，国民经济发展水平较低，农业从业人员及农业产值占比较高。进入城乡统筹发展阶段，城镇化率上升到 50% ~ 70%，工业和服务业迅速发展，农业产值比重逐渐下降，乡村社会的经济结构发生了显著变化，农业从业人员大幅减少。进入城乡一体化发展阶段，东亚的城乡关系逐渐稳定，城镇化率超过 70%，城镇化速度放缓，国民经济高度发达，农业在经济社会中的地位进一步弱化，农村经济逐渐转型为多功能的综合体，既包括传统农业，也包括旅游、文化和生态保育等多种产业。以日本为例，自 20 世纪 80 年代以来，其城镇化率已经超过 76%，农业从业人员和农业产值在经济总量中所占比例极低，但乡村社会依然保持了较为完整的空间形态和文化传统。

东亚乡村普遍经历了快速城镇化对乡村人口的虹吸效应。20 世纪 50 年代末，日本"就职列车"每年带走数十万乡村青年；20 世纪 60 年代，日本每年平均有 75 万 ~ 85 万农村劳动力转移到城市就业。1975—2015 年间，60 岁以下农业从业人员比例从 78% 下降到 42%，而 60 岁以上农业从业人员比例则从 22% 上升到 58%。到 2000 年，日本乡村的老龄化率远超过全国平均水平，某些偏远农业乡镇老龄化率甚至高达 50%。

韩国也有类似情况，1965—1985 年，韩国农村人口流失达到 705 万人，乡村地区人口密度急剧下降。韩国的乡村老龄化问题也非常严重，据韩国统计厅 2023 年发布的一份乡村人口结构报告显示，截至 2022 年 12 月，韩国农村人口中 65 岁以上老年人口的比重为 49.8%，是韩国平均老龄化率的 2.9 倍。同时，其农业劳动力也呈现出显著的老龄化趋势，65 岁以上农民占农业人口总数的 52.6%，这一比例自 1948 年开始统计以来首次超过半数。

同时，随着"人口过疏"现象的加剧，东亚自然村数量普遍减少，乡村社区面临急速萎缩甚至瓦解的风险。合村并居、町村协同、城乡共振发展成为东亚乡村共同的发展趋势。在人口快速流失和乡村人口老龄化的背景下，东亚乡村社区面临着严峻的挑战。为应对这些问题，东亚国家和地区在不同的发展阶段采取了不同的公共服务和基础设施建设策略，以维持乡村社会的基本功能。

在城镇化的初期阶段，乡村社区的公共服务设施建设主要集中在生产性基础设施上，如道路、灌溉系统和农业机械化设施等。这些设施的建设提高了农业生产效率，但并未有效遏制农村人口的外流。韩国在初期阶段就开始推行"新村运动"，不仅致力于改善乡村的基础设施和生活条件，还强调通过集体努力来提升乡村社区的自我管理能力。政府大力支持乡村地区的道路、供水、排水等基础设施建设，并推动农民自建现代化的住房和公共设施。进入 21 世纪，韩国政府进一步推动"智慧乡村"计划，通过引入大数据、物联网等现代科技手段，提高乡村公共服务的效率。这些措施有效提升了乡村公共服务的水平，并改善了乡村居民的生活质量。

进入城镇化的中期阶段后，东亚国家和地区逐渐意识到仅依靠生产性基础设施已经不足以维持乡村的活力。因此，政府开始提倡"以工哺农"，逐步加大对生活性基础设施的投资，包括教育、医疗、社会保障等领域，以提高乡村居民的生活质量。例如，日本在 20 世纪 70 年代开始推行"村庄振兴计划"，通过改善乡村的生活环境和公共服务设施，吸引人口回流和留住现有人口。

在城镇化的成熟阶段，东亚乡村社区的公共服务设施建设进一步向综合性、多功能方向发展。以中国台湾为例，近年来其通过"社区营造"计划，推动乡村地区的文化、生态和经济综合发展，形成了以社区为单位的多功能空间。这些空间不仅提供农业生产、生活服务，还涵盖了生态保育、文化传承、休闲旅游等多种功能。

东亚乡村社区在面对城镇化带来的挑战时，选择了相似的发展路径，通过政府的政策干预和社区的自我调整，加强乡村地区的公共服务供给，完善基础设施建设，以及推动城乡一体化发展，努力实现乡村的可持续发展。这些经验对于西南山地乡村社区的建设发展具有重要的借鉴意义，特别是在平衡城乡发展、保持乡村活力和促进乡村社区可持续发展等方面。

3. 共同的发展困境，乡村社区面临共同的建设难题

进一步审视东亚乡村社区的转变过程，可以发现：在经历了快速的城镇化和工业化浪潮后，这些地区普遍面临三个主要的发展困境，分别为社会功能瓦解、产业转型困难和城乡公共服务供需不均衡，这些困境对当地乡村社区公共服务设施建设产生了直接且显著的负面影响，进而对乡村社区的可持续发展构成了挑战。

首先，人口收缩引发了乡村社区功能的瓦解，乡村社区的公共服务设施难以维持和更新，服务水平显著下降。在前文所述"压缩式"城镇化发展周期中，东亚各国普遍经历了人口向城市的迅速集中，大量乡村人口举家离村、进入城市，导致乡

村地区出现严重的人口过疏化现象。这一现象不仅仅是人口流动问题，更是乡村社会结构的深层次变化：随着人口减少，乡村社区的家庭数量也急剧下降，离婚率上升，留守儿童增多，老龄化问题愈发严重。

村落虽然不会立即消失，但其作为生产、生活空间的功能逐渐瓦解，具体表现为房屋空置率上升，基础设施（如防灾、教育、养老设施）的运营成本大幅增加且难以维持。社区功能衰退进一步带来乡村活力的全面下降，最终导致基层行政区的撤并和消亡。此外，人口减少直接削弱了地方经济，进而导致地方税收的减少，加之高龄单身家庭和独居老年人逐渐增多，使得乡村财政负担连锁加重。乡村的社会功能瓦解还导致村民（尤其是儿童）乡村主体意识的逐步衰退，对乡村的认同感降低，最终形成空间－治理－意识衰退的恶性循环。

其次，人口流失导致乡村产业面临严重的转型困境。随着劳动力外流，传统农业生产方式难以为继，乡村的产业结构转型升级困难重重，对公共服务设施的支持力度也不足。

务农人口离村导致农地大量抛荒或转为他用，尤其是在对农地管制较为松散的韩国，这一问题尤为突出。在日本，随着务农人口减少及农业成本的上升，农地逐步集中到社区新农民公社或企业等少数新型农业经营主体手中。然而，东亚乡村的地形复杂，多为山地和丘陵，这使得规模化的现代农业生产难以高效进行。尽管东亚国家曾提出"农工一体化"和"绿色革命"等发展思路，通过政府力量引导城市工业向乡村扩散，以改善乡村产业结构，但这些举措也伴随着一系列问题。一是环境代价的增加，如水资源、土地和空气污染等。二是许多引入的工业项目与乡村、农民关联度不高，产业链的带动作用有限，部分工业甚至依赖高水平的财政补贴才能维持。更为严重的是，乡村居民的参与感较弱，乡村农耕文化面临认同危机，产业升级和多元化发展面临重重困难。

最后，城乡差距加剧了公共服务设施供需的不均衡，形成了所谓的"公共服务平均主义悖论"。在东亚国家，由于受集体主义文化和儒家思想的影响，政策制定往往倾向于大规模、广泛性地分配资源。然而，这种做法在城乡差距扩大的背景下，往往忽略了乡村之间的差异，导致公共服务设施的供需错配。其中教育和商业公共服务设施在乡村地区的错配情况尤为显著，日本乡村的小学数量从 2002 年到 2017

年减少了 5954 所，韩国从 1982 年到 2016 年关闭了 3600 多所小学。随着人口减少，许多乡村学校被迫关闭或合并，导致资源的浪费和公共服务水平的下降。与此同时，公共服务设施的财政成本不断提升，进一步加大了乡村地区的财政压力。

综上所述，东亚乡村在转型过程中共同经历了人口收缩带来的社会功能瓦解、劳动力外流引发的产业转型困境以及公共服务设施供需不平衡的问题。这些困境不仅反映了东亚乡村在快速城镇化过程中所面临的挑战，也为如何推进未来乡村振兴提供了重要的启示。妥善处理乡村与城市的网络空间关系、乡村内部的产业空间关系以及乡村主体的供需变化，将成为乡村振兴的关键。这需要政策制定者在公共服务设施的规划中，不仅要考虑当前的实际需求，还需要充分预见未来的发展趋势，结合全球化和信息化的深入发展，构建一个适应未来需求的公共服务设施体系，以实现乡村的可持续发展。

0.2.2　东亚乡村社区公共服务设施规划与建设实践

综合审视 20 世纪中叶至 21 世纪初东亚乡村社区营建及公共服务设施建设的实践经验，可以发现东亚乡村走出了一条不同于西方乡村的转型路径：以小城镇作为乡村地域中心，联结城市和乡村，进一步加强城乡之间的网络化联系；公共服务注重城乡均衡发展，采取多元治理路径应对人口收缩困境；赋予农民在城乡间多样化的经济机会，通过要素组合升级的方式，在小农经济基础上实现农村的现代化振兴。本书将其归纳为三个方面：区域空间重构背景下，"中心＋圈层"的公共资源配置策略；乡村收缩衰退背景下，多方共建的振兴治理政策；乡村产业转型背景下，分类施策的社区营建措施。

1. 区域空间重构背景下，"中心＋圈层"的公共资源配置策略

为应对人口过疏化带来的公共服务和基础设施配置问题，东亚乡村逐渐打破了传统行政村的管辖边界，通过在区域内进行空间重构，构建跨越多个乡村的广域设施组织，以促进更大规模的资源整合和更高效的服务供给。其中尤以日、韩两国最为显著，二者均提出了多等级的"生活圈"概念，通过在区域范围内统筹配置公共资源，并与高能级服务圈层整合，依托区域整体来弥补乡村社区人口过疏化导致的设施不足和社会功能衰退，最终实现乡村宜居、宜养、宜业、宜游的发展目标。

日本自1962年实施第一次全国综合开发规划起，逐步发展出"市町村圈""定住圈构想""地方生活圈"等不同尺度的生活圈概念。特别是在乡村地区，依据距离、人口、设施的不同，形成了网络化的公共服务设施体系。例如，基础集落圈配置诊所、日用品店铺、小学等基础服务设施；一次生活圈在15分钟内通过公交连接，配置文化机构、中学、超市等公共服务设施；二次生活圈则在30分钟内通过公交连接，配置综合医院、高等院校、急救中心等大型公共服务设施。这样的配置不仅提升了服务能级，也增强了地方共同意识。此外，相关公益组织也在网络化生活圈体系之外作相应补充，如日本红十字会、济生会、当地农户等出资建立"厚生农业协同组合联合会"，该联合会在关键性乡村区域建设公益性医疗机构，以弥补部分乡村生活圈中公立医疗机构服务半径不足的问题。

韩国在1990年也针对乡村地区提出了"定住圈开发计划"，旨在提升乡村生活设施服务品质和现代化生产设施质量。韩国的"生活圈—定住区—住宅区"三个层级，分别对应"中心城市—中心邑面（对应我国乡镇层级）—中心村落"三个空间层级，强化了邑面作为城市与乡村的连接中心和起点的作用。通过邑面的环路建设，公共服务设施得以覆盖周边5～10个自然村，有效提升了乡村居民的生活质量。

东亚的日韩乡村通过"生活圈"的网络化建设，强化了乡村中心地域的公共服务设施能级，形成"中心＋圈层"的公共服务设施配置模式，有效应对了乡村收缩所造成的资源供给困难和设施浪费问题，提高了单一设施的服务效率与覆盖程度；同时，它也促进了公共服务设施之间的联系与互补，实现了不同功能区域的有效整合。此外，"中心＋圈层"的公共服务设施互动还包含经济、文化、社会活动交流和内部信息交换，在一定程度上缩小了城乡发展的信息差距。

2. 乡村收缩衰退背景下，多方共建的振兴治理政策

自20世纪60年代末起，随着乡村空心化和过疏化等问题日益凸显，以日本和韩国为代表的东亚国家走出了一条特色治理道路，采用多方共建的方式，推动乡村振兴和治理：通过基础设施建设改善乡村生活条件，采用多元化的社会参与方式灵活调节乡村公共资源要素的供需关系，从而促进乡村经济发展和乡村社区的现代化转型。

一方面，以政府为主导的基础设施改善和新建成为应对乡村社区收缩和衰退的

关键步骤，构建了自上而下的乡村治理路径。实际上，日本、韩国及我国台湾地区均具有小农村、弱农业的特征，现代化所包含的工业化和城镇化未必能够自发解决农业和农村问题。城乡二元经济走向一元经济及居民收入差距缩小的发展历程并不是一个自然过程，而是强烈的政府意志、政策干预的结果。日本政府自20世纪70年代起，先后出台了《过疏地域对策紧急措置法》《过疏地域振兴特别措置法》《过疏地域活性化特别措置法》等一系列法案，明确了振兴乡村的社会政策，并通过专项财政投入，支撑乡村公共服务设施的建设和运营。此外，还通过"农村发展项目"提供低息或免息贷款，资助乡村道路、水利设施、污水处理设施、防火设施等的建设。特别是在"新造村运动"中，地方政府与农林渔业合作组织共同主导，推动了乡村道路、饮用水设施、生活污水排放设施、防火设施、农村活动中心、信息中心等乡村基础设施的修缮和新建，使得过疏化地区的道路改良率和铺路率显著提升，大幅改善了乡村居民的生活条件。据调查，从1970年至1980年的10年间，日本过疏化乡村道路改良率从9.0%提升至22.7%，铺路率从2.7%提升至30.06%。

另一方面，东亚国家还积极倡导多方共建的政策，通过多元化的社会参与来提升乡村治理水平。日韩广泛建立了农业协会与组织，提升农业要素与公共服务设施的组合服务效率，通过"纵向一体化"设施供应模式，提供高效廉价的加工、冷冻、运输和营销等服务，同时联合政府配套的区域性物流枢纽，完善现代化物流产业体系。这些农业协会和组织不仅在供给侧与需求侧之间发挥中介作用，还通过信息网络跨时空整合各方利益，提升农户对市场变化的敏感度和响应能力，从而有效促进了农民收入的提高。

多元社会组织的参与是日本乡村振兴政策富有活力的重要原因。在应对乡村过疏化的过程中，社会各界的援助逐渐多元化，非营利组织和社会企业开始承担起连接城市与乡村的协调角色，培育了"地域福利共同体"，当地居民作为主体，社会福利机构和非营利组织作为支援力量，共同成为推进日本乡村社会政策的主要责任主体。

此外，东亚乡村公共服务设施系统也在不断完善，以适应不同人群需求，并适应时代和技术的发展，以通信等现代化智能设施作为乡村公共服务设施的补充。

韩国的乡村"365生活圈"计划特别针对老年人、青壮年和婴幼儿等不同人群的服务供给，同时关注农民工的心理健康。教育方面，虽然人口减少导致的学校合并和关闭难以逆转，但韩国政府通过改善通勤条件，鼓励乡村学校特色化、专业化办学，突出地域优势。

日本则在振兴过疏化乡村的策略中，逐步普及了电话网络和互联网基础设施，并建立了信息中心和中央集会设施，使得信息中心等现代化设施成为乡村居民获取信息的重要渠道，为乡村居民提供了重要的信息获取和交流途径。这些措施不仅有效满足了过疏化乡村与其他地区之间的农产品流通和商业信息交换需求，还为智慧农业的发展奠定了环境基础。为应对农业生产效率低下和劳动力不足的问题，日本政府通过减税、补贴和贷款等手段，推动智慧农业的普及，促进农业生产的智能化和新技术的应用。

总之，面对乡村收缩衰退的挑战，东亚国家采取了政府主导、多方共建的振兴治理政策，通过改善基础设施和促进多元化的社会参与，推动乡村的可持续发展，也为东亚乡村的现代化转型奠定了坚实基础。

3. 乡村产业转型背景下，分类施策的社区营建措施

在农业在整体经济中所占比重逐渐下降的背景下，东亚乡村的产业结构日益多元化，乡村建设与空间布局也需要积极响应这一转型需求。自20世纪70年代以来，日本、韩国和中国台湾等地相继开展了以产业转型带动乡村生活、生产、生态空间整合与活化的乡村建设运动，其中尤以日本的"一村一品"运动和中国台湾的"精致农业建设"最具代表性。

日本的"一村一品"运动通过发展乡村特色农产品及相关服务，推动乡村围绕特定产业营建特色社区。这一运动的核心理念是每个村落发展独特的农产品或服务产业，通过将农业与在地工业结合，推动以农业为基础的多元产业发展。同时，日本还注重将特色农产品与文化旅游结合，拓展乡村的第三产业。这种生产与服务业、文化产业的融合，不仅激发了乡村的经济活力，还实现了生产与生态空间的协调发展，提升了乡村整体的宜居性与可持续性。

与日本类似，中国台湾地区也根据乡村的区位条件和农业产业特征，实施了分类施策的乡村社区营建工作，逐渐形成了外援驱动、内生增长和内外交互三种乡村发展模式（表0-3）。外援驱动型乡村主要为城镇边缘的卫星村落，这类乡村的建设

表 0-3 台湾乡村转型发展模式与建设措施概览

乡村发展模式		基本特征	建设措施	典型乡村
外援驱动	城镇扩展带动	主要为城镇边缘的卫星村落	城郊的城镇化更新，乡村居住与配套设施建设	台北、高雄、基隆市周边乡村
	劳务输出反哺	主要位于城郊，人力资源丰富	乡村基础设施建设，乡村人口输出，现代技术反哺	南投、云林、嘉义、屏东、台东、花莲周边乡村
内生增长	特色农业强化	具有特色农业产品种植、养殖传统	依托在地资源，围绕某一特色产业链，优化生态环境，建设示范农场	五峰乡、鹿野乡、田尾乡、礁溪乡
	土地转型利用	地缘、投资条件优良或具有工业基础	活化土地，引入工业企业，提升乡村非农主导产业占比	鹿草工业园区（鹿草乡、柳林村、新店村）
	乡村社区再生	乡村人口结构具有内生潜力	建设乡村社区，打造乡村特色IP主题，根据主题活化空间	桃米村、永安村
内外交互	乡村深度旅游	具有农业遗产、特色生态环境	保护突出农业遗产文化景观特色，打造乡村休闲、生态徒步、慢活森林等特色场景	阿里山乡、仁爱乡、大同乡
	乡村市集组织	内外连接便捷，具备一定的区位优势	打造乡村驿站，依托乡村特色产品，组织以农产品交易为中心的农村市场	五结乡、三义乡、池上乡

资料来源：笔者根据相关文献整理。

以完善居住配套设施为主，提供城市流动性补充。内生增长型乡村则通常资源丰富、地理环境优越，拥有传统的种植或养殖特色产业。此类乡村的建设注重农业文化景观的保护与发展，通过打造规模化、特色化的产业链，以及培养新型农民，使乡村能够在农业基础上实现可持续发展。内外交互型乡村则依托自身的旅游资源、文化遗产或城郊区位优势，发展休闲农业和乡村旅游，既提升了周边的生态环境，又推动了乡村经济的繁荣。

台湾的"精致农业建设"是对传统农业生产模式与空间的全面升级。该计划旨在优化水源地，改善灌溉设施，增加有机农业服务站点，提高优质种子培育、栽培技术与物流智慧服务水平，从而建立从生产到销售的完整农业产业链。从 1984 年提出"发展精致农业计划"起，台湾通过设施优化建设和数据全面覆盖，以及数字化与网络化措施促进当地农业的精准化建设和智慧化升级，在全岛乡村共设置了 1474个动态化肥监测设施，涉及 63 类农产品，为农民提供了 24 万次土壤地力检测服务（截至 2014 年)，水稻田传感器覆盖率达 85% 以上，灾害评估误差率低于 5%；同时还建设了近百个农业资讯服务网站，涵盖生产、市场、政策、科技等领域，农户网络使用覆盖率超 85%，农业科技推广效率显著提升；此外，台湾近年来还积极推进品种改良和产业链延伸，从农产品制种到农产品深加工，逐步构建竞争力和品牌化效应，积极寻求出口合作机会，与大陆诸多省市地区建立良性农业合作机制。这些努力显著提高了农业生产的效率与产值，自 1981 年以来，台湾农户收入年均增长率达 7.2%，充分显示了精致农业对经济发展的推动作用。

本节通过对乡村产业与乡村生产、生活、生态空间的特质分析，明晰了东亚乡村转型的总体方向。东亚乡村通过改善乡村基础服务设施，营造在地生活空间，建立生态环境支持机制，并引入现代化智慧设施，不仅提升了农产品的质量和市场竞争力，还使生产空间得到优化，延伸了乡村产业链。这种分类施策的乡村社区营建策略，使东亚国家和地区乡村产业经济转型与乡村"三生"空间布局紧密结合，为乡村的可持续发展提供了有力支撑。

0.2.3 东亚乡村社区公共服务设施发展趋势与启示

1. 城乡融合驱动的公共服务一体化演进

东亚乡村社区在快速城镇化和人口老龄化的双重挑战下，正逐步实现城乡公共服务的均等化。这一趋势在基础设施、政策支持和社会保障等多个层面显现，推动了城乡差距的缩小和乡村公共服务水平的显著提升。

基础设施的均衡分配是首要任务。随着交通、通信等基础设施的持续改善，乡村与城市的联系更加紧密。这一变化不仅使乡村居民享受到与城市居民相似的公共服务，尤其在教育和医疗领域，而且有效促进了资源的均衡配置，缩小了城乡差距。通过基础设施的优化，东亚乡村地区的公共服务水平得到显著提升，城乡均等化基本实现。

政策支持与资源整合对乡村公共服务设施的提升和完善发挥了极大作用。东亚地区的政府通过政策支持和资源整合，有效地推动了城乡一体化。例如，日本引进智慧农业技术提升农业生产效率，促进乡村经济转型；韩国通过远程医疗系统解决乡村医疗资源匮乏问题，提高医疗服务质量。这些措施增强了乡村发展的内生动力，为公共服务设施的均衡发展提供了保障。

社会保障体系的逐步完善，特别是在老年人福利政策方面的强化，是东亚乡村公共服务均等化进程中的重要一环。通过优化养老、医疗、生活等领域的社会保障政策，东亚地区显著提高了乡村居民的生活质量，尤其是老年人群体能够享受到城乡一体化的社会福利服务，进一步缩小了城乡社会保障的差距。

2. 多元需求导向的乡村公共服务设施完善

面对人口流失、老龄化和乡村收缩等挑战，东亚地区转向多元需求导向的乡村公共服务设施建设模式，在资源配置和满足不同群体需求方面取得了丰富的实践经验。

社区参与和自治是优化公共服务设施配置与管理的关键。通过让居民参与设施规划，确保建设更好地贴合实际需求，提升服务的精准性和效率。特色化建设与文化挖掘推动了乡村文化与旅游资源的发展。东亚地区挖掘本地文化、历史遗产和自然景观，建设具有地方特色的公共服务设施，如结合传统手工艺、节庆活动或历史遗址建设的文化中心和旅游设施，既提升了功能性，也促进了文化传承和展示。

面对乡村收缩，利用闲置空间提升公共服务设施效能成为关键。许多乡村通过创新设计和改造，将旧建筑转变为文化、教育或休闲设施，提高了乡村的文化和社会活力。数字化与智能化技术的引入推动了乡村公共服务设施的创新和效率提升。通过引进数字平台、物联网、大数据等技术，乡村服务更加精准化与个性化，如智能医疗系统和远程诊疗服务缓解了乡村的医疗资源匮乏问题，智慧交通和智慧教育系统解决了乡村的交通与教育困境。

3. "三生"融合指引的乡村社区场景营建

在东亚乡村社区公共服务设施规划中，生产、生态与生活的有机结合成为发展趋势。这一模式不仅满足了乡村居民的生产、生态与生活需求，还为乡村振兴提供了创新路径。

1）智慧化与生态化乡村公共服务设施结合生产需求

东亚地区的农业正朝生态化、智慧化方向转型，智慧农业和精准农业技术的应用推动了农业生产的绿色转型。精准农业通过土壤监测、气候调控等技术手段提高农业产值，同时减少化肥和农药的使用，有效保护生态环境。同时，注重培养新型农民，这些农民不仅熟悉传统农业技能，还能运用现代农业科技，实现生产效率与生态保护的平衡。

2）乡村景观与生态休闲设施的场景营建结合生态需求

东亚乡村注重自然与人文的融合，推动生态旅游和休闲设施发展。生态旅游项目为游客提供绿色休闲空间，促进乡村经济发展。许多乡村结合自然资源建设低碳环保的休闲设施，打造生态旅游目的地，改善居民生活质量，为乡村经济注入新活力。

3）智能化服务设施与社区场景营建结合生活需求

信息技术的快速发展使东亚乡村逐步引入智能化技术，提升服务效率。智能医疗系统和远程诊疗使乡村居民即便身处偏远地区也能享受到优质的医疗服务；智慧交通和智慧教育系统打破乡村交通与教育资源的限制，提升公共服务的覆盖面和效率。此外，乡村社区居民的文化和社交需求也日益得到重视，通过建设文化中心、图书馆、运动场等设施，改善居民的物质生活环境，丰富居民的精神文化生活。

综上所述，东亚乡村社区公共服务设施的发展趋势体现了城乡融合、多元需求导向和"三生"融合的指导原则。城乡融合推动了基础设施均衡分配和政策资源整合，提升了乡村公共服务水平，缩小了城乡差距。多元需求导向的设施完善通过社区参与和特色化建设，强化了乡村的文化和自治功能。"三生"融合指引下的乡村社区场景营建，将生产、生态与生活紧密结合，通过智慧化、生态化技术的应用，实现了乡村的可持续发展和居民生活质量的提升。这些经验为中国西南山地乡村公共服务设施规划提供了宝贵的借鉴，尤其是在促进城乡融合、提高乡村公共服务水平方面具有深远的启示作用。

乡村社区公共服务设施规划的
相关理论与实践

1.1 乡村社区公共服务设施的空间网络体系理论及规划实践

在传统小农社会组织模式形态的乡土自然经济时期，西南山地乡村社区的村民活动以自给自足的农事生产为主，乡村居民点的布局形式以耕作半径为主导。此外，自然山地环境导致乡村空间形态较为分散与孤立，交通条件受到较大限制，村民的日常活动通常被约束在较小时空范围内，活动圈层呈现稳定的等级关系。受到现代化、工业化与城镇化的影响，城乡之间物质、服务和信息等要素的流动性与交互性日益增强。西南山地大量乡村的生产、生活系统现已处在动态、复杂、开放的重构过程中，居民活动圈层范围及获取公共服务设施的时空路径得到了大幅拓展。2016年住建部全国小城镇调查的村镇居民调查数据显示，西南地区的四川、重庆的调研村到县城的高频次出行比例较高，这些村庄与县城的空间互动联系比较紧密，表明传统的"村—镇—县"三级服务设施配置体系正在"动摇"，村民开始倾向于直接前往更高等级的服务地享受高等级服务。这类跨等级、跨地域使用公共服务设施的客观现象，反映了乡村发展要素正由本地化供给转向城乡交互作用，也反映了乡村公共服务设施已深度嵌入区域之间较大规模、复杂关联的流动关系网络。因此，从网络化的区域视角优化公共服务设施的空间结构关系是乡村社区公共服务设施空间规划的关键。

虽然高于乡村尺度的镇、县较早被纳入公共服务设施规划范畴，但在很长一段时间内，我国乡村公共服务设施配置依赖于静态的城乡空间等级体系与科层制的线性治理，以行政等级和千人指标为核心标准。采取联系和动态视角观察"村—镇—县"空间网络体系的新变化相对缺少，导致难以调节西南山地乡村公共服务设施在区域空间网络中的不均衡问题，进而加剧供需结构失衡、资源闲置浪费、设施使用效率低下等问题。因此，静态结构的等级化配置存在一定程度的不足，目前亟须拓展性地结合空间网络的区域视角（图1-1），通过系统梳理乡村社区公共服务设施的空间网络体系理论及规划实践，构建理论与方法基础，进而应对乡村公共服务设施在更加扁平化、互嵌化、网络化的空间新特征下面临的规划新要求。

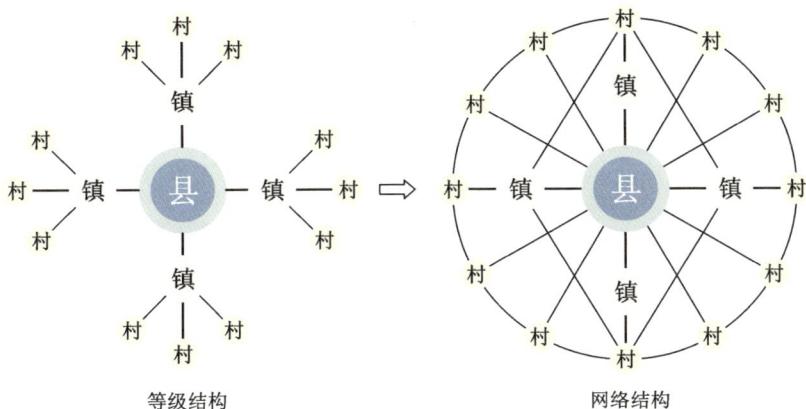

等级结构　　　　　　　　　　　　　　网络结构

图 1-1　乡村公共服务设施的等级关系与网络关系示意

（图片来源：笔者自绘）

有关乡村社区公共服务设施空间网络体系的重要理论，主要包括两个类别：一是较为经典的、基于公共服务设施静态结构的中心地理论与区位理论；二是较为前沿的、强调公共服务设施时空网络的流空间理论与生活圈理论。虽然前者并不完全适用于当下城乡空间的新变化，但前者是后者的理论基础与思想源起，综合性地认知两类理论更有助于理解乡村公共服务设施在空间网络体系规划方面的要点与问题。

1.1.1　基于公共服务设施静态结构的中心地理论与区位理论

1933 年，德国城市地理学家瓦尔特·克里斯塔勒（Walter Christaller）在《德国南部的中心地》一书中提出"中心地理论"（central place theory），该理论建立了理想化的六边形城镇网络体系模型，并提出了市场原则（$K=3$）、交通原则（$K=4$）和行政原则（$K=7$）下不同的中心地空间结构（图 1-2）。中心地理论具有较强的空间等级特征，不同等级的中心地之间虽然可以相互提供产品和服务，但较低等级的中心地会受到较高等级中心地的控制，主要构建的是垂直向的关联。长期以来，我国镇村体系规划中常见的"重点镇——一般镇——中心村——基层村"功能等级体系，其背后的理论内涵即中心地理论。虽然中心地理论难以精准描述现实地理环境的复杂性及差异化的居民需求影响，但作为一种经典的地理学拓扑模型，中心地理论描述了"服务中心"与"中心服务范围"的拓扑方法，在一定程度上揭示了乡村居民出

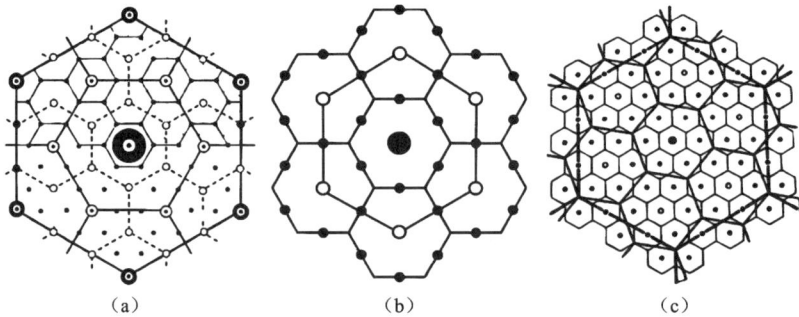

图 1-2　中心地理论分布原则

（a）市场原则（*K*=3）；（b）交通原则（*K*=4）；（c）行政原则（*K*=7）

（图片来源：陈力、韩昊英《信息与通信技术下中心地理论的流变与适用性》）

行范围与公共服务设施配置中心之间的关系，仍是当下确定县域中心、中心镇、中心村等不同等级生活圈服务中心的重要理论基础。

除了中心地理论，现代区位论也为城市公共服务设施研究提供了重要的理论基础。1968 年，迈克尔·忒兹（Michael Teitz）发表了《走向城市公共设施区位理论》一文，率先提出将区位理论实际应用于城市公共服务设施选址。基于新古典福利经济学，他指出公共服务设施区位决策从根本上区别于个人设施区位决策，在效率与公平的前提下探讨了城市公共服务设施的最优布局问题，开创了地理学中公共服务设施区位研究的经典领域。同期，伴随着 20 世纪 60 年代初的"计量革命"，现代区位论下的公共服务设施量化配置方法取得显著进步。现代区位论及相关方法建立了公共服务设施区位选址模型与计算评价体系，定量反映了公共服务设施与使用者位置的空间关联度，为更加宏观、全域的城乡公共服务设施空间网络测度与规划奠定了基础。

总体而言，中心地理论与早期的公共服务设施区位理论具有较强的理论抽象性，服务设施通常被假设为简单环境下静态、均匀分布的点。随着地理信息技术的进步及时空可达性模型和计算机编程算法的成熟，大量相关学者结合 ArcGIS 网络分析、Voronoi 图、GPS 时空行为等地理分析方法，探讨了乡村公共服务设施的空间结构特征。而随着公共服务设施的网络特征与布局要求日益受到重视，公共服务设施空间体系理论逐渐从静态结构向时空行为拓展，研究方法逐渐从定性的理想空间模型向复杂区位模型、复杂网络模型等深化。

1.1.2 强调公共服务设施时空网络的流空间理论与生活圈理论

1. 流空间理论

随着经济全球化及信息与通信技术的跨越式发展，人流、物流、资金流、信息流、技术流等要素流动的范围、速度、规模都迅速增长。针对这一现象，1996年，曼纽尔·卡斯特（Manuel Castells）提出了"流空间"（space of flow）的概念。流空间是指"通过流动而运作的共享时间之社会实践的物质组织"。如果说中心地理论关注的是垂直关系及场所空间的秩序，那么以流空间为代表的空间网络理论则关注的是水平关系及流空间的组织。流空间所形成的超越场所等级和地理邻近性的水平联系，可以打破场所空间的树形结构，并形成更加动态与复杂的非树形结构，从而在"非中心"的外围地区获得更多非本地的力量。流空间理论对乡村公共服务设施规划的启示在于，不同地域服务设施的空间关系可以从简单的"控制－依附"关系、从属的等级关系向"协作、反馈和互补"关系转化，为理解乡村公共服务设施的多中心化空间网络关系提供了新的视角（图1-3）。

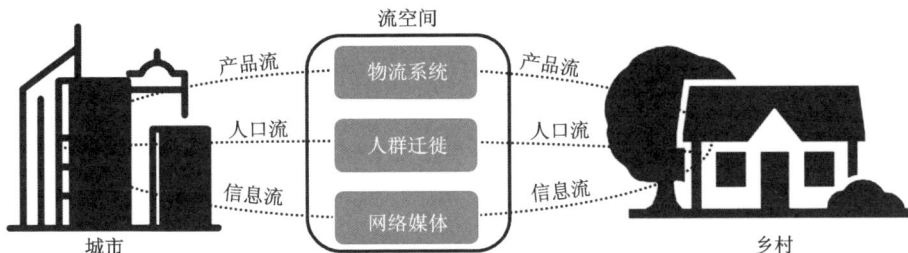

图 1-3 流空间理论下的城乡互动关系
（图片来源：笔者自绘）

近年来，随着中国高速公路网、高铁、航空、5G通信、互联网及物联网等流空间发展加速，城乡流空间要素呈现跨时空性、去中心化、多向性、开放性等特征，乡村与城市的空间关系正由垂直的、单向度的等级关系向网络化的水平多向联系过渡。罗震东等学者在流空间理论基础上，进一步明确提出了"流乡村"（village in flow）的概念。流乡村被结构化地定义为实体分散、虚拟集聚的聚落空间，它们虽然保持着乡村的风貌，但已经进入区域甚至全球的产业分工体系。可见，流空间对乡村社区发展的重要影响已逐渐受到学术界关注，这类影响也必然会传导至公共服务设施规划。一方面，在互联网、交通等流要素影响下，部分地区涌现了大量以旅游、休闲、电子商务、文化创意等新兴要素为产业职能的特色村庄。例如，以乡村电商发展为代表的淘宝村，通过虚实空间交会和集聚商品流、资金流和信息流，实现了乡村地区跨越工业时代而直接进入信息时代的巨大跃迁。这类新型乡村通过数字平台链接与各类生产服务主体组合，可以高效、快速地融入区域范围的生产和消费体系，因此可以获得乡村公共服务设施规划的新动能与新功能。尤其是对于区位较为边缘的淘宝村来说，这类乡村本来会因空间可达性低而面临环境衰败、公共服务设施配置乏力的困境，但流空间可以使其形成虚拟集聚并获得全球的经济发展机会，进而带动公共服务设施供应能力的优化。另一方面，流空间也使乡村居民对公共服务设施的使用需求产生了明显转变。例如，交通基础设施等流空间的显著进展，使得乡村居民行为流动的时空范围日益扩大、频率日益提高，互联网在乡村居民日常休闲娱乐、社交、阅读学习等活动中占据着重要地位，从而改变了公共服务设施的使用方式。换言之，"流空间"对于乡村公共服务设施规划起着日益显著的作用，有助于打破传统乡村发展理念与规划方法的实体局限性。因此，公共服务设施配置应打破传统城乡空间的等级认知与界限，构建更为扁平、动态、统筹的公共服务设施空间网络体系。

2. 生活圈理论

生活圈是由公共服务设施、居民出行的时空行为与需求特征共同构成的网络圈层，生活圈理论是从空间互动关系或居民时空行为视角出发探究公共服务设施空间网络体系的重要理论。公共服务设施作为生活圈的核心要素，在许多国家和地区得到了广泛研究与应用。

生活圈理论最早由日本学者石川荣耀提出，他在借鉴中心地理论的基础上提出了"生活圈构成论"的基本观点，之后日本学界逐渐建立了以公共服务设施为核心的生活圈研究范式。如波多江健郎等在日常生活圈的结构基础上，根据居民日常生活与公共服务设施的互动关系，提出基于生活圈进行设施选址的应用方向。蓝沢宏根据乡村居民生活相关设施的距离、时间利用的实际情况及设施使用评价，提出要针对生活圈的不同圈层配置各类生活设施。

近年来，在许多欧美国家城市，如美国波特兰、法国巴黎等，涌现了以"X 分钟城市"为代表、与社区生活圈具有相似内涵指向的新理论及实践思潮。这一思潮源于对现代主义城市规划所产生的严格功能分区与郊区蔓延等空间问题的反思，受简·雅各布斯（Jane Jacobs）的"社区功能多样化"及法国社会学家弗朗索瓦·阿舍尔（François Ascher）的"时间城市主义"（Chrono-Urbanism）等理念所影响，密度、可达性、多样性、可持续生活方式、生态环保等理念逐渐成为城市发展转型的共识，而以社区生活圈为中心的公共服务设施配置就是实现上述城市转型目标的重要工具之一。因此，法裔哥伦比亚学者卡洛斯·莫雷诺（Carlos Moreno）于 2016年提出了"15 分钟城市"概念。他提出，"15 分钟城市"应遵循邻近性、多样性、适宜密度和普遍性四大原则，涵盖住房、就业、购物、医疗保健、教育和娱乐六大主要功能，目标是让城市社区居民可以在步行或骑行 15 分钟之内，满足衣、食、住、行、娱等大部分日常需求，旨在建设更加以人为本、混合多元、生态友好、社会参与的本地化社区服务体系。但是目前欧美国家的"15 分钟城市"和相关的生活圈建设主要针对城市社区，因为这些地区的乡村社区普遍地广人稀，并且采取的是机械化大规模农牧业生产模式，生活圈理论对其实用性较低。

我国于 20 世纪 90 年代初引进"生活圈"理念，以柴彦威为代表的大量学者对生活圈的界定方法、体系构建、公共设施评估方法及应用进行了积极探索。生活圈日益成为完善公共服务、配置基础设施和解决城乡发展不均衡问题的基本空间单元，与之相关的正式文件与标准相继颁布，如 2016 年的《上海市 15 分钟社区生活圈规划导则（试行）》与 2018 年的《城市居住区规划设计标准（GB 50180—2018）》等。随着国内生活圈理论研究及实践的持续深入，生活圈已从城市地域系统扩展至乡村地域系统，生活圈理论能同时适用于中国城市与乡村社区的公共服务设施规划，这与我国乡村社区的社会经济组织形态有关。不可否认的是，我国城市社区与乡村社区存在诸多差异（表1-1），如城市社区以高密度公共服务设施与连续成片开发为基础，而多数村庄空间密度与开发程度却相对较低。但横向对比其他国家和地区，由于我国乡村地区长期形成与维系的是自给自足的小农经济形态，村民的生产、生活空间粘连度较强。在"人多地少"的人地关系下，乡村社区居住密度相对较高，加上乡村地区普遍存在深厚的血缘、宗族等传统熟人社会关系，乡村社区社会组织较为紧密，共同支撑形成了一种超稳态、自助的乡村日常生活，具有将城市社区生活圈推广至乡村地区的基本条件与潜力。

表 1-1 我国城市社区与乡村社区的对比

类型	城市社区	乡村社区
人际关系	以业缘关系为纽带的利益关系社群	以地缘、血缘为纽带的熟人关系社群
人群特征	人群结构复杂，以中青年人群为主	人群结构单一，以老年人群为主
空间尺度	小尺度、高密度的集约性结构	大尺度、低密度的分散性结构
产业结构	以商业及综合消费性业态为主	以农业及出租业态为主
交通系统	公共交通发达，呈现较定向化的人流倾向	公共交通薄弱，呈现较松散化的活动轨迹
生活节奏	快节奏，匆促忙碌	慢生活，休闲颐养

资料来源：笔者根据相关文献整理。

在此背景下，乡村生活圈日益引起学界的关注与重视。根据 2021 年自然资源部发布的《社区生活圈规划技术指南》（TD/T 1062—2021），"社区生活圈"被定义为在适宜的日常步行范围内，满足城乡居民全生命周期工作与生活等各类需求的基本单元，融合"宜业、宜居、宜游、宜养、宜学"多元功能，引领面向未来、健康低碳的美好生活方式。进一步结合该指南中关于"乡村社区生活圈"的相关规划编制内容和准则，"乡村社区生活圈"可定义为"村庄建设范围内，从满足乡村居民生产、生活需求角度，结合乡村居民的日常出行规律形成的乡村地理活动单元"。在乡村振兴背景下，既有乡村生活圈研究与实践已围绕识别技术、划定方法、配置内容和实施模式等方面进行了大量探索，乡村生活圈成为优化乡村地区公共服务设施网络体系的重要抓手。相比于侧重等级化指标管控的传统乡村公共服务设施配置方法，乡村社区生活圈的空间规划特征与比较优势主要体现在以下几个方面。

1）圈层化的网络构建

乡村社区公共服务设施通常空间离散程度较高，并且实际服务能力普遍较为有限，居民个体为了获取生产、生活所需的公共服务，大部分需要前往更高行政尺度的服务中心或跨村使用公共服务设施。因此，基于公共服务设施的出行活动经常突破行政边界，在空间上通常呈现为"镇—村"或"县—村"圈层分布。这类圈层分布会显现出一定的垂直等级性，但乡村社区生活圈可以建立跨尺度的空间要素重组与水平协同关系，从而形成"县城—镇区—乡村"不同圈层相互嵌套、共享的生活圈统筹体系，并超越以行政边界为基准的空间配置模式。

2）人本化的需求回应

传统乡村公共服务设施配置方法重视指标数值的"固定式供给"，难以回应实际使用主体对公共服务设施的微观需求变化。例如，目前西南山地乡村社区的年轻人普遍外出务工，常住居民以中老年人居多，需要结合现有居住主体的需求增加公共服务设施和活动空间的适老性功能。相比之下，生活圈直接面向使用者的日常生活需求。日益增多的乡村社区生活圈研究与实践，已将社群结构与使用需求的基础调查作为生活圈及设施服务层次划定的重要技术内容，相对成熟的方法体系有助于结合差异化的人群使用需求完善"人本导向"下的公共服务设施配置。

3）精细化的设施配置

我国乡村地域系统存在显著的地区分化差异，体现在地理环境、社会人口、产业发展、信息技术、物流交通等各个方面，这也导致东北、东部沿海与西南等地区的乡村社区空间形态与公共服务设施布局方式存在明显区别，相应地要求各地因地制宜地配置公共服务设施。乡村社区生活圈虽然在概念上具有一定的抽象性，但其规划技术核心高度重视实际乡村社区生产、生活、生态场景的在地差异，可以通过定制化、刚弹结合的公共服务设施配置，有差别地贴合乡村社区在地性的发展需求。

1.1.3　典型案例借鉴

1. 乡村社区公共服务设施空间体系构建案例

1）四川省成都市的乡村服务设施区域协同配置模式

四川省成都市在《成都市城乡融合发展片区建设项目规划管理技术规定及导则（试行）》中提出，可突破原有镇村行政边界，考虑地域相邻、生态相通、产业相融、交通相连、设施共享等因素，将镇村地区划分为若干个城乡融合发展片区。城乡融合发展片区可作为镇村统筹资源要素、实施规划管理的基本单位，还可作为抓手推动农商文旅体融合发展。在城乡融合发展片区的空间政策引导下，针对乡村公共服务设施提出三类区域协同配置模式：①"镇-镇"共享模式，共享半径在10千米内（车程20分钟内）为宜；②"镇-村"共享模式，共享半径在3千米内（步行30分钟内）为宜；③"村-村"共享模式，共享半径在1.5千米内（步行15分钟内）为宜。成都的实践案例一方面为乡村社区公共服务设施规划提供了跨行政尺度的城乡融合式发展思路，另一方面为乡村社区公共服务设施规划提供了区域协同配置模式借鉴（图 1-4）。

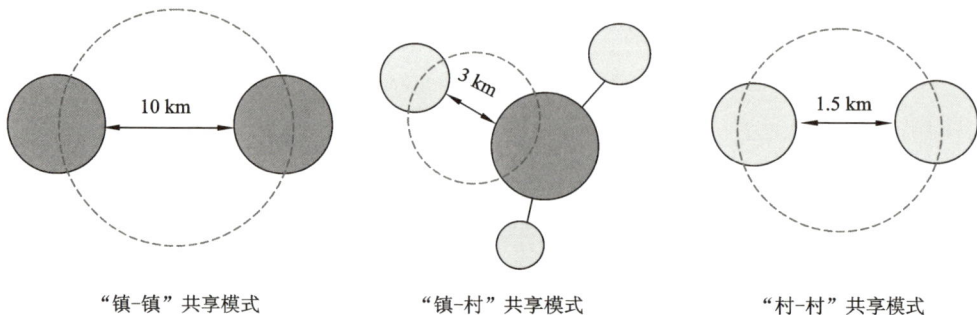

图 1-4　成都市乡村公共服务设施协同配置模式

（图片来源：《成都市城乡融合发展片区建设项目规划管理技术规定及导则（试行）》）

2）浙江省德清县的乡村公共服务设施分区体系

在县域乡村建设规划中，浙江省德清县计划打造具有地域特色的县域城镇化战略和城乡规划体系，构建以不同层次的功能圈为基础的村镇体系和公共服务设施体系。在城乡空间关系上，强调城、镇、村三者的协同作用，使乡村特征差异化地适应周边区域功能。计划将中心城区、城镇范围内和周边的村庄打造形成"城－村"片区、"镇－村"片区，将风景名胜区范围内和周边村庄打造形成"景区－村"片区。同时，尊重乡村地域环境与发展水平的差异，形成"城镇共享区、均衡网络型服务区、传统等级结构服务区"三大村级公共服务设施体系分区，并完善村庄基本公共服务设施的配置标准和具体配置要求。德清县的实践案例充分考虑了城、镇、村的空间关系对乡村公共服务设施规划的影响，并以此提供了区域统筹视角下乡村公共服务设施空间体系的分区依据与分类规划思路（图 1-5）。

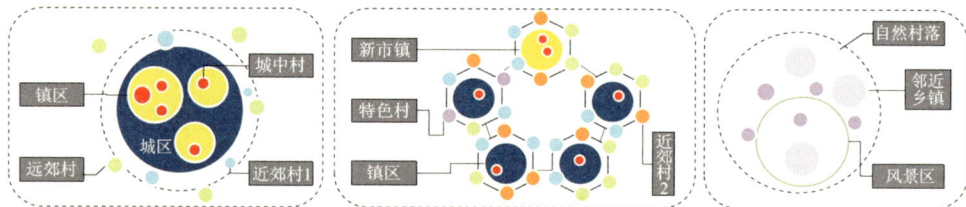

图 1-5　县域城乡体系模式示意

（图片来源：根据陈安华、周琳《县域乡村建设规划影响下的乡村规划变革——以德清县县域乡村建设规划为例》中图片改绘）

2. 乡村社区生活圈营建案例

1）日本、韩国的乡村社区生活圈

20世纪50—60年代，为了缓解日本在工业化与城镇化的过程中出现的资源过度集中、地区差距拉大、环境污染日益严重和农村环境退化等问题，乡村生活圈规划实践得到快速发展。日本在《农村生活环境整备计划》中提出，生活圈是指某一特定地理、社会村落范围内的人们日常生产、生活等诸多活动在地理平面上的分布。日本以一定人口的村落、一定距离的圈域作为基准，将生活圈按照"村落—大宇—旧村—市町村—地方都市圈"进行层次划分。1969年日本自治省推出了"广域市町村圈"计划，建设省和国土厅分别提出了"地方生活圈"与"定住圈"的概念。定住圈以人的活动需求为主导，针对居民就业、就学、购物、医疗、教育和娱乐等日常生活需要，以一日生活所需遍及的区域范围为空间规划单元。主要思路是通过资源分配和设施建设等措施，在生活圈的范围内满足居民的日常生活和社会经济活动需要，从而抑制大城市人口过度集中的现象，促进城乡区域均衡发展。之后，生活圈的概念快速传播到与日本面临相似城乡问题及挑战的韩国。当时的韩国也面临着农村人口减少、老龄化与离农人口增加的问题，城市与乡村的矛盾日益凸显，因此借鉴日本生活圈建设经验提出了"农村定住生活圈"的构想。定住圈系统包括五个等级，其中小城市（乡）、邑面（镇）与村落（村）被划定为农村定住生活圈，用以缩小乡村和都市生活环境的差距（图1-6）。

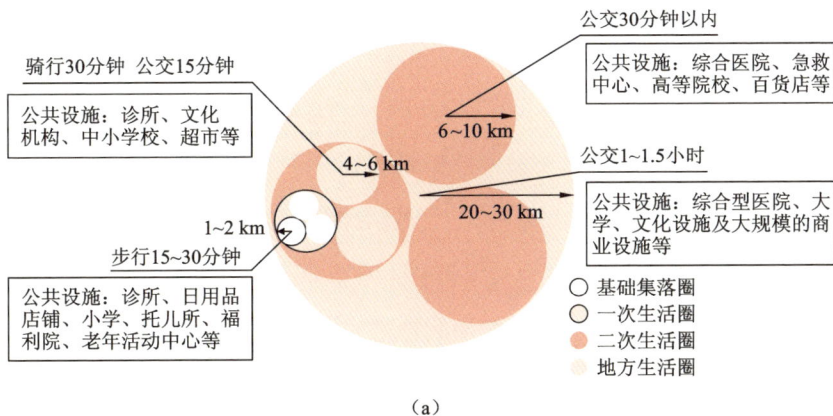

（a）

图 1-6 日韩乡村生活圈模式图

（a）日本乡村生活圈模式图；（b）韩国乡村生活圈模式图

（图片来源：根据张立、李雯骐、白郁欣《应对收缩的日韩乡村社会政策与经验启示》中图片改绘）

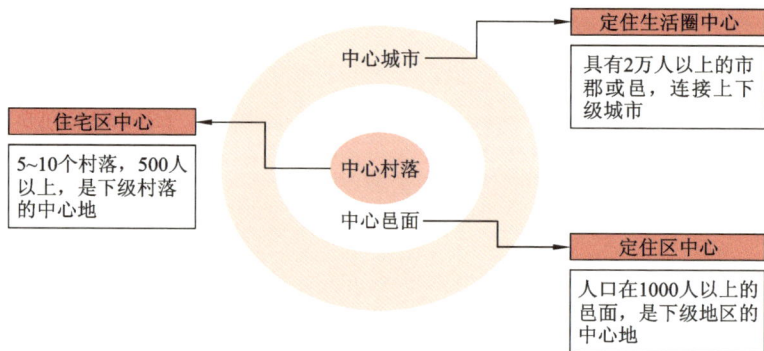

（b）

续图 1-6

2）上海、浙江的乡村社区生活圈

我国长三角地区在交通、经济、信息等方面具备城乡融合的发展优势，近年来，上海、浙江等省市率先开展了乡村社区生活圈研究与实践，通过颁布正式导则与开展实践项目，因地制宜地提出了生活圈与公共服务设施配置内容，对于调节不同类型乡村的区域公共服务设施网络具有重要的现实意义。

2021 年，上海颁布《上海市乡村社区生活圈规划导则（试行）》。该导则提出，乡村社区生活圈是指以满足村民和新村民的日常需求为核心，慢行可达的范围内涵盖生产、生活、生态、治理各要素的基本空间单元，是乡村地区宜居、宜业、宜游、宜养、宜学的社区共同体（图 1-7）。上海市乡村社区生活圈规划按照慢行可达的空间范围，构建了"行政村层级（乡村便民中心，服务半径 800 ～ 1000 米）—自然村层级（乡村邻里中心，服务半径 300 ～ 500 米）"两级体系的乡村社区生活圈。同时，该导则也提出要促进乡村社区生活圈与城镇社区生活圈的衔接，镇域内村庄应确保车行 15 分钟可达"镇区层级（镇中心）"或"撤制镇层级（乡村社区中心）"（可跨镇）。镇区在新建制镇中发挥公共服务中心的作用，提供较高能级的医疗、教育、商业等综合功能，满足周边村民低频率的特定需求；撤制镇作为新建制镇和行政村之间的衔接层级，以乡村社区中心的定位为村民提供较高能级的公共服务设施，带动周边乡村地区发展。

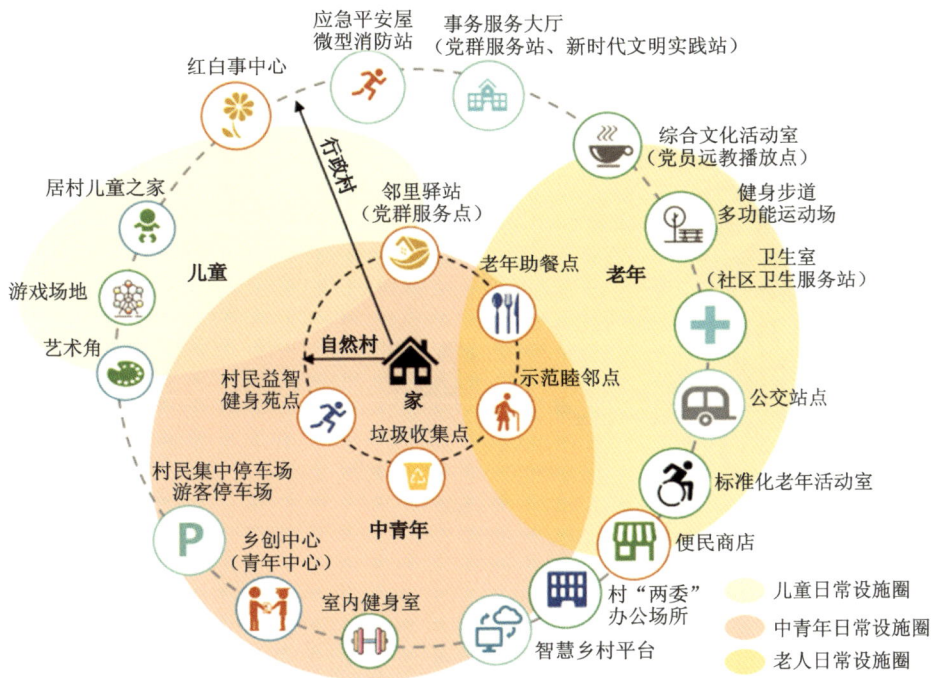

图 1-7　上海市乡村社区生活圈

（图片来源：《上海市乡村社区生活圈规划导则（试行）》）

　　浙江省嘉兴市由于小城镇建设基础较好，镇区／集镇分布密度高，城乡交通串联便捷，具有城乡融合发展的独特优势。作为 11 个国家城乡融合发展试验区之一，嘉兴市全域被纳入试验范围，要求重点在城乡产业协同、城乡基本公共服务均等化发展等方面先行先试。2022 年《嘉兴市全域未来乡村生活圈建设导则》颁布，基于全域化的生活圈规划思路，划分了行政村（服务半径 800～1200 米）与自然村／新社区（服务半径 300～500 米）两级生活圈圈层，提出了服务圈、居住圈、就业圈、生态圈、保障圈等生活圈类型，旨在通过对不同功能圈的分类引导与差异配置，促进城乡融合（图 1-8）。以嘉兴市王店镇为例，该镇以未来社区与未来乡村理念构建了 7 个镇区 5 分钟生活圈、6 个乡村生活圈，通过多跨协同、系统重塑的方法，统筹了城乡公共服务设施资源的共享配置。

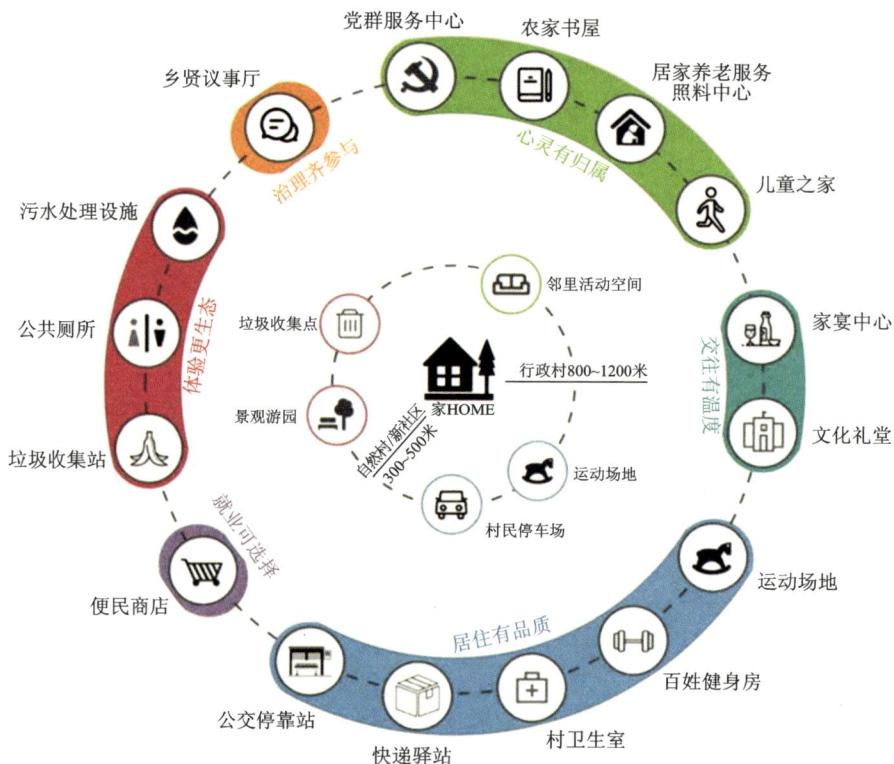

图 1-8　嘉兴市全域未来乡村生活圈

（图片来源：根据《嘉兴市全域未来乡村生活圈建设导则》中图片改绘）

1.2　乡村社区公共服务设施的多元供需规划理论

公共服务设施作为城乡居民生产、生活的基本保障，其配置的供需均衡是建设宜居城乡的重要抓手。在城乡公共服务均等化建设背景下，公共服务设施配置的合理性、均等性及服务质量逐渐成为城乡建设领域的关注焦点。随着社会经济的不断发展和科技创新的不断进步，广大乡村地区正在经历深刻的变革，乡村社区公共服务设施的供需关系也呈现出新的变化趋势。

一方面，在快速城镇化进程中，乡村人口减少、村庄消失、社会景象整体式微已成为常态。同时，随着政策导向下的撤村并点现象，乡村的空间布局、社会功能、人口结构等都面临着前所未有的重构。长期以来，乡村建设中标准化、无差别的公共服务设施供给配置造成的供给缺位、错位现象突出，收缩背景下的资源闲置浪费、使用低效等问题层出不穷，衍生出一系列发展问题，公共服务设施的供需失衡使得山地乡村丧失了弥足珍贵的发展要素和机遇，一定程度上影响了乡村振兴战略的落实。

另一方面，自21世纪以来，随着信息与通信技术的飞速发展，以及国家对"三农"建设的持续关注与投入，中国乡村呈现出一些新的面貌。尤其是进入移动互联网时代以来，在数字中国、智慧乡村等战略引领下，线上、线下服务广泛下沉，融入乡村社区居民的日常生活之中，使得村镇社区服务的供给模式发生颠覆性转变。智能技术在拓展城乡日常生活服务供给渠道的同时，也改变了服务供给和使用需求者之间的交互模式，促使一部分以固定场所为核心的传统服务供给模式开始向以居民为中心的移动服务供给模式转变，从而大大提升了公共服务的灵活性、流动性和可获得性。

因此，有必要从多元供需视角对乡村社区的公共服务设施资源配置理论及相关实践进行梳理，深入把握当前社会发展趋势下乡村社区公共服务设施供需关系的特征，为构建更加科学、合理的乡村社区公共服务设施规划配置策略提供参考。

1.2.1 公共资源配置的供需均衡理论：公共服务设施的多元供需

1. 公共资源的内涵及其均衡配置理论

广义的公共资源泛指一切可用于公共服务的资源，这些公共服务设施和公共物品能为人类的生存、发展创造必要条件，是关乎社会公共利益、人民生活水平和社会可持续发展的重要资源。然而，在日益重视市场和产权关系的今天，这样宽泛的定义已经缺乏实质性指导意义了。

随着时代和社会背景的变化，公共资源的定义也发生着持续的演变。在西方语境中，"公共资源"的概念源自经济学中的公共物品理论，强调其非排他性和非竞争性，但现实中，纯粹的公共物品并不多见。根据公共物品的竞争性和排他性程度不同，可以将其划分为纯公共物品和混合公共物品，其中混合公共物品又分俱乐部物品（排他非竞争）和公共池塘资源（竞争非排他）两类。俱乐部物品的产权更为清晰，通过收费设置准入门槛，避免过度拥挤带来边际成本增加；而公共池塘资源理论上对所有人开放，但由于资源的稀缺性和竞争性，实际上并不能完全保证公众平等的消费权利，并且存在强烈的机会主义倾向，可能导致"公地悲剧"产生。通过上述对比可以看出，公共池塘资源更接近人们常识中需要特定配置机制的公共资源。

相较之下，中国语境中的"公共资源"概念则更受政治和经济体制的影响（表1-2），尤其是随着社会主义市场经济体制的确立和发展，公共资源的定义与西方的有所区别，更加侧重政府职能依托、占有、管理的资源（图1-9）。根据政府出台的规范性文件和具体的交易实践，可以将公共资源概括为"由公共部门拥有或授权管理的有形资产和无形资产的总称，包括有形的不动产（建筑物、构筑物）、货物，以及无形的服务、土地使用权、公共设施经营权、行业特许经营权和行政许可等资源"。

表1-2　不同经济体制下公共资源的概念内涵及配置方式

发展阶段	经济体制	公共资源范畴	配置方式	表现形式
过渡阶段（1949—1955年）	新民主主义经济	土地资源、国有资产、金融资源及部分社会福利设施	资源混合配置：以国营经济、合作社经济为代表的国家（计划）配置，以私人资本主义经济、个体经济为代表的市场配置，以公私合营经济为代表的合作配置	土地改革、工业民主化、基本公共服务保障等
探索阶段（1956—1977年）	计划经济：单一公有制	所有资源都是公共资源	单一公有制下的计划式配置	计划、指令配置资源，集中力量建立国家工业体系
变革阶段（1978—2001年）	社会主义市场经济体制：公有制为主体、多种所有制经济共同发展	公与私的界限重新被重视，"公共资源"的概念逐渐接近今天的认知，即国家和集体拥有的各类资源	有计划的市场配置：开始尝试使用市场化手段降低交易成本，提高配置效率	"以经济建设为中心"作为指导资源配置的首要价值观，尝试通过招投标等市场交易手段来配置公共资源
深化改革阶段（2002年至今）	以公有制为主体，多种所有制经济共同发展	国有或集体所有资源，包括设施经营、行业特许经营和行政许可等资源	决定性的市场配置：充分发挥市场在资源配置中的决定性作用	以"政府引导市场、市场公开交易、交易规范运作、运作统一监管"为基本思路，成立公共资源交易中心

资料来源：笔者根据相关资料整理。

过渡阶段 混合配置

- 新中国成立，经济体制改革开始
- 土地改革，工业民主化、基本公共服务保障等
- 公共资源：土地资源、国有资产、金融资源及部分社会福利设施
- 资源混合配置，三种形式：1.国营经济、合作社经济；2.市场配置：私人资本主义、个体经济；3.合作配置：公、私合营
- 新民主主义经济体制（1949—1955年）

探索阶段 计划配置

- 1956年中共八大，主要矛盾改变，大力建设"先进工业国"
- 确立单一公有制、集中优势力量办大事
- 十年"文革"，建设发展受阻
- 公共资源：所有资源都是公共资源，包括土地、森林、水资源等自然资源，以及工农医、教等社会资源，由国家统一管理和调配
- 国家计划配置：国营经济、合作社经济等按计划配置
- 计划经济体制（1956—1977年）

变革阶段 计划下市场配置

- 1978年第十一届三中全会议题—全党的工作重点转移到社会主义现代化建设上来
- "以经济建设为中心"的价值目标导向
- 价格双轨制：部分市场定价，部分国家控制
- 1997年党的十五大：确立"公有制为主体、多种所有制经济共同发展"的基本经济结构
- 公共资源：概念不断缩小逐渐接近今天的定义，即国有或集体所有的各类资源
- "有计划的"市场配置：开始尝试使用市场化手段降低交易成本，提高配置效率
- 社会主义市场经济体制基本确立（1978—2001年）

深化改革阶段 市场配置主导

- 2002年党的十六大：提出"两个毫不动摇"方针，继续巩固这一基本经济制度
- 21世纪头20年经济建设和改革的主要任务之一—完善社会主义市场经济体制
- 以"政府引导市场、市场公开交易、交易规范运作、运作统一监管"为基本思路，成立公共资源交易中心，"公共资源交易"概念正式形成
- 公共资源：国有或集体所有资源，包括设施经营、行业特许经营和行政许可等资源
- 决定性的市场配置：充分发挥市场在资源配置中的决定性作用
- 社会主义市场经济体制（2002年至今）

1949　1956　1978　2002　年份

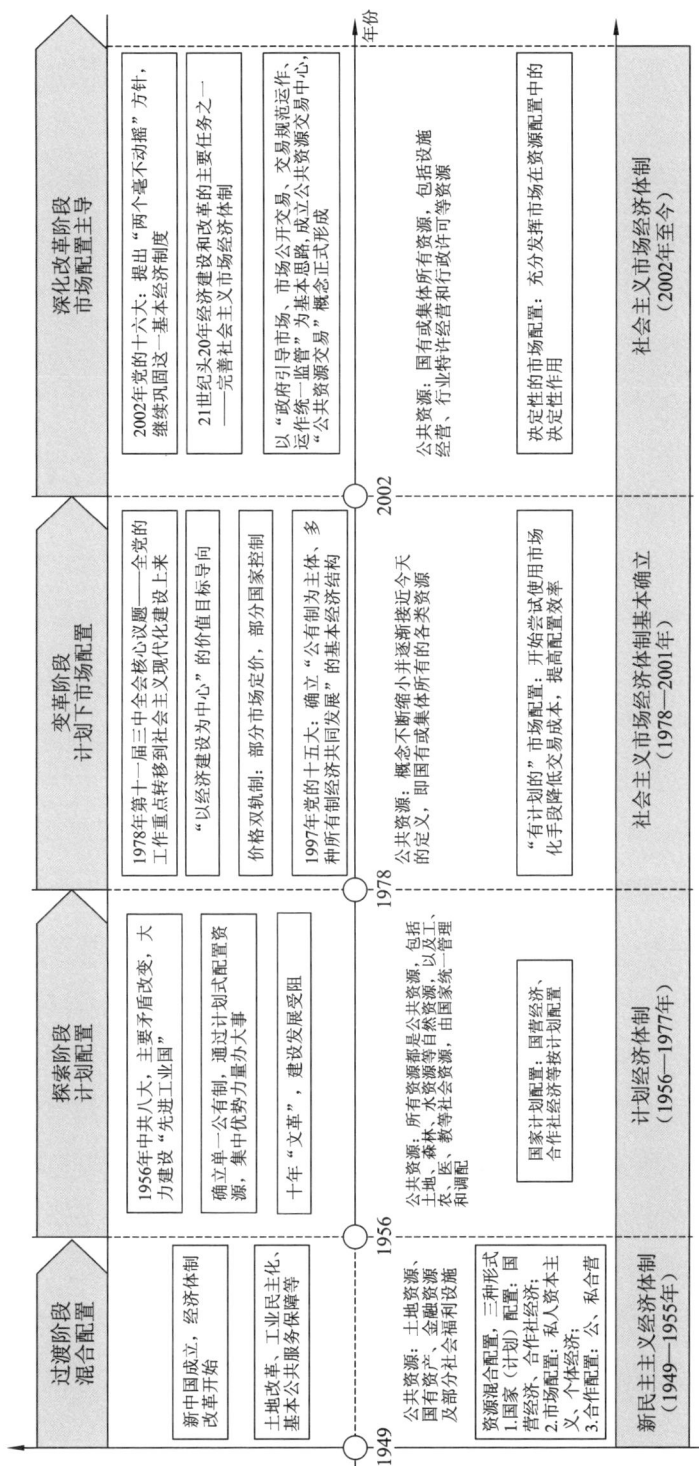

图 1-9　我国经济体制改革中公共资源的内涵及配置方式发展历程

（图片来源：笔者自绘）

可以看出，国内的公共资源概念更加注重资源的合理利用和管理，以确保资源配置的效率和公平性。公共资源具有公共性、非排他性、稀缺性、竞争性及社会性等特征属性，这决定了在自由放任状态下公共资源无法像私人资源一样完全依托市场机制来实现供需均衡，但是公共资源的配置仍然遵循着需求决定供给的原则。著名经济学家凯恩斯在其"有效需求"理论中就指出，政府应当在市场无法提供有效资源配置的情况下进行干预。对于某些公共产品，市场机制可能无法提供足够的供给，或者无法考虑到外部性和公平性等因素，因此，需要政府通过向公共资源的投入来弥补市场的不足，以实现资源的均衡、合理配置。

所谓公共资源配置的均衡配置理论，主要是探讨如何在有限的公共资源条件下，通过合理的配置手段实现资源供给与社会需求之间的平衡，其核心目的就是提高公共资源的使用效率，确保公共资源能够更好地服务于社会和公众利益。具体来说，它要求公共服务资源的供给方能够切实掌握、遵循其客观需求的一般规律，并设计一套可以引导公众真实反馈、表达公共服务需求偏好的机制，进而正确识别公众的公共服务需求，最终准确制定供给决策，实现资源的有效配置。

我国的经济社会发展和公共服务起点很低，且长期处于城乡分治状况。在特定的国情背景下，受经济发展水平限制，我国的公共资源供给长期实行城乡分割的"双轨制"。早期国家为摆脱落后局面，采取优先发展工业、城市的战略，公共资源投资大幅倾向城市，导致城乡在公共设施、社会保障、教育、医疗、环境等基本公共服务方面的差距日益显著，城乡居民的基本权利和发展机会不平等。自改革开放以来，随着社会经济的发展，虽然中央和地方政府高度重视农村各项社会事业和农村基础设施建设，倡导城乡统筹发展，积极推进城乡公共服务均等化建设，但是公共服务产品在城乡之间的差距仍然十分明显，公共服务设施的供给还存在较大缺口；同时随着社会经济发展、科技进步，乡村公共服务的供需格局也在不断变化，既有的基本公共服务和设施配置体系不断被打破，新的需求不断产生，供需矛盾日益加剧。在西南山地地区欠发达的乡村社区，这一趋势尤为明显。因此，有必要回溯公共服务产品的理论源头，依托公共资源的均衡配置理论系统分析当前的乡村公共服务设施供需状况，更加深刻、透彻地理解其相关的形成逻辑和运作机制。

2. 乡村社区公共资源构成——公共服务设施

公共资源强调由社会供给、供全社会成员共同使用和享受，其概念相对宽泛。对于乡村社区而言，公共资源包括丰富的自然资源，比如土地、水资源、森林等，以及由政府或社会组织提供的公共服务及相关基础设施。作为乡村社区的重要公共产品，这些基础设施和公共服务可以满足人们的共同需求、维护公共利益、促进个体自由全面发展，是社会赖以生存和发展的基础。

在我国特定国情背景下，受经济发展水平限制，不能同时满足所有公共服务的均衡供给。借鉴西方发达国家、福利先行国家避免福利陷阱的经验和教训，我国提出了"基本公共服务均等化"的概念。基本公共服务均等化作为促进城乡融合发展的具体举措，也是新时代增进社会福祉、改善民生的重要标志。基本公共服务均等化，要求基本公共服务的内容和水平均等化（消费均等和结果平等）、服务设施和条件及资源占有均等化（条件均等和起点平等），以及赋予人们相同的权利和机会（权利平等及制度平等）。

所谓基本公共服务，就是与一定的社会经济发展水平和阶段相适应，保障居民个人的基本生活和发展需求所必不可少的公共服务。既有研究大多是从广义角度理解基本公共服务，包括具有实体物质形态的公共服务设施，如教育设施、医疗卫生设施、文化体育设施，以及一些非物质形态的公共服务，如社会保障、就业、文化娱乐等。也有部分学者将"公用基础设施"归于公共服务提供的有形公共产品集合中，包括供水、供电、供热、道路建设等。

无论在城市还是乡村，社区作为居民聚居的基本空间单元，其公共资源配置问题主要集中体现在直接影响社区居民生产、生活质量水平的基本公共服务设施规划及建设上。本书着重讨论乡村社区中的公共服务设施，并将其界定为"保障乡村居民基本发展权利、满足乡村居民基本生活需要、为乡村社会提供各项公共产品和服务的设施"。乡村社区公共服务设施（rural public facilities）主要包括基础教育、社会保障（养老）、公共文化及体育、医疗卫生、商业服务及行政管理等配套设施，具体来说可归纳为以下几个方面。

1）基础教育设施

基础教育设施是指为满足社区内儿童及青少年接受基础教育需求而设立的教育机构和相关辅助设施，包括但不限于公立和私立的幼儿园、小学、中学，以及提供特殊教育的学校。其构成有两方面：一是供学生学习的教育环境空间，包括教室、图书馆、科学实验室、体育场所等；二是教育设施都需要配备合格的教师和管理人员，确保教育质量和安全。在城乡规划中，合理布局基础教育设施对于提升社区教育水平、促进社会公平和提高居民生活质量具有重要意义。

2）社会保障（养老）设施

社会保障（养老）设施是指为老年人提供居住、照料、医疗、娱乐等综合服务的机构和场所，旨在确保老年人的生活质量和福祉。在西南山地乡村地区，社会保障（养老）设施主要以区域养老院、社区日间照料中心、居家养老服务站等形式存在，提供从基本生活照料到专业医疗护理的多层次服务。养老设施的合理布局对于应对人口老龄化挑战、提升老年人的幸福感和安全感及维护社会和谐稳定具有重要作用。通过政府、社会和市场的共同努力，构建一个覆盖城乡、服务全面、管理规范的养老设施网络，是实现"老有所养、老有所乐"目标的关键。

3）公共文化及体育设施

公共文化及体育设施是社区公共服务设施体系的重要组成部分，它们为居民提供文化学习和体育锻炼的场所，旨在丰富社区文化生活，提高居民文化素养和身体素质。这类设施包括但不限于图书馆、文化活动中心、体育场（篮球、足球场地）、活动广场等。公共文化及体育设施的建设和管理应注重开放性与包容性，满足不同年龄、性别、职业社区居民的需求。同时，应通过合理的规划布局，确保设施易于到达，方便居民使用。

4）医疗卫生设施

医疗卫生设施是医疗卫生服务体系的重要组成部分，主要是为当地乡村社区居民提供基本医疗服务和公共卫生保障的设施，包括社区卫生服务中心、卫生室、诊所等。在部分欠发达的偏远山区，至今还有一些流动的"乡村赤脚医生"，为当地居民提供基础的卫生服务。乡村社区医疗卫生设施的建设和完善，有助于实现医疗资源的合理配置，提高医疗服务的可及性和效率，对于推动分级诊疗、构建优质高效的医疗卫生服务体系具有重要意义。

5）基础配套设施

基础配套设施是支撑乡村居民日常生活和社区服务的重要物质基础，它们对于提升农村居民的生活质量、推动农村经济社会发展具有重要意义。具体来说，基础配套设施包括社区内的零售商店、超市、基本的维修服务点、物流配送站等商业服务设施，以及基层管理中心、社区服务中心、公共安全中心、法律援助工作站、社会保障服务中心等行政管理设施，这些设施的建设和完善，有助于实现乡村地区物质消费和文化消费的同步增长，提升乡村居民的生活品质，促进乡村经济社会的全面发展。

3. 乡村社区公共服务设施配置供需均衡的要点

在新时代背景下，我国的社会主要矛盾已经转化为人民日益增长的美好生活需要和不平衡不充分的发展之间的矛盾。公共服务设施作为城乡居民生产、生活的基本保障，其空间供需均衡是建设宜居城乡人居环境的重要抓手。随着城镇化进入新的发展阶段，我国城乡规划建设领域越来越关注公共服务设施配置的合理性、均等性与服务质量。一方面，完善公共服务设施网络架构，满足公共服务的普惠均等可及成为城乡公共服务体系规划和研究的基本导向；另一方面，建立满足高品质生活需求的公共服务体系，提升人民群众的获得感、幸福感和安全感，对公共服务设施的供需均衡提出了更高的要求。但当前乡村基础设施与基本公共服务不健全、欠均衡、少规划、缺机制等结构性矛盾凸显，亟须高度重视并尽快采取相应措施优化改善。

随着公共服务的社会化、企业化、市场化倾向日益显著，全能型的政府逐渐衰落，取而代之的是通过制定公共服务标准保障服务质量、引导公共服务设施建设的服务型政府。当前我国尚无针对乡村地区的公共服务规划标准，无法有效引导乡村社区公共服务设施的合理配置，这是影响乡村社区建设的一大局限，也在一定程度上阻碍了服务型政府建设。可供参考的配置标准一般有"分级配套－千人指标"的技术路径，一些规范中虽然规定了服务设施的服务半径，但仅仅将其作为参考因素放在标准中，未能将其有机融入规划配置体系，因此难以指导实践。千人指标则是对公共服务设施"量"的规定和把控，但是对于设施选址、配置等具体问题，在指导乡村规划上尤显薄弱，容易导致实际中设施配置与真实需求的脱节。

乡村基础设施与基本公共服务缺少配套的规划机制。一是缺乏科学统一的顶层设计。乡村基础设施建设缺乏统一清晰的区域性建设标准及长远科学的合理规划。同时，我国乡村公共服务实行自上而下的供给决策机制，基础设施建设容易忽略乡村居民的实际需求，缺乏上下衔接和整体统筹，造成乡村公共服务供给与村民需求不符，导致乡村基础设施供给的匹配度与效率低下。二是乡村基础设施及基本公共服务设施建设投入机制不完善。作为公共物品，乡村基础设施的社会效益明显，但投资需求较大，回报率低且回收周期长，其建设运维主要依赖政府投入，但是政府财政负担过重导致长期投入不足，又由于缺乏撬动和引导社会资本投入的体制机制，其他社会资本持续投入动力不足，整体投入规模有限。

对于乡村社区公共服务设施配置机制，当前存在多种观点。贺雪峰等认为，乡村公共服务设施的供给需要具有强制性，乡村社区的集体组织能力、民主优势及效率优势明显，强化乡村社区组织权力是提供乡村社区公共服务设施供给的最有效途径；部分学者指出，应该建立相应的公共财政体制，增加对村镇基础设施建设的投资数量和比重；同时针对乡村公共服务设施的特点，发展出了政府、私人多元主体参与并共同生产和提供产品的 PPP 模式。

对于乡村社区公共服务设施的规划配置原则，国内学界也形成了两点普遍共识：第一是"需求决定论"，该观点认为应该由需求来决定供给，应该以乡村社区所在的当地政府和乡村社区村民的实际需求为出发点，适应乡村社区的组织形式，采取"自上而下"的模式，根据村民需求的优先次序配置相应的公共服务设施，同时还应该在一定程度上兼顾更大区域范围内的需求；第二是"时空决定论"，该观点认为，随着城镇化的跨越式发展，我国的广大乡村地区也经历着前所未有的巨变，涉及经济、社会、文化、科技等诸多方面，这些变化也引发了深刻的需求变化，势必导致乡村社区公共服务设施配置（无论是种类、级配还是标准）也处于已汇总动态变化之中，同时从空间上看，我国的乡村分布广泛，所处的地区不同、各地区各方面的差异及国家在不同区域实施的不同宏观发展政策最终都会呈现出需求和建设特点的差异。

总的来说，乡村社区公共服务设施配置是一项系统性的社会工程，需要多方力量的相互协调、合理分工。其中政府主要发挥监督指导作用，不断健全完善乡村公共服务设施相关的标准体系，并出台相关政策措施扶持；乡村基层社区则应该发挥组织能力，切实了解、协调并表达乡村居民的实际诉求，最终形成乡村社区公共服务设施的共建共享（图1-10）。

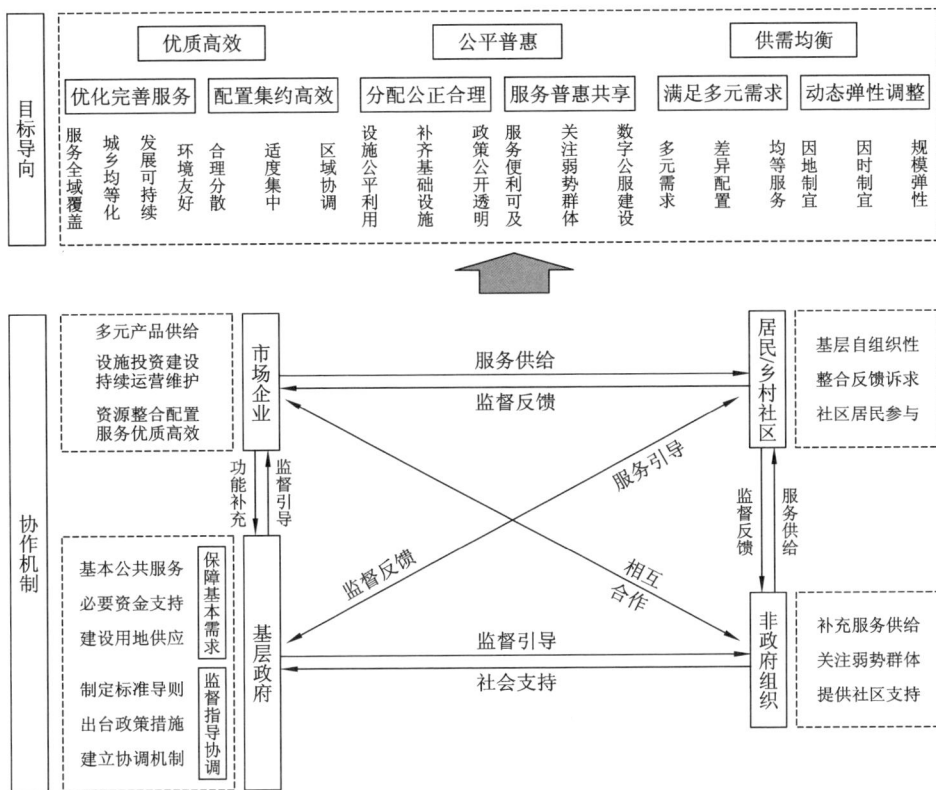

图 1-10 公共资源配置供需均衡视角下的乡村公共服务设施多方共建共治框架

(图片来源：笔者自绘)

本书基于公共资源配置的供需均衡理论，归纳总结了城乡社区公共服务设施规划配置与建设的关键要点，具体如下。

1）设施配置的公平性

保障资源的合理分配、服务供给的公正普惠，所有乡村社区居民都能平等享有公共服务待遇。

首先，需要考虑需求的平等性，即社区中不同区位、不同群体的基本服务需求应得到平等满足；其次，需要保证资源的公正性，即公共服务设施建设和运营中的资源分配公正合理，避免资源流失或偏向，保障公平分配和有效利用；再次，服务质量的均等性也至关重要，不同地区的乡村社区应享有相似水平的服务设施和质量，无论是教育、医疗、交通还是文化等方面的服务都应保持一定水准，避免地域差异导致的服务质量不均；最后，需要保证政策的公开透明，以避免信息不对称、权力寻租等问题，保障公共服务设施的配置公平、合法。

2）公共服务设施的分配效率

以需求为导向，科学规划布局，确保公共服务设施的合理配置和高效利用。应该以符合新时期经济发展目标和乡村社区居民生产、生活实际需求为导向，综合统筹辖区农村基础设施建设的层次性和地域性，科学制定规划及保障制度，确保乡村公共服务设施的分配效率最优。

首先，深入地进行需求调查分析以确保分配效率，各地政府要坚持问计于民、问需于民，开展乡村公共服务设施建设专题调研活动，充分征集村民在公共服务设施的功能需求、选点布局与运行维护等方面的意见和建议，为公共服务设施的规划布局、服务分区提供科学依据；其次，在规划实施过程中，需要充分考虑不同公共服务设施之间的关联性和互补性，避免重复建设和资源浪费，以确保公共服务设施的供给与需求相匹配，达到最佳的分配效率。尤其是针对区域共建、共管、共享的乡村基础设施，需要建立科学的选址、责权界定和成本分担机制，以提高设施服务利用的效率。通过政府、企业、社会组织、居民等多方合作，以及合理的资源整合和合作模式，最大限度发挥公共服务设施的效益。

3）政府与市场的作用及角色

构建"政府保障基本需求、市场提供多样化选择"的公共产品供给和配置新机制。

随着我国经济社会的发展和社会结构的转变，民众对公共服务产品的需求呈现出个性化、多样化和分层化的特征，处于不同经济和社会地位的民众对公共服务产品的需求存在着较大的差异。在保障公平的前提下，满足多样化的公共服务产品需求，政府和市场应扮演互相补充的角色。政府主要以追求公平为目的，工作重点在于为民众提供普惠性的公共服务，保障基本需求，而市场则以追求效率为目的，充分发挥其灵活性，为民众提供多样化的公共服务选择，两者相互补充，共同为民众提供优质的公共服务产品。

4）公共服务设施的供需评估及动态调整

为了确保乡村地区的公共服务设施能够及时满足村民的实际需求，需要对乡村社区的公共服务设施开展供需评估和动态调整。

首先开展供需评估，通过调查研究和数据统计分析，了解规划区域乡村社区中的实际公共服务需求情况及乡村社区的公共服务设施建设和供给现状，确定各类公共服务设施的实际供需关系。其次在供需评估基础上，根据需求变化和发展趋势，动态调整社区公共服务设施的规划布局和配置数量。根据人口变化、经济发展、社会需求等因素，调整公共服务设施的类型、数量、位置等，以确保公共服务设施能够及时有效地满足居民的需求。在动态调整的过程中，还需要充分考虑各方利益和意见，建立多方沟通和协商机制，确保调整方案的合理性和可行性。

1.2.2 典型案例借鉴

1. 人口收缩背景下的乡村社区公共服务设施配置案例

日本乡村问题的成因和困境与我国当前处境极为相似。自 1962 年第一次全国综合开发规划起，日本政府就提出要妥善解决乡村困境，并在其后历次全国综合开发规划中都持续关注乡村发展，其乡村振兴发展至今已取得一定成效。本节重点梳理与西南山地村落具有相似性的日本边缘村落，结合实际案例介绍其在人口、产业、基础设施、空间布局等方面的规划内容和策略。

边缘村落是乡村过疏化背景下形成的一种农业村落，在行政区划和级别上没有明确的界定，通常指在偏远山区、岛屿、边远地等过疏化地区，65 岁及以上老年人口超过总人口的 50%，且青壮年劳动力外流和老龄化加剧等导致乡村社区自治能力降低的村落。人口减少导致户均人口降低，家庭功能随之逐渐衰退。家庭功能持续衰退则影响乡村社区功能正常运转，从而导致乡村基础设施落后、社区生活服务难以为继，最终演变为边缘村落。为遏制乡村持续边缘化，日本国土交通省国土政策局制定了一系列针对边缘村落的振兴规划，其主要策略如下。

1）修整完善基础设施

为了保障村落的日常生活，合理规划相关配套设施，如超市、诊所、道路和给排水管道等。为了保障生活必需品供给，一些村落还采取村民合资经营模式。例如，在京都府南丹市美山町的平屋地区，村民共同出资经营商店，雇用有驾驶证的成年人兼职送货，满足村民的购物需求，提供工作机会，提高村民积极性。编制规划时对现有基础设施进行排查，重点改善道路、给排水管道和垃圾收集点等生活服务设施。以道路为例，作为社区服务设施高效运行的支撑，规划会优先考虑对乡村道路的平整、拓宽，增设停车场等措施，相关的服务设施还可以结合车站进行布局。

2）紧凑空间布局，整合服务资源

部分边缘村落由于自身潜力有限，需要外界支持以实现乡村振兴。根据村落发展阶段，主要采取两种空间布局策略：①只改变行政区划，不改变生活空间；②同时改变生活空间和行政区划。对于勉强维持生产、生活的村落，在不改变其生活空间的情况下，与周边其他村落联合形成新的乡村社区，依托核心村落建设功能相对齐全的核心据点，以满足各类生活需求。规划的核心据点可以利用现状闲置设施，整合服务范围内的村庄，共同构建新的乡村生活圈，共营单个村落无法支撑的超市、邮局、诊所等服务设施。例如，秋田县鸟海町的世子地区就将诊所建在巴士站点附近，并结合站点建设护理中心、超市等服务设施，以小学服务规模为参考，集合周边村落，将废弃校舍改建为生活服务设施和区域活动场所。对于难以为继的村落，则需要同时调整生活空间和行政区划，按照相互帮扶、形成新的广域组织、行政区划再编、村落搬迁的顺序实施（图1-11）。

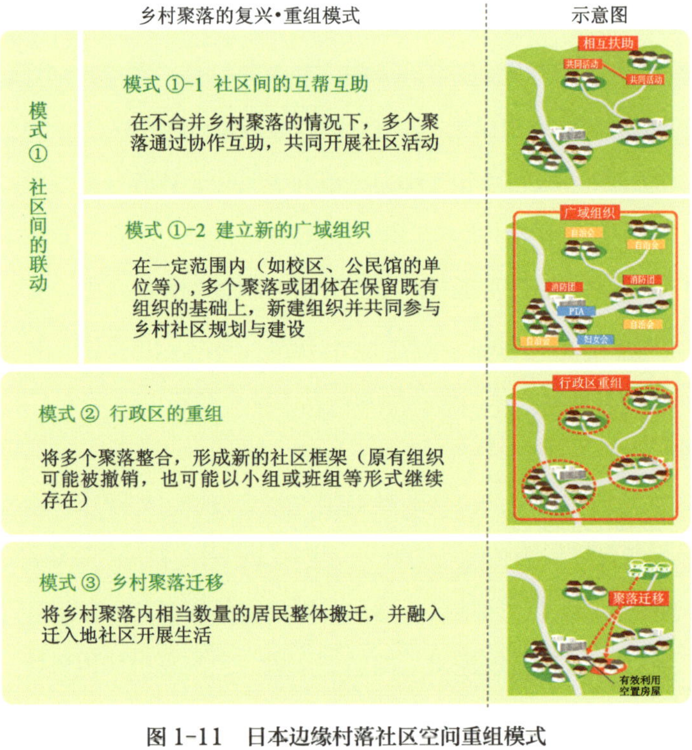

图1-11 日本边缘村落社区空间重组模式

（图片来源：国土交通省国土政策局. 面向小规模高龄化聚落未来发展的规划指引）

3）优化保障机制

市町村层面负责制定具体的规划，包括乡村环境维护及社区建设等内容。落实到具体的村落，则需要科学评估现状，然后制定具体的振兴措施。同时应注重乡村营造的多方参与、共同营建。特别是在公共服务设施的建设上，若政府财力不足，则引入企业和非政府组织等参与。例如，大型基础设施（如供水、供电设施）由政府和第三方机构合作提供；商店、邮局等服务设施则可采取合资方式经营和维护。

2. 乡村社区公共服务设施数字化协同配置案例（数字化乡村）

数字化被视为激活乡村生机的重要基础，也被认为是乡村振兴的新机遇。2019年，中共中央办公厅、国务院办公厅印发的《数字乡村发展战略纲要》中明确指出，"立足新时代国情农情，要将数字乡村作为数字中国建设的重要方面，加快信息化发展，整体带动和提升农业农村现代化发展"。通过数字乡村建设，可以缩小城乡数字鸿沟，有效提升乡村地区公共服务设施的配置效率，改善乡村居民的生活质量，促进乡村振兴。下面梳理了部分国内外乡村数字化转型案例及实践经验，并就其中的乡村社区公共服务设施数字化协同配置做了重点介绍。

1）韩国数字乡村建设实践

韩国乡村地区面临的主要挑战之一是人口老龄化。早在2001年，韩国政府就出台了"信息网络村"计划，以吸引年轻人到乡村地区生活和工作，并帮助提高偏远乡村地区老年人的生活质量。韩国科学和信息化部与地方政府合作，投资约200万美元在济州岛开发了5个智能城镇，配备老年人口健康监测系统、渔业潜水作业监测系统等。

此外，韩国还通过数字乡村建设，引入现代信息技术和创新手段促进数字农业发展，提升农业生产效率和市场竞争力。其中，南洪早郡是韩国乃至全球的数字农业发展示范区。首先，南洪早郡重点推进数字农业建设，积极引入智能农业技术，如物联网、大数据、无人机和自动化设备等，提高农业生产效率；筹划建设农业科技园区，集中展示农业技术和设备，推动农业科技创新；积极探索有关农产品加工、储运管理的数字化技术，以提高农产品附加值和市场竞争力。其次，南洪早郡积极推进数字化乡村治理，采取的举措如下。

①数字化政务平台：发布政务信息，提供在线办事服务，村民可通过平台申报税务、办理证件等，无须到现场。

②农业保险数字化管理：引入数字化系统，村民可在线购买保险、理赔，节省时间精力。

③环保监测数字化：利用传感器和数据分析技术实时监测环境，指导农业生产并及时发现问题。

④智能安全系统：用于村庄安全监控和防范，实时监控异常行为并向管理部门发出警报。

2）德国"整合性发展"框架下的乡村地区数字化实践

基于传统规划思路，过去德国乡村地区的基础设施和服务设施建设主要遵循"垂直架构"的乡村规划和投资发展体系，这种体系基于克里斯塔勒的"中心地理论"思想，旨在通过纵向等级划分实现全国范围内的公共服务设施及其他经济和社会职能均分。但事实上这种按照人口和等级均等化分配的模式并未能实现德国城乡均衡发展愿景，反而在一定程度上阻碍了乡村地区发展。后来德国提出"整合性乡村发展框架"（Integrierte ländliche Entwicklung），开始以整个乡村地区或是将乡村地区与相邻城镇作为一个整体，开展乡村更新、公共服务、基础设施（包括通信基础设施）建设等工作，并在此基础上逐步推进乡村地区的数字化发展策略。

例如，德国东威斯特法伦-利普地区先于2015年制定并颁布"东威斯特法伦-利普4.0整合性行动规划"（OWL 4.0-Integriertes Handlungskonzept der Region Ostwestfahlen-Lippe），分析该地区的数字化发展潜力，其后又在2016年开始推行"智慧乡村"项目以对接"东威斯特法伦-利普4.0整合性行动规划"。其数字化发展措施包括：①政府投入资金，完善数字化基础设施，以保障数字化应用普及；②在乡村地区积极推行数字化公共服务，如在线支付、远程医疗、在线教育等，通过搭建数字平台，整合各类公共服务资源，方便村民办理业务，提高公共服务效率；③乡村社区治理数字化，鼓励村民参与乡村治理，通过线上投票、意见征集等方式，让村民有更多的话语权。

同时，德国还利用数字化手段，加强村庄之间的合作与交流，促进资源共享（图1-12、图1-13）。

贝加村"无人机"培训项目   利普莱恩村"智慧乡村客厅"项目

比乐贝克村设置的"智慧公交车站"

个人移动装置充电设施

无线局域网

太阳能电力供应

照明环境

图1-12 "智慧乡村"项目中数字化发展措施分布
（图片来源：根据德国赫克斯特地区经济发展协会官方网
站图片改绘）

图1-13 "智慧乡村"项目代表性数字化措施
（图片来源：根据德国赫克斯特地区经济发展协
会官方网站图片改绘）

3）浙江德清"数字乡村"建设

德清县率先在浙江省开展"全域数字化治理试验区"建设，加大财政投入，整合各种资源，以地理信息技术为基础，开展了一场大规模的"数字革命"，实现了数字赋能乡村发展、治理和服务的全面突破，并成功入选《数字乡村建设典型案例汇编（2020）》，其发展经验具有显著借鉴意义。

在乡村发展方面，德清县通过三大突破点促进乡村产业数字化转型。一是智能化转型，实现产业兴旺。通过引进数字技术，德清县加速了6大特色优势产业的数字化改造，建成11个数字农业示范园区和4100个物联网应用示范点。二是农旅"联姻"，融合农业与旅游业，实现经济效益与生态效益共赢。三是电商销售，推动农产品销售链上增值。数字技术激发了德清县乡村发展的内生动力，加速了乡村产业数字化转型，并提高了乡村生态价值转换。

在乡村治理方面，德清县积极探索"一图全面感知"的乡村智治模式，构建起全领域的数字化空间规划建设管控体系（图1-14）。通过打造触达角落的"物联感知网"，实现对村情民生的全天候监测与多维度记录。德清县还建立了覆盖全域的"数据归集池"，通过打通58个部门的数据接口，归集多类基础数据与GIS数据，为乡村治理提供完整、系统的数据支撑。同时，德清县构建动态可视的"孪生镜像图"，实现乡村规划、经营、环境、服务和治理等动态呈现与精密智控。

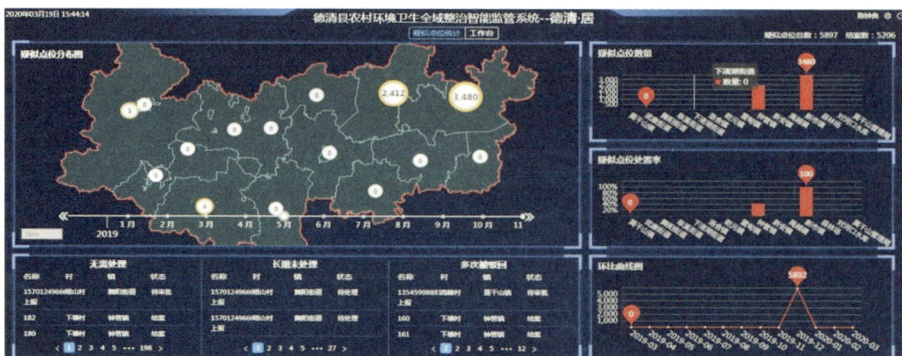

图 1-14　浙江省首个农村环境卫生全域整治智能监管系统——德清·居系统

（图片来源：央广网相关报道）

在乡村服务方面，德清县深入推进信息惠民工程，不断提升乡村数字服务水平。首先，德清县搭建优质高效的生活服务应用，如"数字乡村一张图"系统（图 1-15），包含乡村规划、乡村经营、乡村服务等 5 个模块，涵盖环境治理、危房监测、智慧气象、医疗健康、智慧养老等 120 余项功能。其次，德清县建立普惠均衡的数字服务体系，包括打造"一床一码一设备"应用场景的养老服务，促进城乡教育资源共享，以及为村民提供健康咨询和服务的慢病管理。德清县还打通乡村服务通道，重点聚焦产业、活权等子场景"一件事"建设，并迭代完善"有德共富"多跨应用，整合农房流转服务应用，带动农产品全链条价值提升，盘活农村"沉睡资产"。

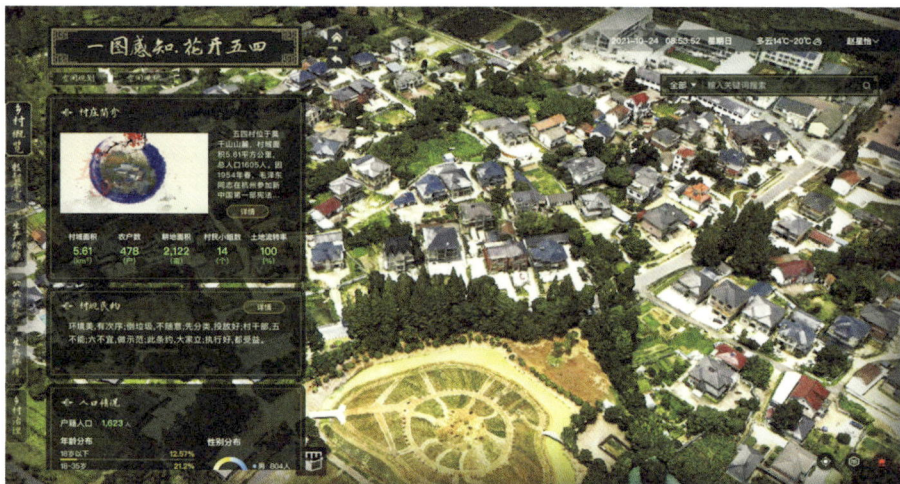

图 1-15　德清"数字乡村一张图"系统

（图片来源：浙江在线相关报道）

1.3　乡村社区公共服务设施的三生场景规划理论

1.3.1　用户友好的场景理论：公共服务设施的三生空间协同

1. 场景理论概念与要素

场景理论是一个多学科交叉的概念，它起源于电影和表演艺术作品中的场面，这些场面通过对话、场地、道具、音乐、服装和演员等元素给观众传递特定的信息和感觉。20世纪90年代末，随着知识经济的崛起，场景理论被引入城市社会学研究中，形成了一种新的城市空间研究范式。特里·尼科尔斯·克拉克（Terry Nichols Clark）和"新芝加哥学派"的学者们提出，特定区域因独特的社区设施、人口、风俗和群体性活动组合，展现出外显的文化社会活力。

克拉克认为，场景蕴含着社区在消费、生产、人力资本方面的创新实践，多样身份和背景的居民在相应的生活文化设施或场所中进行文化活动，孕育了特殊的文化氛围与社会价值。

克拉克进一步指出，场景作为系统整体包括5个要素：①邻里、社区；②物质结构、城市基础设施；③多样性人群，包括种族、阶级、性别和教育情况等；④前三个元素与活动的组合；⑤场景中孕育的文化价值。这些价值观通过戏剧性、真实性、合法性3个主观维度进行判定，体现了主体认知对场景的塑造作用（图1-16）。

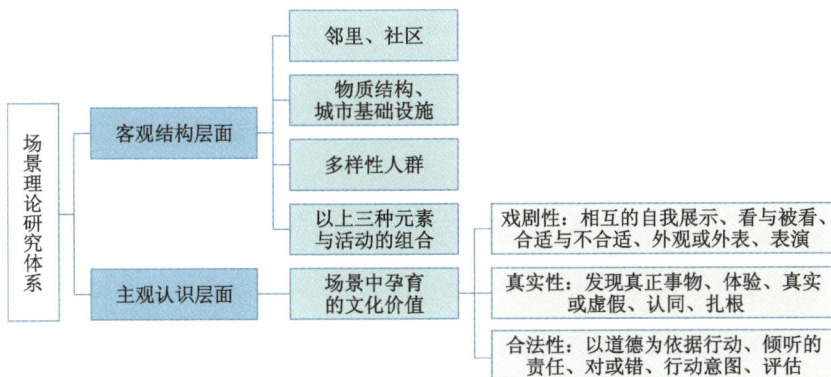

图 1-16　场景理论体系

（图片来源：笔者自绘）

场景理论的研究显示出特定区域的文化与价值观蕴藏在社区、建筑、人口、风俗和群体性活动中，并外化为生活娱乐设施功能、种类、布局的总和。文化和价值观通过区域场景来反映人们的空间行为动机和形塑现代生活秩序。

场景理论不仅关注物理空间的布局，还包括时间、事件、人物、情感和意义的交织，它在文化空间营造、文化有机增长和城乡发展等方面的分析中发挥着重要作用。通过场景理论，我们可以更好地理解和创造与情感共鸣的空间及体验。

2. 场景理论视角下公共服务设施的三生空间协同

在乡村视域下，一方面，乡村公共服务设施的规划和建设需要与生产、生活和生态三生空间的功能协同，关注环境要素、活动要素等，补齐短板，完善生产、生活、生态空间，以实现空间优化和可持续发展；另一方面，从人民对美好生活的向往出发，乡村公共服务设施建设同样需要文化价值的融入，构建具有特殊文化价值的生活娱乐设施综合体，从而增强乡村的文化吸引力和村民的文化认同感。因此，基于场景理论的整体性、系统性、文化性三重内涵，以场景理论为指引，可有效加强公共服务设施与三生空间的多功能协调、系统耦合、文化参与。具体有以下四方面的应用价值。

1）整体性视角审视社区公共服务设施建设

在村域层面，场景理论将环境、设施、建筑、人及其活动、治理组织等具象要素和抽象要素进行有机重组，使公共服务设施成为具有不同特点和意义的文化价值混合体。这种协同意味着不同人群、活动、治理过程共同组成设施差异化的三生空间场域，通过单设施的场景布置和多场景的设施协同，有效形成村内结构的整体关联。

2）多样化人群需求和活动特征的交互体系

在场景理论中，人是物质空间的主体，人的活动是场景构建中必不可少的要素，有生命力的场景是设施与人的活动实践有机交互的结果。乡村社区中人口结构、人群特征常处于动态发展变化之中，公共服务设施应满足农民在生产、生活、生态等各方面的多元需求。因此，在公共服务设施规划中，可以场景为依托，匹配适宜需求。

3）建立设施与人的情感联系

公共服务设施的三生空间协同还涉及建立设施与人的情感联系，而场景理论从合法性、戏剧性、真实性三个方面构建了场景的主观感知过程。乡村公共服务设施是政府和居民联系的纽带，因此设施既需呈现空间的正规性、组织性，又需展现空间的睦邻性、亲和性，还需展现空间的规范性和亲善性。这种情感联系有助于更好地培育乡村社区共同体的认同感与依恋感。

4）结合在地文化特征突出场景特色

场景理论强调将在地文化融入不同文化设施中，通过文化氛围展示区域的精神气质，激发活力。在乡村社区公共服务设施规划中，还应注重文化氛围与设施的整体性规划。在乡村社区中，政府与主体村民一致认同的价值约定，明确了乡村公共服务的价值判断和取向旨归，这有助于公共服务设施的三生空间协同。

综上所述，公共服务设施的三生空间协同不仅仅是对设施的物理布局进行规划，更是对乡村社区的文化、社会和生态价值进行综合考量，以实现乡村社区的可持续发展和居民生活质量的提升。通过这种协同，可以更好地响应乡村居民的需求，保护乡村的生态环境，同时促进乡村经济的发展。而场景建设具有目标引领、问题引领、项目引领的特点，有助于将公共服务设施的影响要素与建设项目在空间层面进行系统性的整合，使日常使用的居民更易感知与了解公共服务设施规划的重点建成内容，促进各类主体参与公共服务设施的共同治理过程。

1.3.2 典型案例借鉴

1. 生活型公共服务设施场景营造案例

1960—1970 年的快速城镇化进程，使日本乡村面临空心化、少子化、老龄化、公共服务设施土地利用粗放等问题，中国当代乡村生活型公共服务设施的发展问题与日本乡村具有一定相似性，因此选取日本乡村作为生活型公共服务设施的研究区域。下面从生活型公共服务设施功能与需求复合的场景体系、艺术带动场景魅力再生产两个方面予以总结。

1）功能与需求复合的场景体系

共生与复合是日本乡村生活型公共服务设施的核心营造理念，在该理念下产生了乡村驿站、幼老所、公民馆等创新性的生活型公共服务设施类型与功能场景。以乡村驿站为例，其复合了文化展示、商品交换、老幼福祉、邻里组织四种功能。驿站与设施往往依乡村主要道路设立，44% 的乡村驿站拥有公园室外空间，85% 的乡村驿站配备了停车场与公厕设施，乡村驿站充当了展示乡村历史文化、生活方式、地域景观的窗口。在外部人流的驱动下，88%的乡村驿站具备文化餐饮场景，98%的乡村驿站具备农产品直售场景。在内生化发展趋势下，乡村驿站逐步复合了老幼福祉场景，如向村民提供医疗护理、老年人宅配服务与政府一站式行政办理窗口，部分乡村驿站还具备燃料储备、紧急电源支援、灾害信息传达、日常防灾教育等场景，从而在小型空间中建立复合服务场景（图1-17）。

①停车场与公厕　②餐厅　③蔬菜直卖场
④信息中心　⑤食品加工车间一角　⑥区域协作网络

图 1-17　日本乡村生活型公共服务设施场景示意

（图片来源：根据陈林、刘云刚《日本的乡村驿站建设经验及其借鉴》中图片改绘）

2）艺术带动场景魅力再生产

进入21世纪后，日本乡村出现了以艺术性场景带动低效闲置公共服务设施更新与邻里共生的趋势，其中越后妻有地区是典型代表。越后妻有地区主张"打破艺术的空降感，树立土地与居民的主角地位"：以艺术家驻场、调研、与村民一同创作，增加乡村公共服务设施的标识性、代表性、差异性。在场景设计方面，有公共服务设施装置艺术和大地艺术两类介入方式。其中公共服务设施场景营造方式多采用挖掘和重现当地记忆，以"时间"为线索，使设施成为"文化、记忆、历史"三位一体的存储器。如北山善夫在日渐闲置的小学设计的艺术场景 [图1-18（a）]，将当地学生照片、群像画、毕业典礼的送词等通过莫比乌斯环重组，引导村民与游客思考生命进程的本质命题。再如丰田恒行津南町对一所初中学校进行的临时性艺术场景介入 [图1-18（b）]，将中学部分教室进行重组，以艺术彩梯的场景概念探索剧场

图 1-18 日本乡村艺术场景营造示意

（a）北山善夫在闲置小学设计的艺术场景；（b）丰田恒行津南町对中学的临时性艺术场景介入；（c）卡巴科夫的梯田场景

（图片来源：北山善夫个人网站 https://www.echigo-tsumari.jp/art/artist/yoshio-kitayama/）

艺术在乡村的表达潜力。在设施外部场景方面，对生态性问题的反思、人对自然的塑造形式、人类如何与自然相处是大地艺术场景表达的核心主题。如卡巴科夫的梯田场景 [图 1-18（c）]，以犁田、播种、插秧、割稻等一系列农耕过程场景，反思了山地对人类耕作的影响和人类对山地住建改造这一过程。通过艺术祭的活动，联动了乡村内、乡村间不同公共设施，逐步建立以公共大巴带领参观者到自然乡野之中直接深入体验艺术作品的基本导览方式。

2. 生产型公共服务设施场景营造案例

浙江省自 2022 年开展未来乡村建设以来，依托"一统三化九场景"积累了从城边村到普通自然村的未来乡村生产型公共服务场景的营造经验。在效益反馈调查的基础上，本书选取两个典型村庄作为案例借鉴：一是杭州市桐庐县大路村，该村是典型的自然村；二是宁波市镇海区永旺村，该村为典型的城郊边缘村，紧邻宁波市北欧工业园与宁波大学。下面从产业特色强化与设施协同、要素智慧创新与场景赋能、全过程服务与场景管理三个方面解析生产型公共服务设施的实践与机制。

1）产业特色强化与设施协同

生产型公共服务设施在农村三产融合的过程中主要起到联动产业要素与重组产业格局，从而强化特色产业的作用。以大路村为例，在省级粮食功能区的总体定位下，约 13 公顷有机稻田和约 3 公顷稻鱼共生试验田以彩虹廊架、彩虹隧道、小火车等设施串联，沿线推广"一宿一主题"，打造欢乐农场生态休闲场景。以现有的闲置用地，配套上横山头停车场提升改造工程，引入青少年拓展基地、分阳香曲土烧酒等社会经营主体，强化横山翠谷的生态场景与田园稻香的乡村品牌形象。

同时生产型公共服务设施场景在空间中组成若干场景簇群，从而突出特色产业的带动作用。以永旺村为例，其依托周边园区，提出"科创后花园"的发展目标，以科创为特色，以旅游为抓手，在"一纵两横"的道路体系基础上，以永旺村村委会为锚点，联动再生资源企业与草莓采摘园，建设智慧数字化资源平台，打造三产融合场景簇群。东部以文化礼堂为锚点，引入占地约8000平方米的青创公寓、幼儿园、商业服务组团、停车场、永旺花海等设施，满足科创青年的生活休闲需求，形成科创青年场景簇群。西部以永旺稻田景观场景为锚点，打造水乡生态场景，拓展第三产业，利用闲置房屋打造野与望乡野青创集，建立招商平台，进一步引入青年设计工作室、企业"卫星办公室"、家具公所等创意团体，丰富的自然资源和自由的工作方式为青年提供了宽松的氛围，激发了青年的创造性，有效促进科创田园场景簇群的活力多元共生（图1-19）。

图1-19 永旺村社区场景落位分析

（a）永旺村青创公寓与服务组团；（b）永旺村野与望乡野青创集；（c）永旺村稻田景观带

（图片来源：上图笔者自绘；下图新华网）

2）要素智慧创新与场景赋能

传统理论认为，场景中人的活动是场景活力的主要表征，产业与相关公共服务设施共同塑造了都市人群在乡村享受休闲娱乐活动的"舒适物"，从这一视角来看，舒适物的智慧转型与要素创新，具有推动生产与消费升级的潜力。以大路村为例，在农业这个主产业的基础上，推广智慧农业设施内部有机融合模式：以智慧养蜂场认养系统、6个数字化视频采集点的提升与配置，引导养蜂产业走出乡村，建立都市人与蜂养殖交互场景，进一步促进智慧养蜂场的主体建设，带动养蜂产业线上互动消费。以大路村综合信息指挥中心为场景智慧统筹大脑，统筹智慧乡村旅游管理、智慧养殖系统、智慧交通服务、智慧养老系统。进一步，结合村庄风貌整治，探索"民宿＋数智"融合发展模式，推动民宿与核心景点、酒店、旅行社等开展网络平台合作，同时搭上网络统一营销平台的快车，消费者可直接在平台下订单，通过多平台分发系统，实现多渠道营销。三产要素的智慧创新有效实现了场景与游客和村民的数字化管理、社交化互动，有助于打破客群边界，延伸服务链条，建立人与物的协同链接（图1-20）。

图1-20　大路村场景总体分布

（图片来源：根据曹志奎等《场景理论框架下的未来乡村建设要素与场景类型研究——以杭州市桐庐县大路村为例》中图片改绘）

3）全过程服务与场景管理

从组织过程来看，产业型公共服务设施前期服务于村民、创业企业、社会主体的创业孵化过程，后期作为中介平台提供公共服务并整合多方意见反馈。大路村依托欢乐农场与精品农业配套设施，建立"新村夜话"的畅谈、销售活动机制，丰收季节通过抖音与互联网平台助力农产品销售，普通时节开展村民、承包商、村委三方座谈，疏通产业发展的堵点、消除盲点。永旺村聚焦青年创业技术端与资金端短板，搭建乡野青创集校企合作平台与青创之家场景，先后与大学及银行等单位结对，形成人才、乡村、资源的交流互动。

3. 生态型公共服务设施场景营造案例

英国是世界上较早在乡村地区进行发展与生态修复、生物多样性保护协同的国家，其农业用地面积占国土面积的 70%，生态用地面积占国土面积的 10%～15%。自 1980 年起，英国生态功能恢复与农业生产发展、人居环境改善协同矛盾日趋突出。在 40 多年的发展历程中，英国积累了较为丰富的生态型公共服务设施保护发展协同经验，对我国生态型公共服务设施场景营造具有较高的借鉴价值。下面从基于全域调查的生态型公共服务设施场景类型、设施锚点促进生态空间韧性提升、文化与研学活动带动生态场景更新三个方面解析生态型公共服务设施的策划和实践全过程。

1）基于全域调查的生态型公共服务设施场景类型

根据英国最大的生物多样性数据库国家生物多样性网络图谱（NBN Atlas）与相关地理信息数据库，建立包含地方重要性、地方珍稀度、地方特色度、地方灭绝趋势等指标的优先保护物种和生境评估模型，并建立生境空间可视化地图（图 1-21）。以地方生物多样性行动计划（local biodiversity action plan，LBAP）为统领，纵向对接国家层面生态保护行动计划，横向联合地方发展规划与乡村发展计划，从而明确"国家—地方联合—地方"的生态空间发展目标。通过咨询本地居民，特别是生产、生活与生态空间联系更紧密的乡村地区居民，综合确定核心优势生境，划分生态空间的设施与场景。英国威尔士布里奇德郡依据土壤类型、物种相关性、坡度等多重信息，将生境划分为高地和森林、谷地和低斜坡地、农田、森林和周边高地等15 种类型，进一步分别以生境为总领，提出设施协同的具体指引。

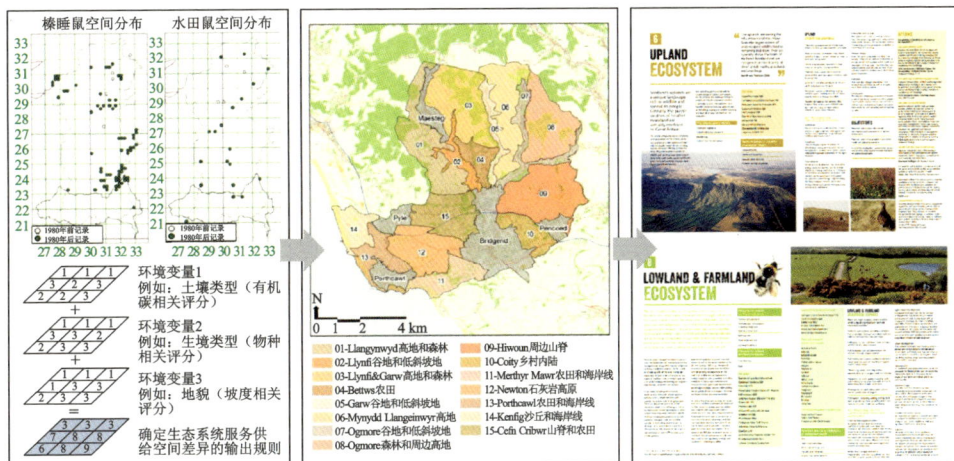

图 1-21 优势生境确定过程、生境图示与具体指引

（图片来源：彭家园、庄优波《从英国地方生物多样性行动计划看乡村发展与生物多样性保护协同路径》，苏格兰西南部环境信息中心官方网站 swseic.org.uk/resource/dglbap-part1）

2）设施锚点促进生态空间韧性提升

生态型公共服务设施起到监测、保固等多重作用。以生态型公共服务设施为锚点，可有效提升乡村生态空间的韧性水平与生态安全。在乡村社区的微观尺度下，作为社区背景的"后山"生境、穿插其间的河流、湿地等滨水生境与农田和村落的交界空间是乡村社区韧性维育的关键区域。部分乡村注重以"半自然干预"方式进行韧性营造：如格兰法夫郡在后山与农田生境的交界处设置了 20 千米的生境监测带，落位水质、农业污染、生物多样性监测设施，得到定期的生态空间韧性数据反馈。同时以半自然湿地生境提升韧性缓冲，设置水土保固设施，促进本土湿地植被的生长，联合动物保护协会，共同设计增加物种多样性的人工筑巢栖息地，提升物种多样性水平。

3）文化与研学活动带动生态场景更新

除了提升生态空间本底与设施，生态场景营造过程还需要更多人群亲近生态空间，以便人们感知生态场景的价值。英格兰肯特郡伯灵村以展现生态场景的自然与文化景观为主题，设立了 1 条总长 7.25 千米的遗产小径，连接草地、林地、乡村教堂、农场与乡村居住地区，依托特色文化生态设施植入餐饮复合功能，提升小径的游憩功能。同时，小径周边农场融入生物多样性体验项目、自助式住宿，获得额外的旅游收入（图1-22）。

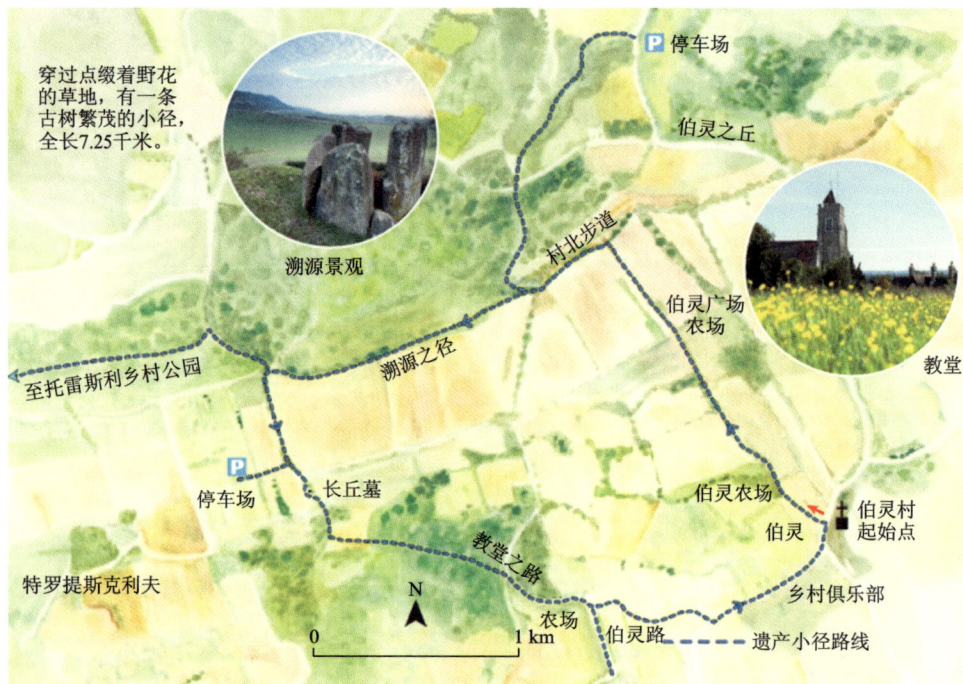

图1-22 伯灵村的遗产小径线路图

（图片来源：肯特唐斯国家自然风景区官方主页 https://kentdowns.org.uk/activities/birling-community-heritage-trail/）

在乡村的生态型公共服务设施场景更新中，可以设置不同类型的行动计划，包括场景管理行动计划、场景教育行动计划、宣传行动计划等。以法夫郡的生态岸线生境为例，其依托海岸的公共服务设施，每年至少引入5所社区周边小学开展4次生态型公共服务设施集体参观活动，每个季度至少组织1次海岸生境修复专题报道，同时建立服务8～14岁儿童、关于不同海岸生态多样性的动态检测网站，每年筹备1场研究机构与政府、社区居民共同参与的生境场景生态讲座。

以建设历史文化体验散步道等方式，塑造"历史、生态、文化"三位一体的复合体验。通过研学活动与行动计划，增加儿童及不同社会群体访问生态场景的机会，提高居民的设施维护意识，激发场景的生命力。

4. 总结

三生场景指导下的乡村社区公共服务设施营建的特点如表 1-3 所示。

表 1-3　三生场景指导下的乡村社区公共服务设施营建总结

场景类型	生产型公共服务设施场景	生活型公共服务设施场景	生态型公共服务设施场景
特质问题	具备一定主导产业基础与发展潜力，然而公共服务设施发展滞后，特色创新与三产联动不足	空心化、老龄化、少子化、公共服务设施土地利用粗放，公共服务设施利用效率低下，品质有待提升	乡村拥有湿地、田野等多种生境，环境资源丰富，然而生境斑块化、破碎化，同时面临生态保护与经济发展的矛盾
营造路径	①产业特色强化与设施协同，分重点强化基础支撑产业，逐步探索三产空间；②要素智慧创新与场景赋能，通过设施实现产业的互联网＋应用；③全过程服务与场景管理，从产品的开发、销售、运营等方面对接村民社会主体与公众，实现情境化的透明流程	①以在地社区需求作为营造原点，在公共设施内进行场景的复合开发；②打造村内、村间的协作网络，在区域层面统筹生活场景的分布类型与密度，在村内统筹场景的分布重点；③以文化活动带动场景的魅力再生产，邀请艺术家驻村、进村，对生活场景进行营造与更新	①带动空间结构优化，提升生态网络连接性、完整性；②生物多样性保护带动场景的文旅更新，从而吸引更多游客与社会资本；③协同社区，通过学校与社区研学活动提高居民的设施维护意识，激发场景的生命力

资料来源：笔者根据相关文献整理。

生产型公共服务设施场景以产业特色强化和划分产业场景簇群，引导产业设施集约化布局，创造田园创新的综合氛围，促进设施要素智慧化为场景赋能，打通产业的距离壁垒，建立乡村与城市的有效链接，全过程参与场景管理，促进多主体意见的广泛交流。

生活型公共服务设施场景以社区需求为核心，推动设施的多元化与人性化设计，营造温馨便捷的生活氛围，强化设施的社区亲和力，促进居民的日常生活智慧化，打破城乡生活服务的隔阂，建立乡村与城市的紧密联系，实现全周期服务与场景管理，推动社区居民积极参与和共建共享。

生态型公共服务设施场景以自然生态为本，促进生态资源的保护与利用，营造生态友好型的发展模式，强化生态教育与环境意识，促进设施的绿色化与可持续发展，消除生态保护与经济发展的矛盾，实现生态与人文的和谐共生，打造全域生态保护与场景管理，引导社会资本与公众参与生态建设。

2

西南山地乡村及其社区公共
服务设施发展现状

本章聚焦西南山地乡村社区，通过实证分析与典型案例研究，深入探讨该地区公共服务设施的发展现状及面临的实际问题。在第 1 章的理论基础上，本章进一步拓展至实践层面，借助典型案例分析，揭示西南山地乡村社区在城乡空间网络、供需配置失衡及社区空间分散等背景下公共服务设施的供给与需求现状，并试图从问题成因出发，探索优化配置策略。

在西南山地乡村社区建设过程中，公共服务设施的配置面临复杂的需求与供给难题。本章以现实视角为基础，构建"一个需求、两个供给"的分析框架（图 2-1）。

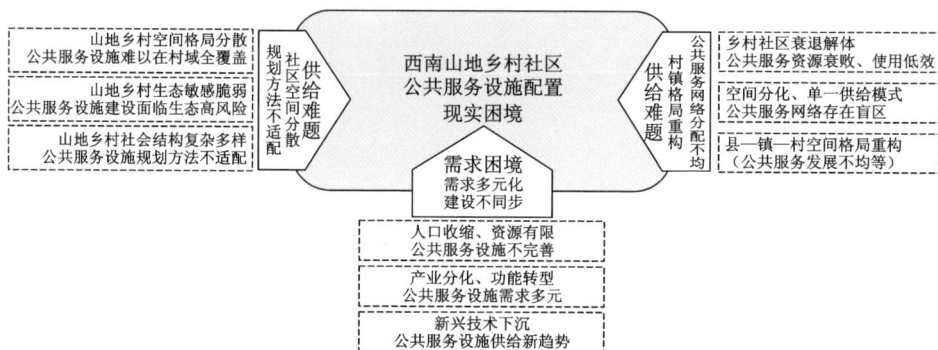

图 2-1　西南山地乡村社区公共服务设施配置现实困境分析框架

（图片来源：笔者自绘）

具体而言，需求层面表现为新时代背景下多元化的公共服务设施需求，而供给端则存在公共服务网络分配不均衡和设施规划方法不适配两方面问题。西南山地乡村的异质性使其公共服务设施需求呈现多样化特征。然而，受人口流失和资源有限的影响，现有设施常无法满足社区实际需求，且存在建设不同步的现象。随着乡村产业分化与功能转型的发展，公共服务需求的多样化趋势更加显著。同时，新兴智能技术在乡村的应用推动了供给方式的升级，但网络基础设施滞后问题也随之显现。

供给端的挑战主要体现在两个方面。首先是公共服务网络的分配不均衡。随着城镇化进程加速，乡村逐渐衰退解体，公共服务资源日益稀缺，且受地理空间分化和单一供给模式的影响，乡村公共服务网络出现明显"盲区"。在山地复杂地形条件下，县—镇—村空间格局重构，公共服务设施的分布难以实现均等化。以镇村联动发展模式作为应对策略，通过加强区域内公共服务设施的协同与资源整合，有望提升供给效率。其次是多元供给一体化的挑战。山地乡村社区空间格局分散、社会结构复杂，现有设施规划方法难以契合实际需求。山地地形与生态环境对设施建设提出更高要求，不仅要实现物理上的全覆盖，还需兼顾生态保护。乡村多元化的社会结构和生活方式对设施功能提出新需求，传统"一刀切"的模式难以适应。因此，供给端需结合乡村生态环境特点，探索适配性更强的规划与建设方法。

在城乡关系进入新阶段的背景下，县域城镇化进程中的城乡要素频繁流动及城乡人口双栖流动，对公共服务设施配置产生深远影响。本章通过多案例、多层次分析，研究西南山地乡村社区在不同空间尺度下的公共服务设施供需问题，揭示供给不足、分布不合理等现实问题，并深入探讨供需失衡的内在成因与地域差异对设施配置的影响。这些分析为后续章节提出优化策略奠定了坚实的实证基础。

2.1　县域城镇化与城乡关系新阶段

县域作为国家治理的基本单元，自古就为先哲所洞悉，古语有云，"县集而郡，郡集而天下，郡县治，天下无不治""民为邦之本，县乃国之基。安邦之难，难在固本；治国之难，难在强基"。根据《中华人民共和国宪法》规定，中国行政区域划分为省、县、乡三级，但在实际管理中，一般按照省、地、县、乡四级进行管辖。《中国县域高质量发展报告 2024》显示，截至 2023 年底，中国内地共有县域 1867 个，县级行政管辖面积占了将近 90% 的国土面积，贡献了 38.5% 的 GDP，承载了全国一半以上的常住人口。由此可见，县级单元不仅是我国经济社会发展和城乡建设的基本单元，同时也是城乡要素流通、人口转移、地域连接的重要空间载体。县级区域内，以县城、镇区为代表的城市空间与以乡村为代表的农业空间交错叠加，集中体现了我国城乡二元差异。因此县域也是实现就地城镇化、推进城乡融合发展的关键地理单元。

与此同时，由于自然地理条件、资源禀赋和发展基础的不同，不同地区的县域城镇化发展水平差异显著，各自面临着不同的发展困境。总体来说，东部沿海地区和都市圈内的县城经济发达，城镇化水平较高，但面临生态环境污染、土地财政依赖、房地产开发过度、人口市民化意愿不强、半城镇化等突出问题；中西部地区和都市圈外县城则面临发展动力不足、人口与劳动力流失、城镇综合承载力不强、公共服务和基础设施建设质量不高、乡村空心化及老龄化加剧等问题。

随着城乡关系的发展，西南地区的城乡建设也呈现出一些新的特征趋势，如城乡要素流动频繁、城乡人口双栖流动、城乡时空格局重组等，这些趋势对西南山地乡村社区的建设、公共服务设施规划等都产生了深远的影响。

在此背景下，国家提出"以县城为重要载体的城镇化建设"政策，旨在补短板、强弱项，"以县域为基本单元推进城乡融合发展，发挥县城连接城市、服务乡村作用，增强对乡村的辐射带动能力，促进县城基础设施和公共服务向乡村延伸覆盖"。发展壮大县域经济，推进县域城镇化是解决城乡差距和"三农"问题的重要途径，特别是中西部地区的市县，乡镇的人口和产业亟须加速往县城集聚。通过构建县域空间组织体系、推动城乡产业融合与等值发展、基础设施与公共服务均等化等路径来促进县域城镇化发展。

2.1.1　现状趋势：城乡一体化进程中的多元动态

随着城镇化的持续推进，城乡要素的自由流动、集聚，广大的乡村地区面临严峻的衰败和空心化现象，乡村衰退日益显著。为解决这些城镇化发展中伴随的问题，需要在县域内集中统筹乡镇人口、产业的发展，实现县城规模化发展、乡镇集约化发展，从而构建"大城小乡"的新格局。

1. 城乡要素流动频繁，加速城乡公共资源融合

1）理论内涵及作用机制

要素流动理论源于亚当·斯密的《国富论》，其强调城乡之间的分工与互惠关系："农村以生活资料及制造原料供给城镇，城镇则以一部分制造品供给农村居民。"马克思进一步发展这一理论，提出城乡间的劳动力流动是城乡关系的基本前提，表明城乡要素流动和配置反映了城乡互动关系的表征与结果。作为基本的经济社会关系，国内外城乡关系的发展总体上经历了由城市偏向到城乡协调再到城乡融合的演变过程。

随着城镇化的发展，城乡逐渐成为有机的命运共同体，城乡要素的流动不限于传统的土地、劳动力、资本等生产要素，还包括技术、服务、数据和生态等新型要素。例如，土地是生产性要素，资本引导人口与资源的集聚，而人口作为关键要素，其流动将决定资本的有效配置。

城乡要素流动是指人口、资金、技术及信息在城市和农村之间的流动和迁移过程。要素流动在优化城乡要素配置、促进城乡经济发展和社会变革等方面起着重要作用。过去，城乡二元结构是城乡要素流动的主要壁垒，城乡间人口、土地、资本要素的单向集聚主要受体制制约。

事实上，在从乡土中国到城乡中国的转型中，我国县域城乡关系经历了从城乡分化、城乡对立、城乡融合到城乡一体的不同阶段，其背后也反映了对要素流动规律认知的不断深化（表2-1）。将视野拉回当下我国城乡发展的现实情境，强调城乡要素从单向集聚到双向流动的政策转型，显然是根植于乡村振兴与新型县域城镇化两大战略的耦合与联动过程，旨在通过纾解两大战略在空间和时间上产生的内在张力，促进城乡融合。

表2-1　城乡关系演化过程中的要素状态差异、要素流动方向与城乡功能差异

城乡关系演化阶段	城乡要素状态差异	城乡要素流动方向	城乡功能差异
城乡分化	乡村人口远多于城镇人口；城镇数量少、规模小，乡村居民点数量众多、分布广泛，经济以第一产业为主	人口、农产品低强度地从乡村向城镇流动	城镇主要承担政治、军事功能，乡村主要承担农业生产功能
城乡对立	城镇人口数量超过乡村人口数量，城镇数量不断增加、规模不断扩大；城乡经济水平、公共服务、基础设施差距逐渐显现，城乡建立不同的管理制度	人口、农产品中高强度地从乡村向城镇流动；工业产品由城镇向乡村输入，城镇文化缓慢向乡村扩散	城镇功能不断增加，在承担政治、军事功能的基础上，增加了工业生产、商业、服务等功能；乡村以农业生产功能为主
城乡融合	乡村人口、居民点用地及第一产业增加值占比不断降低，但城乡基础设施、公共服务、人均收入等方面的差距逐渐缩小，城镇人口、建设用地和第二、三产业比例不断增加	多种城乡要素双向流动	城镇功能进一步完善，成为重要的政治、经济、社会、文化、科技及交通的中心；乡村功能也不断提升，第一、二、三产业融合发展，除生活功能和生产功能外，还承担重要的生态功能和文化功能
城乡一体	乡村居民点普遍村镇化，农业人口职业化，城镇基础设施互联、公共服务共享，城乡人均收入差距较小，经济社会一体化发展	城乡要素实现自由、平等、双向的良性互动，要素配置均衡	城乡功能等值化，仅在服务规模、半径、等级上有所差异

资料来源：笔者根据相关文献整理。

本节从要素流动视角出发，以系统论和要素流动理论为基础，建立"要素－结构－功能"的整体性分析框架，分析新时代县域城镇化背景下，城乡要素流动的影响和作用机制（图2-2）。系统论指出，要素之间的相互作用构成系统的结构和功能。结构是不同类型要素按一定比例组合形成的关系，功能则是系统内部结构相互映射而形成的整体特征与能力。要素、结构与功能之间存在着密切关系：不同要素之间的比例和组合关系决定了结构的形态，结构之间的相互作用和变化会影响系统的整体功能，而功能也会影响、制约结构的运行。

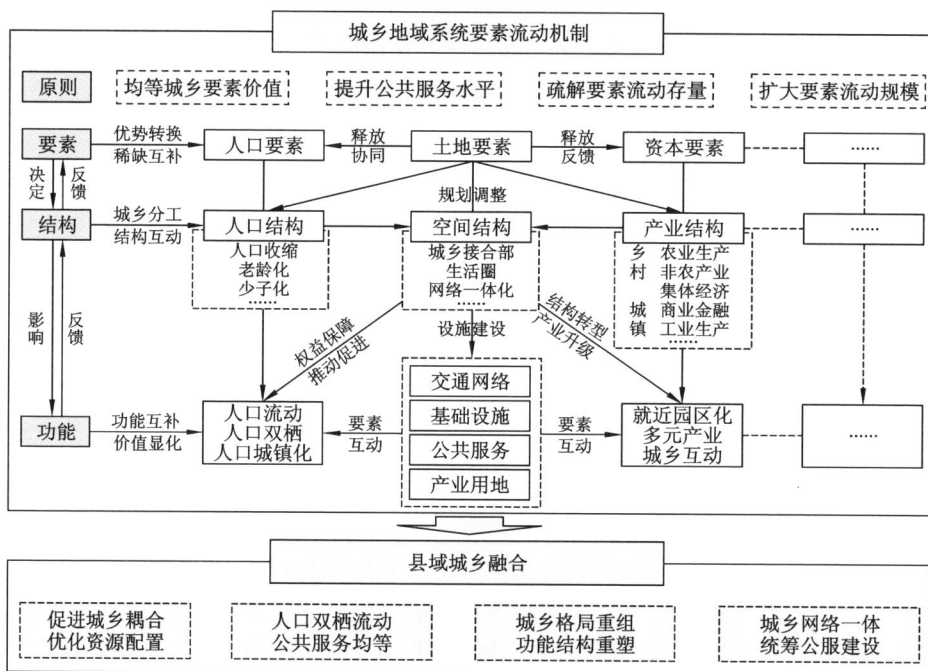

图2-2　要素流动视域下的城乡融合体系框架

（图片来源：笔者改绘）

具体到县域层面，就是以均等城乡要素价值、提升公共服务水平、疏解要素流动存量、扩大要素流动规模为前提，构建县域城乡融合系统。通过城乡两大地域系统中的人口、资本、土地等要素之间的物质、能量及信息交换，以及多要素的分布与组合，形成相应的结构体系，具体包括人口结构、空间结构、产业结构等。其中，人口结构是城乡之间劳动力双向流动形成的复杂关系，产业结构则是城乡各类经济要素及其主体在不同时空环境下形成的产业间复杂关系组合。城乡功能是指城乡系统给城乡居民提供福祉的能力，主要通过系统结构和要素的集聚与互动呈现，具体表现为城乡人口双栖流动、不同城乡用地功能类型、城乡产业园区等。最终实现"促进城乡耦合、优化资源配置、人口双栖流动、公共服务均等、城乡格局重组、功能结构重塑、城乡网络一体、统筹公服建设"的发展目标。

2）促进城乡耦合

"耦合"一词最早应用于物理学领域，用于表征两个或多个系统要素之间的相关影响作用。所谓"城乡耦合"，就是指城市与乡村之间在经济、社会、文化、生态等多个方面形成紧密联系和互动关系。在县域城镇化背景下的城乡耦合，就是借助城乡要素的流动，打破城乡空间的二元界限，城市与乡村不再是孤立和对立的单元，通过人口、资金、技术、信息等的流动和交换来促进县城与其周边乡村之间形成联系更加紧密的网络，以及城乡之间高度依存、共享要素的自由流动和协同发展。

以云贵高原为中心的西南喀斯特地区作为我国社会经济发展的主要"洼地"，其乡村贫困及乡村发展问题尤为突出，农业生产存在低投入运行、劳动力投入减少、耕地撂荒、农田水利设施浪费严重乃至破坏等问题。同时农村劳动力大量外流，农村产业、人口空心化突出。相关资料显示，仅 2014 年，贵州省农村剩余劳动力就转移了 1511.8 万人，占同期农村人口的 71.9%。该地区崎岖的地形对城乡协调发展中经典的多层级"点－轴"空间体系发展有着显著的阻碍作用，尤其是村落分布的分散化及耕地的破碎化，使得其城乡经济融合发展面临巨大困难。其农村人口比重大、耕地资源缺乏，受自然环境约束，城乡服务均等化面临巨大的资源投入压力，且使用效率低。相较于实现城乡服务均等化，这一地区的城乡融合发展更适宜采取以环境资源承载分析为基础的"小城市—小城镇—重点镇—中心村"建设模式，在一定程度上减少乡村人口及乡村数量，尤其是偏远地区的乡村人口及乡村数量，在空间及社会经济上实现乡村与城市的融合发展，从根本上实现乡村发展的内源驱动，进而实现因地制宜、依山就势的"城镇化上山"建设。

3）改善基础设施建设，提升公共服务品质

城乡要素流动是推动公共服务均等化的关键机制。通过促进劳动力、资本、技术等要素在城乡间的双向流动，可以有效提升农村地区的公共服务水平。例如，随

着农业转移人口的市民化，政府加大了对农村教育、医疗和文化等领域的投入，推动了基本公共服务向农村延伸。统计数据显示，近年来，农村基础设施水平明显提升，截至 2023 年，农村自来水普及率达到 90%，规模化供水工程覆盖农村人口比例达到 60%，农村公路总里程超过 460 万千米，建制村通硬化路达到 100%。此外，随着远程医疗和在线教育资源的推广，农村居民享受到了更好的医疗服务和教育资源，城乡公共服务的差距正在逐步缩小。新闻报道也显示，一些地区通过城乡融合发展试点，建立了教育、医疗"共同体"，提升了农村教育、医疗、养老、文化等公共服务水平，实现了县域基本公共服务均等化。这些实践经验表明，城乡要素流动对扩大农村公共服务覆盖范围起到了积极作用。

2. 城乡人口双栖流动，促进城乡公共服务均等化

人口流动是城乡要素流动的核心内容，也是城镇化进程的必然结果和人地关系演变的映射。过去，我国城乡人口流动的相关研究主要集中在从乡到城的正向流动与从城到乡的逆向流动两种迁移模式。然而，随着我国从安土重迁的"乡土中国"迈入高空间流动性的"城乡中国"时代，城乡逐渐开始混合交融，城乡界限趋于模糊，出现了"城乡双栖"群体。截至 2023 年，我国常住人口城镇化率为 66.16%，户籍人口城镇化率为 48.3%，近两成人口在城乡之间"游荡漂泊"。城乡双栖作为一种特殊的流动模式，凸显了我国人口迁移中结构性和能动性的复杂矛盾。同时，根据第七次全国人口普查数据，县域城乡两栖人口规模从 0.33 亿人增长到 0.72 亿人，增长一倍以上，其占县域城镇人口比重从 17.18% 提高到 30.99%。未来一段时期，县域城乡两栖人口规模及其占城镇人口的比重还将持续提高，成为县域城镇化的主要驱动力，这也是中国特色县域城镇化的一个重要特征。

所谓城乡人口的双栖流动，就是指一部分人口在城乡之间自由流动，既参与城市经济活动，又保持与农村的紧密联系，这是中国县域城镇化中普遍存在的现象。这些双栖人群中，很大一部分人口在城市就业，但户籍在乡村；家庭主力在城镇，但家属在乡村；在城市打工赚钱，但收入流回乡村；日常生活在城市，但返乡置办各类资产。也有越来越多的城市居民因为乡村良好的生态环境和丰厚的人文底蕴而选择在县城近郊、乡镇居住或工作，从而形成一种城乡双重生活模式。城乡两栖人

口可能因为就业、教育或居住需求而在城乡之间往返。不少乡村居民为了更好的居住条件或教育资源而选择在县城购房，但同时也保持与乡村的紧密联系。随着户籍制度的改革和城乡二元土地制度的逐步融合，预计城乡两栖人口将长期大规模存在，并成为推动城乡融合发展的重要力量。

这种双栖流动现象作为县域城镇化背景下城乡人口流动的典型模式，不仅影响了城镇人口的增长，也在一定程度上有助于优化城乡公共资源配置、提升公共服务水平、改善基础设施建设并推动产业发展，使得城市和乡村之间的差距逐渐缩小（图2-3）。

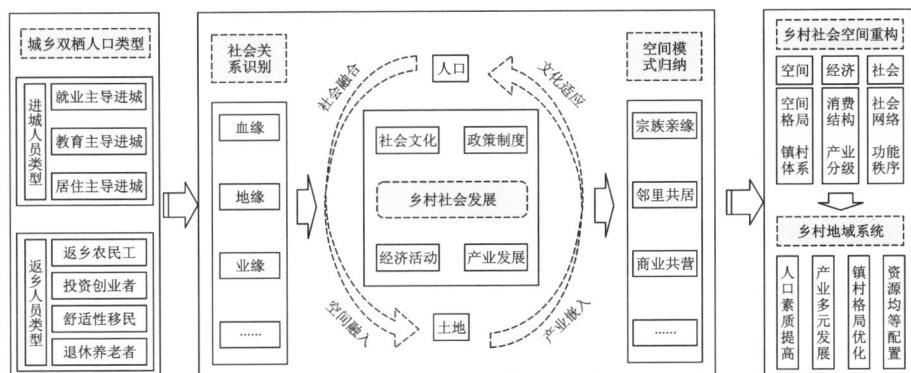

图2-3　人口双栖流动下的城乡资源配置优化

（图片来源：笔者自绘）

一方面，农村人口流入城市，有机会接受更高层次的教育和培训，从而提升个人技能和知识水平。国家发展和改革委员会就业司在相关文章中指出，提升农民的受教育年限是推动农业农村现代化发展的关键。通过职业教育和技能培训，农民能够掌握现代农业技术，增强对新产业、新业态的适应能力。另一方面，部分农村进城人才回流及城镇人口输入农村，可以极大限度提升农村的人力资源质量，带来新思维、新技术和管理经验，推动农村产业升级和经济发展。此外，这些新经验、新技术的引入也能一定程度提升农村人口的意识和观念，形成针对乡村社区的经营理念和市场意识，进而形成一种农村地区的内生发展动力。同时，这种人口双栖流动也有助于缓解城市人口过密和农村人口空心化的问题，实现城乡人口的良性互动和均衡发展（图2-4）。

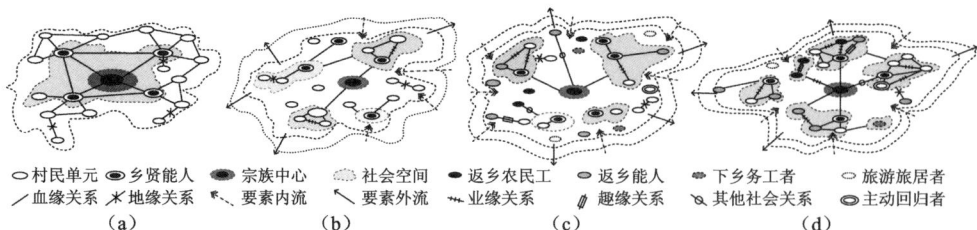

图 2-4　人口城乡逆流重构乡村社会空间过程示意

（a）初始期：以血缘、地缘联系的传统乡村社会空间；（b）发展期：城乡要素交互下松散化的乡村社会空间；
（c）趋稳期：人口城乡逆流后的乡村社会空间；（d）稳成期：以血缘、地缘、业缘、趣缘等社会关系组织
的乡村现代社会空间

（图片来源：朱媛媛、罗源《中国乡村社会空间重构过程再认知及展望——基于人口城乡逆流视角》）

3. 城乡时空格局重组，重塑城乡功能结构布局

随着交通基础设施和通信技术的飞速发展，城乡之间的时空距离逐渐缩短，城乡时空格局发生了深刻的重组。这一过程不仅加速了区域经济一体化，也促使城乡功能结构逐步得到优化与调整。交通网络的不断完善、通信技术的进步使得城乡之间的联系更加紧密，城市的资源和功能逐渐向农村延伸，城乡之间的互动变得更加频繁，推动了城乡空间格局和功能布局的深度重塑。

1）城乡交通网络完善

县域城镇化背景下，城乡交通网络的完善是推动城乡时空格局重构的关键因素。随着城镇化进程的加速和交通基础设施的提升，城乡之间的交通便捷度显著增加，缩短了时空距离，促进了城乡要素和资源的流动与互通。统计资料显示，截至 2023 年底，中国高速公路总里程已经达到 18.4 万千米，覆盖了绝大多数县域，这大大缩短了城乡之间的时空距离，使得居民出行更加便利。这意味着过去公共服务较为落后的乡村地区居民可以更加快捷地到达城市，享受城市的资源和服务；同时城市居民也能够比较方便地前往乡村地区，开展旅行、休闲、研学等活动。

此外，城乡交通网络的完善也促进了县域内部的经济一体化。乡村地区的农产品、特色产品可以更加快速地运往城市，扩大了农特产品的市场范围，增加了乡村居民的收入。同时，城市的工业产品、服务等也可以更加迅速地输送到乡村地区，满足乡村居民的生活需求，促进乡村地区物质基础的提升。

2）城市功能向乡村扩散

随着交通网络和通信网络的改善，城市功能逐步往乡村地带扩散，推动了城乡功能结构优化。在城市资源下沉的过程中，一些大型商超、文化娱乐中心、高等教育机构等开始在远郊或是交通较为便利的乡村地区建设商业休闲、文创娱乐、科创教育板块，在一定程度上为在地的乡村居民提供了便利的服务和丰富的文化生活。这种城市功能的扩散，既促进了乡村经济发展和社会进步，也丰富了乡村居民的生活体验，使其享受到城镇化带来的便利与福利，乡村的功能结构也逐渐向多元化发展。

城市功能扩散的另一表现是城市的经济、科技、文化等优势资源向乡村地区辐射，推动了乡村产业升级和经济结构调整。例如，一些科技企业、文化创意产业等逐渐进驻乡村地区，带动了当地的产业发展和就业增长，促进了乡村经济的多元化和可持续发展。城市的辐射作用加强，进一步拉近了城市与乡村之间的距离，促进了城乡融合发展的进程。此外，城市的医疗、教育等公共服务也逐步覆盖到乡村。远程医疗和教育服务的开展，使乡村居民能够更便捷地享受到城市的高质量服务，从而缩小了城乡之间的公共服务差距，推动了城乡一体化进程。

3）乡村腹地乡镇崛起

在城乡时空格局重组过程中，乡村腹地乡镇逐渐崛起，成为城乡联系的重要纽带。在县域城镇化发展中，一些乡村地区的中心城镇逐渐崛起，吸引周边乡村的人口和资源，推动周边乡村的发展，形成了以中心乡镇为核心的城乡功能结构布局。乡村腹地乡镇的崛起成为城乡时空格局重组的重要体现之一。这种现象的出现，既是城乡关系发展的必然趋势，也是城乡一体化进程的重要组成部分。

首先，乡村腹地乡镇的崛起体现在其中心城镇地位的显现。一些乡村地区的中心乡镇在城乡融合发展中逐渐崛起，成为区域发展的增长极，吸引周边乡村的人口和资源。这些乡镇在经济、文化、政治等方面的地位和影响力不断提升，成为城乡联系的重要纽带，推动了城乡关系的深度融合。

其次，乡村腹地乡镇的崛起促进了周边乡村的发展。乡镇作为经济和社会活动中心，通过集聚资源、促进产业合作、提供就业机会等方式，推动了周边乡村的快速发展。这些乡镇不仅吸引了城市资本的投资，也引导了更多劳动力就业，进一步增强了城乡之间的经济互动，促进了县域内城乡一体化进程。

2.1.2 政策导向：县域城镇化建设的引领与支撑

1. 政策聚焦县域发展

随着我国城乡融合发展战略的逐步推进，县域城镇化被纳入国家发展大局中，成为推动城乡关系协调、实现区域均衡发展的关键一环。县城作为县域城镇化的重要承载体与核心枢纽，在推动乡村振兴和城乡一体化进程中发挥着不可忽视的作用。在一系列国家政策（表2-2）的引导下，县城的基础设施建设和公共服务供给得到了前所未有的关注和支持，尤其是在改善乡村公共服务设施方面，相关政策对促进城乡公共资源的合理配置、提升乡村居民的生活质量发挥了至关重要的作用。

表 2-2　县域城镇化相关政策文件

发布时间	部门单位	文件名称	内容要点	乡村公共服务设施相关
2014 年 3 月	中共中央、国务院	《国家新型城镇化规划（2014—2020年）》	首次提出"常住人口城镇化率达到60% 左右"的目标，明确"优化城镇规模结构"的路径，强调大中小城市和小城镇协调发展，重点支持中小城市和县城发展，首次将县城纳入国家城镇化战略的核心载体	完善城乡公共服务体系，促进城乡基本公共服务均等化，使城乡居民能够公平享有教育、医疗、养老等公共服务资源；规划强调要健全医疗卫生、教育、养老托育、文化体育、社会福利等公共服务设施，以满足居民日益增长的需求
2018 年 9 月	中共中央、国务院	《乡村振兴战略规划（2018—2022年）》	提出了乡村振兴的总体思路，促进农业现代化与县域城镇化的协调推进，推动乡村产业、人才、文化、生态、组织等多方面的振兴	着重提升乡村教育、医疗、文化服务，改善乡村居民的生活条件，提高公共服务供给能力
2022 年 5 月	国家发展改革委	《关于推进以县城为重要载体的城镇化建设的意见》	强调以县域为基本单元推进城乡融合发展，发挥县城连接城市、服务乡村的作用，增强对乡村的辐射带动能力，促进县乡村功能衔接互补	推进县城基础设施向乡村延伸，推进县城公共服务向乡村覆盖

资料来源：笔者根据相关文献整理。

国家高度重视县域城镇化在城乡融合中的关键作用，并将县城作为推进城乡融合发展的基本单元。随着乡村振兴战略的深入实施，县城不仅承担着承接人口和产业的功能，还需要提升自身的综合服务能力，以更好地为周边乡村提供支撑。为此，国家陆续出台了一系列政策文件，明确提出加大对县城基础设施的建设力度，特别是在城市道路、供水供电、污水处理、垃圾分类等基础设施领域的投入。这些政策的出台旨在提升县城的承载能力，确保其能够在未来的发展中更好地承接城市产业的转移与人口的疏散，同时为乡村提供更加便捷、高效的公共服务。这一过程中，县城的基础设施建设成为推动城乡融合、优化资源配置的关键。

例如，国务院于2014年发布的《国家新型城镇化规划（2014—2020年）》中，明确提出要加大对县城基础设施建设的投入，尤其是在公共服务领域。县城是城乡一体化发展的核心，县城不仅要提升自身的经济承载能力，还要在公共服务供给上有所突破。这一指导思想为后续政策的制定提供了基础，使得各级政府能够在县城基础设施建设和公共服务供给上取得实质性进展。

随着政策的进一步落实，县城基础设施建设逐渐涵盖多个领域，乡村公共服务设施的改善尤为突出。以教育为例，随着人口流动和县域城镇化的推进，县城不仅承担着吸纳流动人口的功能，还成为周边乡村教育资源配置的中心。国家在推动县城基础设施建设的过程中，尤其重视教育资源的均衡配置，加大对乡村学校的建设与改造力度，确保乡村儿童能够享有与城市儿童平等的教育机会。同时，国家还通过一系列政策促进乡村教师队伍建设和教育质量提升，为乡村教育发展提供源源不断的人才支撑。

在医疗领域，随着乡村振兴战略的实施，乡村居民的健康需求不断增加。国家对县城医疗基础设施的建设给予了大力支持。例如，《关于推进以县城为重要载体的城镇化建设的意见》明确提出，要完善县城医疗卫生体系，鼓励县级医院与乡镇卫生院建立医疗卫生共同体，提升乡村医疗服务水平。通过政策引导，县城医院与乡村医疗点的资源共享和合作得到了有效推动。城市医疗资源的引入和优化配置，使得乡村居民能够享受到更为优质的医疗服务，从根本上改善了乡村公共服务供给。

交通、文化等领域的基础设施建设同样得到了政策的高度关注。乡村道路的建设和乡村交通网络的改善，极大地提升了乡村居民的出行条件，使得城乡之间的联系更加紧密。而在文化设施方面，政策也鼓励县城加强文化设施建设，推动乡村文化服务中心的设立。这些文化设施的建设不仅丰富了乡村居民的精神文化生活，也在一定程度上促进了城乡文化的交流与融合。

在政策的推动下，乡村公共服务设施建设在县域城镇化背景下逐渐呈现出多元化、全方位的特点。通过加强基础设施建设，县城不仅在经济承接上起到了核心作用，更为周边乡村提供了高效的公共服务支撑，促进了乡村与县城之间的互联互通。在这一过程中，政府在政策层面的引导作用尤为突出，为县域城镇化的顺利推进提供了重要保障。

然而，尽管政策层面的支持为县域城镇化和乡村公共服务设施的建设奠定了坚实基础，但仍然面临一些挑战。首先，县域城镇化的推进在不同地区、不同县城之间的差异性较大。部分县城由于经济基础薄弱、产业单一，基础设施建设的推进缓慢，乡村公共服务供给依然存在较大差距。其次，在县域城镇化过程中，城乡资源的合理配置和流动依然是一个复杂的问题。如何在政策的引导下，使得城乡公共服务更加均等、有效，仍然是需要进一步解决和优化的课题。

2. 要素配置体制改革

在县域城镇化政策背景下，城乡要素的流动更加频繁，人口、资金、技术和信息等要素在城乡之间的自由流动和迁移增加。特别是在西南山地乡村地区，过去由于地理环境的限制和资源分布不均衡，发展受到诸多阻碍，不同地区的公共服务设施建设存在显著差异。随着县域范围内的城镇化推进，城乡要素的频繁流动为区域范围内公共资源的协同配置提供了更多的机会和可能性。人力资源的均衡配置使得乡村地区可以获取更多技术支持和人才输入，资金流动可以为欠发达的乡村地区基础设施建设和产业发展提供资金扶持，技术和信息流动为乡村生产力水平提升和技术创新提供了强劲助力。

以重庆为例，其"大城市"和"大农村"的现实情况决定了城乡融合发展在该地区的意义更加突出、作用更加巨大。2019年底，我国确定了11个国家城乡融合发展试验区，并发布了11项试验任务，其中有6项任务涉及城乡要素配置体制机制。作为试验区之一，重庆西部片区承担了5项指定性试验任务，包括建立城乡有序流动的人口迁徙制度、进城落户农民依法自愿有偿转让退出农村权益制度及农村集体经营性建设用地入市制度等，这些任务都与人口和土地这两大要素密切相关。

在城乡关系调整优化过程中，要素合理流动与优化配置处于基础地位，发挥着关键作用。党的二十大报告明确指出，坚持农业农村优先发展，坚持城乡融合发展，并畅通城乡要素流动。习近平总书记曾强调，健全城乡融合发展体制机制，完善城乡要素平等交换、双向流动的政策体系，促进城市资源要素有序向乡村流动，增强农业农村发展活力。在县域城镇化背景下，城乡要素流动逐渐成为促进城乡关系耦合、优化公共资源配置的重要驱动力。

1）要素流动促进公共资源配置优化

要素的高效、合理流动是市场资源有效配置的基础，也是城乡融合发展的必要前提。城乡要素的双向流动关乎城乡两个地理空间地域系统的现代化。顺畅的城乡要素流动不仅有助于实现城市资源向乡村有序流动，推动乡村全面振兴，同时也有利于重新配置资源要素，促进新型城镇化和新型工业化发展。

同时，要素的双向流动和优化配置也是城乡经济良性循环互动的关键，是提高农业部门和非农部门劳动生产率的重要内容。然而，当前我国城乡发展不平衡的关键障碍在于城乡要素双向流动的不畅。制度性障碍阻碍了人才流向乡村、资金投入乡村、土地资源充分开发利用，导致城乡要素结构性失调，影响了城乡差距的缩小。因此，打破这些障碍，通过有效的政策改革推动城乡要素的双向流动，成为解决城乡发展不平衡问题的核心手段。

具体而言，高效、合理的城乡要素流动最终将改善县城和周边乡村的公共服务设施，包括教育、医疗、交通、文化等方面。资源优势地区的公共资源配置更加合理，能够为乡村居民提供更好的生活条件，促进城乡区域间的均衡发展。

要素流动和优化配置是城乡经济良性循环互动的关键，也是提高农业部门和非农部门劳动生产率的重要内容。通过城乡要素的双向流动，农业和非农产业相互融合，促进乡村地区产业结构的多元化，推动城乡经济的共同发展。

2）人才流入激发乡村内生动力

政策引导下的面向广大乡村的人口流动为城乡资源的优化配置提供了新的契机。通过人口的流动，尤其是城市居民流入乡村以及乡村劳动力回流，城乡之间的要素（如资金、技术、信息等）得以更加自由地流动与迁移，从而促进资源的合理配置和优化利用。特别是在县域城镇化政策的推动下，人口双向流动加速了城乡之间要素的互通，成为促进城乡资源均等化和区域协调发展的重要机制。

首先，县域城镇化政策的实施为人才流入乡村提供了制度保障和政策支持。随着乡村劳动力的回流以及城市居民向乡村的迁移，资金、技术和管理经验随之转移。

这一现象在农业、教育和医疗等多个领域产生了深远的影响。例如，政策鼓励城乡一体化发展，不仅使得农业科技、现代化农业经营模式能够引入乡村，还促进了乡村产业的升级和乡村经济的转型。政策引导下的这些回流人口，能够在乡村开展科技化、规模化的农业种植和新型农业经营模式，引进城市先进的管理经验与市场化运作方式。这些改变不仅提升了乡村的生产力水平，也为当地居民带来更高的经济效益，进而推动城乡发展差距的缩小。

其次，县域城镇化政策在推动乡村基础设施建设和公共服务改善方面起到了关键作用。随着人口流动的加速，城市居民或进城农民在乡村地区定居或频繁往返，不仅带来了资金和技术支持，也带来了对高质量公共服务的需求。这些需求在政策的引导下，促使乡村地区基础设施得到明显改善，尤其是在教育、医疗和文化设施等领域。以江浙地区为例，县域城镇化政策通过支持高素质人群投资乡村经济，推动了乡村民宿、农场、酒店等项目的兴起。这些投资项目不仅为乡村带来了经济发展，也促进了基础设施建设，提升了乡村居民的生活质量。政策的支持使得这一过程更加顺利，推动了城乡公共资源的均等化。

最后，人口的双栖流动有助于打破城乡二元结构，推动城乡资源的互补性利用。在县域城镇化政策的推动下，城市资本、技术逐渐流向乡村，而乡村则为城市提供了丰富的资源、生态和文化价值。这种资源的互补和双向流动，最终形成了互利共赢的发展格局。城市与乡村在县域城镇化政策的引导下，逐渐形成了更加紧密的经济、文化和社会联系。城市为乡村提供资金、技术、信息和市场，而乡村则为城市提供生态、文化及可持续发展的空间。这样的资源互动和双向流动不仅增强了城乡之间的互补性，也推动了城乡一体化发展。

3）要素配置体制改革难点与困境

要素配置体制改革的核心目标是实现城乡资源的优化配置与均等化，推动城乡经济社会的全面融合。然而，在实际推进过程中，仍面临着一系列挑战。

首先，城乡之间的资源配置差异依然存在。尤其是在西部地区和一些偏远乡村，基础设施建设仍然滞后，公共服务水平较低，城乡差距问题尚未得到根本解决。

其次，现有的城乡二元结构仍然制约着要素的自由流动。尽管政策上提倡要素的双向流动，但在实际操作中，城乡土地制度、劳动力市场和资本流动等方面的制度性障碍依然存在。例如，农村土地流转制度尚不完善，土地资源未能充分发挥其经济潜力，农村劳动力的流动受制于户籍制度和社会保障制度等，这些都限制了要素在城乡之间的自由流动。

在此背景下，推动城乡要素配置体制改革，需要进一步优化政策体系，消除制约要素流动的制度性障碍。具体而言，应加快城乡土地流转制度改革，推进农村土地承包权的确权和流转，提升土地资源的利用效率。同时，应通过完善农民工社会保障制度，鼓励农村劳动力的流动与回流，为乡村振兴提供更多的劳动力支持。此外，政府应加大对农村地区基础设施和公共服务的投资，推动城乡公共资源的均等化，使城乡发展更加协调、均衡。

3. 区域特色试点推进

在我国推进县域城镇化与城乡融合发展的战略布局中，国家设立城乡融合发展试验区成为一个重要的实践探索举措。这些试验区依据各自的独特资源禀赋、产业基础和发展特色，开展差异化的试验任务，旨在为全国提供可复制、可推广的成功经验，为其他地区的城乡融合发展提供宝贵的实践参考。

各地的城乡融合发展试验区在长期实践中积累了宝贵的经验，这些经验在不同区域的城乡融合发展中展现出了显著的示范效应。

东部沿海地区凭借雄厚的科技实力与活跃的市场经济氛围，成为城乡产业协同创新的前沿阵地。这些地区的试验任务主要聚焦于城市高新技术产业与乡村特色产业的深度融合。例如，互联网与农业的结合，通过电商平台拓宽农产品的销售渠道，使得农产品能够从田间直达餐桌，提高了农产品的流通效率和农民的收入水平。与此同时，智能制造与乡村手工业的精妙结合将传统手工技艺与现代制造工艺相融合，提升了乡村手工艺品的品质与生产效率，创造了高附加值的特色产品。这种模式不仅推动了乡村产业的转型升级，也为城市产业拓展了新的发展空间，促进了城乡产业的优势互补与协同共进。

作为我国农业生产的重要基地，中部地区的城乡融合发展试验区将重点放在农业现代化与城镇化协调发展的有效路径探索上。通过推进土地规模化经营，整合分散的土地资源，导入现代农业生产技术和管理模式，提高农业生产效率。在这一过程中，农业产业化发展成为核心驱动力，通过延伸产业链，发展农产品深加工、仓储物流及农产品贸易等相关产业，带动农村人口向城镇有序转移。此过程不仅提升了农业生产效率，也提高了农民收入水平，促进农民生活质量显著改善，同时也有效促进了城镇化质量和内涵的提升。

西部地区的城乡融合发展试验区则紧密围绕生态保护与城乡融合的有机统一，积极探索生态旅游、生态农业等绿色产业发展模式。依托丰富的自然资源和生态环境优势，西部地区致力于打造以生态旅游为核心的绿色产业集群。通过开发具有地域特色的生态旅游线路，吸引城市游客前来体验乡村自然风光与民俗文化，带动乡村餐饮、住宿、手工艺品制作等相关产业的繁荣发展。此外，西部地区还积极发展生态农业，推广绿色种植与养殖技术，生产绿色、有机的农产品，满足市场对高品质农产品的需求，从而实现了生态效益与经济效益的双赢局面。

为更好地推动城乡融合，政府需要加强政策支持和制度创新。通过制定有利的政策，吸引资金、技术和人才流向乡村地区，推动乡村基础设施建设和公共服务设施的完善，促进乡村产业多元化、现代化发展。

2.1.3 可行路径：基于生活圈的活动类型与功能拓展

在未来乡村社区公共服务设施的规划与配置中，构建以生活圈为核心的功能拓展体系，是推动城乡融合发展的关键路径之一。将基本生活圈、通勤生活圈和扩展生活圈的活动类型与功能要求融入乡村社区公共服务设施的规划中，能够有效应对城乡公共服务需求的多样化、复杂化，促进城乡功能协调和资源共享。基于这一未来导向的生活圈规划理念，不仅有助于优化乡村社区的功能配置，还能够推动城乡一体化公共服务网络的建设，为乡村振兴与县域城镇化提供持续发展的动力。

1. 基本生活圈活动促融合：优化乡村社区公共服务设施配置

在未来的乡村社区公共服务设施规划中，基本生活圈的服务需求将成为核心考量。基本生活圈主要涵盖日常、购物、医疗、教育等基本活动，它不仅为乡村居民提供日常生活必需的服务，同时也能满足城市居民的需求。未来的公共服务设施配置应注重多功能性与综合性，特别是应将生产、生活和生态功能相结合，以促进城乡融合，提升公共服务的供给能力与质量。

例如，乡村社区中心可以同时融入基础医疗、教育、文化、生态休闲等多项功能，不仅能满足乡村居民的基本生活需求，还能提供更丰富的社会服务。这种复合型功能配置可以为外部资源的引入提供便利，吸引城市居民或投资者的参与。与此同时，基础交通设施的完善也应成为这一生活圈的重要组成部分。未来规划不仅要提升乡村道路质量，还应在交通枢纽处设置与县城相连接的公共交通站点，确保城乡居民能够平等、便捷地共享公共服务资源。通过提升交通可达性，基本生活圈将成为城乡生活与服务的交汇点，进一步促进城乡生活质量的提升。

2. 通勤生活圈活动强联系：优化乡村社区功能与公共服务设施布局

随着县域城镇化进程的不断推进，乡村社区将逐步成为城乡劳动力和产业要素流动的关键节点。在城乡通勤活动日益频繁的背景下，乡村社区的公共服务设施需要转向多元化，以满足城乡经济协作和社会互动的需求。这种多元供需的服务模式，将在推动城乡要素流动的同时，为乡村提供更为丰富的经济与生活支持。

为了满足城乡通勤生活圈的需求，乡村社区的公共服务设施规划应更加注重交通、就业和生活服务的整合。例如，乡村社区可以规划具有通勤功能的交通枢纽，方便城乡居民出行。除此之外，为支持乡村劳动力的就近就业，乡村内应配套规划职业技能培训中心、就业服务中心等设施，帮助城乡劳动力实现技能提升与就业对接。同时，在乡村社区中设置针对通勤群体的托幼服务、老年人照护中心等，也有助于为城乡家庭提供全面支持。这些服务设施将构建一个城乡劳动力双向流动的便捷平台，进一步促进城乡功能的协同发展与资源的优化配置。

此外，乡村社区还可以根据产业发展需求，规划小型经济园区、产业基地等，推动城乡产业链的延伸与交融。通过这种方式，乡村不仅能吸引和承接城市的产业项目，还能为本地居民提供更多的就业机会和收入来源，进而推动乡村经济的持续增长。

3. 扩展生活圈活动谋发展：推动乡村社区融入区域资源网络

扩展生活圈涵盖了文化交流、旅游发展、教育培训等活动的延伸，是乡村社区在未来发展中不可忽视的部分。随着城乡交流的增多，乡村将不仅仅是生产与居住的场所，更将成为文化、教育、休闲等多元功能的交汇点。基于区域资源联动的视角，乡村社区的公共服务设施规划将更加注重跨区域的合作与共享。

例如，乡村社区可以发展与生态旅游、民俗文化等相关的设施布局，包括游客服务中心、文化展示馆、乡村教育研学基地等，这些设施不仅能为外来游客提供服务，还能丰富本地居民的文化生活，提升乡村社区的综合服务功能。同时，乡村与城市之间的教育资源共享将成为扩展生活圈的重要内容。例如，乡村可以借助城市优质的教育资源，设立乡村分校、远程教育中心等，提供更多的教育机会与培训平台，推动乡村教育水平的提升。

随着城乡文化的逐步融合，乡村社区还可以通过举办文化交流活动，促进城乡居民的相互理解与认同，推动传统文化与现代文化的交融。这不仅能提升乡村的文化内涵，也能促进乡村社会的全面进步。

2.2 供给不足：空间网络视角下的县域供需均衡重塑

2.2.1 山地村镇格局重构，公共服务网络分布不均衡

1. 城镇化浪潮下乡村衰退解体，乡村公共服务资源衰减与低效使用

随着城镇化进程的加快，城镇扩张和村庄兼并进一步加速，乡村地区正面对人口流失和经济衰退的"收缩"现实。特别是在山地乡村地区，受制于复杂的地理环境和落后的交通条件，加之土地资源及生产资料的匮乏，长期不合理开发造成生态破坏、地方产业内生动力不足，乡村经济增长乏力，青壮年劳动力大量外流，乡村老龄化、空心化日益加剧。农业农村部抽样调查显示，2023 年全国农村宅基地闲置率约为 13.68%，较 2018 年的 10.7% 有所上升；综合来看，西部地区由于家庭成员长期外出务工，村庄宅基地闲置率更是显著高于全国平均水平，极端案例的宅基地闲置率甚至超过 30%（宁夏贺兰县），闲置情况呈现出常年闲置（户籍人口迁出，约占 15.6%）、季节性闲置（务工人员短期返乡，占 28.8% ～ 35.3%）和废弃（建筑不适宜居住，尤以山区乡村最为普遍，约占 26.2%）三类显著特征。我国城乡建设统计年鉴的相关数据显示，从 2013 年到 2023 年，全国范围内自然村数量缩减 30 余万个，其中四川下降趋势最为明显，从 2013 年的 25.3 万个，下降到 2023 年的 13.0 万个，十年间减少约 12 万个；全国农村常住人口在 10 年间减少约 1.4 亿，其

中减少数量达到 500 万的省份共有 11 个，西南地区占三席（分别是四川、重庆、贵州，其中四川减少 1825.8 万，重庆减少 985.1 万，贵州减少 746.0 万）。

乡村人口的减少直接导致了乡村社区空间和公共服务设施的衰减。生活、生产和生态空间的无序、混乱和粗放管理现象日益突出，乡村空心化、人口老龄化、土地限制化、农地抛荒化、资源失衡化等问题进一步加剧。随着乡村人口的减少，乡村居民对公共服务设施体系的需求大幅下降。尤其是在山地乡村地区，由于交通不便、经济落后，许多自然村落面临解体，甚至出现了设施建设与使用需求严重不匹配的现象，公共服务设施（如学校、医院、文化广场等设施）往往面临低效使用甚至空置浪费现象。

此外，乡村空心化现象的加剧使得乡村生态环境和人居环境的改善面临挑战。公共资源的分配需要与当地经济发展水平相匹配，避免过度建设、重复建设导致的资源浪费。部分乡村盲目追求高标准的基础设施建设，结果却未能实现预期的社会效益，反而造成了财政资源的浪费和环境的破坏。在政策的推动下，一些乡村地区投入了大量资金改善人居环境，建设公共广场、乡村花园和硬质铺装场地，以及翻修乡村住宅。然而，这种高标准的人居环境建设并不总是符合当地的实际发展水平和财政承受能力，随着空心化的加剧，可能造成巨大的资源浪费。

2. 地理空间分化和单一供给模式，乡村公共服务网络存在"盲区"

山地乡村地区由于特殊的地理环境和发展条件，面临着巨大的公共服务设施建设挑战。这些地区的地理空间分化和传统的单一供给模式，导致公共服务网络的覆盖存在显著"盲区"。这种现象不仅加大了城乡之间的公共服务差距，也使得部分偏远山区的乡村居民难以获得基本的公共服务。

首先，山地乡村的地形特征极大地增加了公共服务设施建设的难度和成本。山区的特殊地貌导致适宜居住和发展的空间分布零散，村落分散、耕地零碎，使得基础设施的统一规划和大规模建设难以实现。在这种情况下，交通基础设施的建设尤为困难。山地公路的建设成本通常是平原地区的两倍以上，而且由于山区地质条件复杂，后期的维护费用也非常高昂。交通不便导致通勤时间成本居高不下，使得城乡公共服务的均等化难以实现。交通基础设施的不完善直接影响了公共服务设施的布局与可达性，进而影响了乡村居民获得医疗、教育等基础服务的便利性。

其次，由于山地乡村的地理隔离性，这些地区往往形成相对独立的封闭空间聚居单元。各个聚居单元内人口稀少、经济基础薄弱，导致公共服务设施的配置严重不足。例如，在偏远山区，学校和卫生院等基本公共服务设施往往极为匮乏。由于人口少、需求低，公共服务设施的投资回报率不高，地方政府和社会资本对这些区域的投入不足，导致公共服务设施老化、条件落后，服务水平参差不齐。此外，偏远山区的公共服务设施难以吸引和留住专业人才，导致这些设施即使存在，也难以提供高质量的服务。

以四川省为例，该省在近年来加大了对偏远山区公共服务设施的投入，特别是在教育和医疗方面，政府加强了对偏远地区学校和卫生院的建设及改造，努力提高这些设施的服务能力和水平。然而，由于山地乡村复杂的地理环境和交通条件限制，依然存在许多"盲区"。这些区域的公共服务设施即便在政策支持下有所改善，但由于交通条件恶劣，许多设施仍难以惠及全体居民。根据《四川社会发展报告（2023）》，截至2022年，四川省内约15%的山地乡村依然面临教育和医疗服务严重不足的问题，主要集中在交通不便和经济基础薄弱的地区。这些"盲区"的存在，使得部分偏远山地乡村居民难以享受到现代化发展的成果，也使得这些地区的社会经济发展受到严重制约。

此外，单一的公共服务供给模式也是导致山地乡村公共服务网络存在"盲区"的重要原因之一。传统的公共服务供给模式往往基于平原地区的经验，而忽视了山地乡村的特殊性。这种"一刀切"的模式无法有效应对山地乡村的地理环境复杂、人口分布分散等问题，导致公共服务设施在这些区域难以合理布局与有效覆盖。例如，一些地方政府在推动乡村公共服务设施建设时，往往采用大规模集中的建设模式，忽视了山地乡村的地形限制和分散需求，结果导致大量公共服务设施的低效使用，甚至闲置浪费。这不仅浪费了宝贵的公共资源，也未能解决乡村居民的实际需求。

除了上述挑战，山地乡村地区在公共服务提供方面还面临着线上和线下融合不足的问题。在互联网时代，线上服务成为弥补线下资源不足、提升服务效率的重要手段。然而，山地乡村的网络基础设施建设滞后，网络覆盖不全，信号不稳定，导致许多先进的在线公共服务平台和技术难以有效应用。一方面，乡村居民难以通过网络便捷地获取医疗咨询、在线教育、政务服务等公共资源，错失了信息化带来的便利和发展机遇；另一方面，即便有部分线上服务可及，但由于乡村居民的数字技能普遍较低，缺乏对信息技术的有效应用能力，这些线上服务的使用率和效果大打折扣。因此，在加强线下公共服务设施建设的同时，推进线上服务的普及与优化，实现线上服务和线下服务的有效融合，成为山地乡村地区提升公共服务水平、促进社会经济均衡发展的关键。这要求政府和社会各界不仅要加大基础设施投入，改善网络环境，还要开展数字技能培训，提高乡村居民的信息素养，确保他们能够真正受益于数字化转型带来的公共服务改善。

3."县—镇—村"空间格局重塑，镇村联动的公共服务均等发展模式

随着中国城乡关系的深刻转型和重构，推进"县—镇—村"层级三生空间的重构成为山地乡村振兴发展的重要举措。这一格局重构不只是城镇空间格局的优化组织，更关乎经济、社会、文化和生态等方面的协调发展，最终构建起"紧凑的城乡、恢复的生态、整合的田园"的新型城乡关系。

一方面，越发紧凑的城乡生活空间，促进城乡空间结构优化并延伸公共服务的服务范围。在"县—镇—村"空间格局的重塑过程中，城乡之间的联系日益紧密，城市的先进设施和公共服务逐步延伸至乡村。这一进程不仅提高了乡村居民的生活质量，还促进了城乡生活的紧密对接与无缝融合。随着县域城镇化的推进，乡村地区逐渐完善交通网络、提升医疗卫生服务水平、均衡分配教育资源等，缩小了城乡差距。

在这一进程中，线上服务和线下服务的融合成为提升乡村公共服务水平的关键。互联网的普及为乡村带来了前所未有的机遇，线上服务平台如雨后春笋般涌现，为乡村居民提供了便捷的医疗咨询、在线教育、政务办理等服务。这些线上服务不仅打破了地理限制，还极大地提高了服务效率和覆盖面。同时，线下服务也在不断创新和优化，如建立乡村服务站、配备专业服务人员等，以确保乡村居民能够享受到线上和线下相结合的全方位服务。这种线上和线下融合的服务模式，既满足了乡村居民日益增长的多样化需求，也推动了乡村公共服务设施体系的现代化和高效化。互联网的普及和信息化建设大大缩小了城乡之间的数字鸿沟，使得乡村居民能够享受到与城市居民类似的服务，进一步推动了乡村生活空间的现代化和高效化。生活空间不仅承载着居民的日常活动，还逐步演变为教育、养老、社交和行政服务的重

要场所。

另一方面，镇村联动提供了一种功能组合与公共服务均等发展的模式。镇村联动作为未来乡村发展的重要模式，强调乡镇与村庄之间的紧密合作和功能整合，共同推动区域经济繁荣和公共服务均等化。乡镇作为连接城市与乡村的桥梁，在产业发展、基础设施建设和公共服务供给等方面对周边乡村地区具有显著的带动作用。在这一模式下，通过产业升级、资源整合、人才引进等方式，乡镇与村庄之间形成了紧密的合作关系，进而实现镇村经济共荣，推动城乡协同发展。

例如，在一些地区，通过引导农业产业向乡镇集中、发展特色产业园区，以及改善乡村基础设施等措施，不仅提升了乡镇的经济活力，也带动了周边村庄的发展。这种镇村联动的发展模式，使得乡镇逐步成为乡村公共服务的中心节点，乡村公共服务设施的建设和资源配置更加科学合理，从而有效提升了乡村居民的生活质量。

此外，镇村联动模式还强调公共服务的均等化发展，通过推动城乡公共服务的共享和互联，逐步消除了城乡公共服务的差距。特别是在教育、医疗、文化等领域，通过镇村之间的资源共享和协调发展，提升了公共服务的覆盖面和服务水平，实现了城乡居民对优质公共服务的均等享有。

2.2.2 县域尺度下西南山地乡村公共服务设施供给不足：重庆市丰都县仁沙镇永坪寨村案例

西南山地区域受地理环境复杂、资源匮乏、经济发展水平低等多方面因素的影响，城镇化水平尚有不足，难以形成规模效应，导致村镇社区公共服务设施供应相对不足。尤其是在偏远的欠发达山地区域，政府投入和政策支持不足，公共服务设施的建设和维护资金不足，无法满足村民的需求，医疗卫生设施、教育设施、文化体育设施等的供给也普遍不足。

1. 研究案例选择

永坪寨村位于重庆市丰都县仁沙镇西部，四周多村环绕，地理单元独立，交通不便，资源匮乏。自然条件复杂限制了村庄的扩张与发展，公共服务设施布局和建设难度更高。永坪寨村社会经济发展滞后，产业以水稻、玉米种植和家庭养殖等传统产业为主，缺乏现代化产业支撑，经济发展动力不足。远郊区位下乡村特色功能不显，文化特色不突出，产业功能难升级，难以形成规模经济。经济基础薄弱使得公共服务设施建设资金短缺，引发服务设施兜底性问题。山地约束下的收缩型乡村社区空间，地势陡峭，坡度对村庄建设规模和空间结构影响显著，且人口收缩趋势提高了服务设施配置的门槛，加剧了可达性矛盾。人口结构表现出空心化和老龄化特征，增加了公共服务设施配置的难度和成本。研究该村公共服务设施供给问题，需充分考虑地理、自然条件和社会经济因素，对解决西南山地乡村类似问题具有重要现实意义。

2. 永坪寨村基本概况

1）经济概况

永坪寨村经济以传统农业为主导，水稻和玉米种植是村民主要经济来源。由于地形条件限制和产业结构单一，永坪寨村难以形成规模化和集约化的农业生产模式，生产效率较低，村民收入增长缓慢。家庭养殖均以村民家庭为单位进行自主经营，并未形成规模。部分村民结合自家民宅经营便民餐饮，住宿和餐饮占比不到3%，批发和零售占比不到10%。区位偏远，难以享受重庆主城区旅游服务辐射，想通过乡村文化带动以旅游为主导产业的第三产业发展，难度较大。经济增长动力不足使得公共服务设施建设资金匮乏，较难满足村民日益增长的需求。

2）人口概况

随着城镇化进程的加速和农村经济结构的调整，部分青壮年劳动力选择外出务工或迁居城市，导致村庄常住人口减少，且常住人口以留守老年人和儿童为主。据2018年统计，永坪寨村户籍人口2343人，常住人口995人。村里外出务工的人数较多，净流出人口达1348人，净流出人口占劳动力资源总数达96%。永坪寨村60岁以上人口占户籍人口比例为21.94%，远超联合国关于老龄化的传统标准。留守老年人占老年人总数的78%以上，留守儿童占儿童总数的52%以上，加上劳动力外出打工致使人口流失，村内的人口结构呈现出显著的空心化和老龄化特征。

3）空间网络概况

永坪寨村的空间网络布局受山地地形的影响，形成了小户散点式结构，限制了村庄建设用地的有效整合与设施配置效率。截至2021年，村内共有166个居民点，占地约20公顷。2004—2021年，居民点数量增加58个，面积增加4.23公顷，反映了农村社会经济的发展需求及农业生产效率提升后农村家庭对居住条件改善的需求。居民点分布呈现组团式聚集的趋势，由最初的 4 个小型组团逐渐演化为 2 个较大的组团加上 2 个较小的组团，并显现出向村庄中东部区域集中的倾向。复杂的地形条件影响了居民点数量的增长，大多数居民点集中在海拔高度低于 300 米且坡度在 4°～12°的区域。因此，公共服务设施主要布置在北侧和东南侧的两大居民点聚集区内，考虑居民点向中东部区域集中的趋势，布局将倾向于聚集中心，确保公共服务设施位于交通便利的道路附近或靠近不同类型的服务用地（图 2-5）。

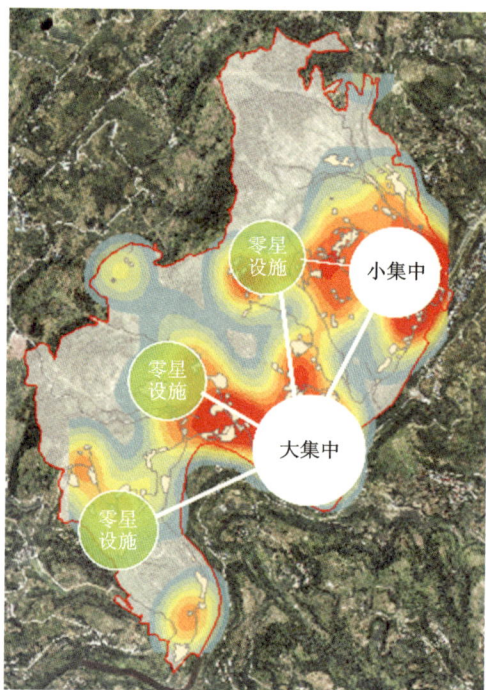

图 2-5　永坪寨村空间网络

（图片来源：笔者自绘）

4）道路交通概况

永坪寨村有多条乡镇道路，村委会所在地距离仁沙镇政府约 2.2 千米，距离丰都县政府约 45.4 千米。对外交通方面：村内机动车道路建设情况较差，大部分集中在村域的东侧及东南侧，其中包括村域中部的横向道路仁崇路（县道，长 2 千米，宽 6 米，混凝土路面）和村域东侧的纵向道路仁梁路（乡道，长 3.5 千米，宽 3.5 米，混凝土路面）。另外，村域南部还有一条纵向的乡村道路。村内无铁路，东南部有航道渠溪河（图 2-6）。

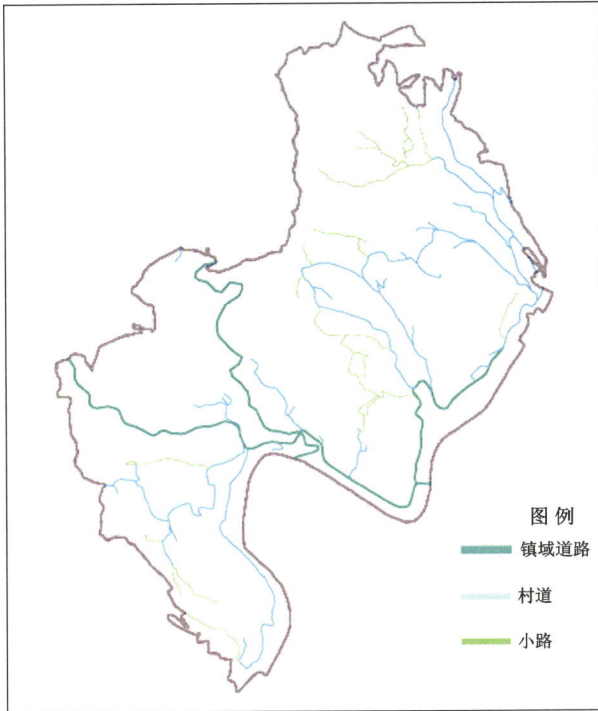

图 2-6　永坪寨村路网结构

（图片来源：笔者自绘）

3. 永坪寨村公共服务设施配置现状分析

1）县域公共服务设施配置现状分析

丰都县公共服务设施沿城市街道高度聚集，乡镇的公共服务设施主要分布在渠溪河以北，整体覆盖率较好（图 2-7）。在医疗卫生、教育、文化、体育、社会保障等设施方面，总体数量比较多，但用地总规模偏小；商业服务设施整体规模中等，主要在王家渡组团的名山大道与平都大道交界处形成商业服务中心，名山组团的"双桂街—广场路—花园街"沿街有小规模商业，龙河东组团新建了大型商贸市场和购物中心。在交通基础设施建设方面，永坪寨村距离仁沙镇镇区车行 5～10 分钟，各组团间的联系待加强。

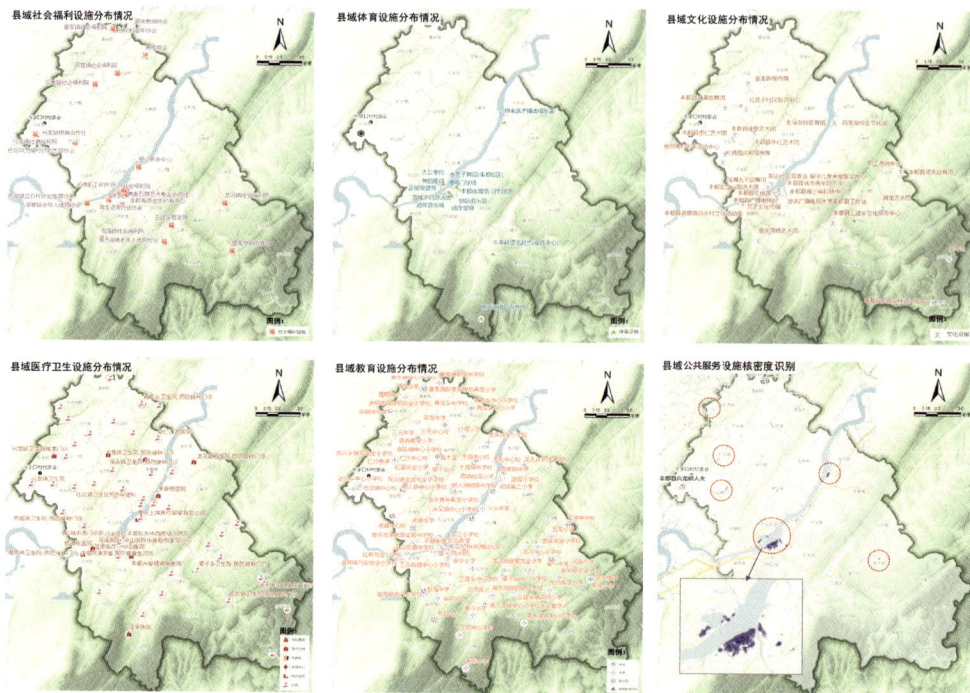

图 2-7 丰都县公共服务设施配置现状

（图片来源：笔者自绘）

2）镇域公共服务设施配置现状分析

仁沙镇公共服务设施配置呈现出多方面的不均衡和局部匮乏特点（图 2-8）。镇域内设有 1 处卫生院作为核心医疗机构，有 7 处卫生室却仅覆盖了一半村庄，导致服务范围受限。此外，2 处药店全部集中在镇区内，偏远村庄居民在获取常用药品时面临诸多不便。教育资源亦呈现集中趋势，2 所中学、2 所小学及 2 所幼儿园均布局在镇区内及红庙子村，其他村庄的适龄儿童需跨村就读，通勤时间长。镇域内有 2 处公共安全设施，分别位于镇区内和镇域北端。各村设有村委会，熊家河村与永坪寨村设置了便民服务中心，其他社会管理设施则多集中于镇区和杭家坪村。镇域内有 2 处文物古迹作为文化设施，位置偏远。社会保障设施有 2 处，位于镇区内。商业设施主要集中在镇区内及红庙子村，未能有效辐射至其他村庄，影响了居民的生活品质和商业经济的均衡发展。仁沙镇共有 4 处养殖业生产设施，与县域农业综合发展规划相契合，分布零散且集约化程度不高。

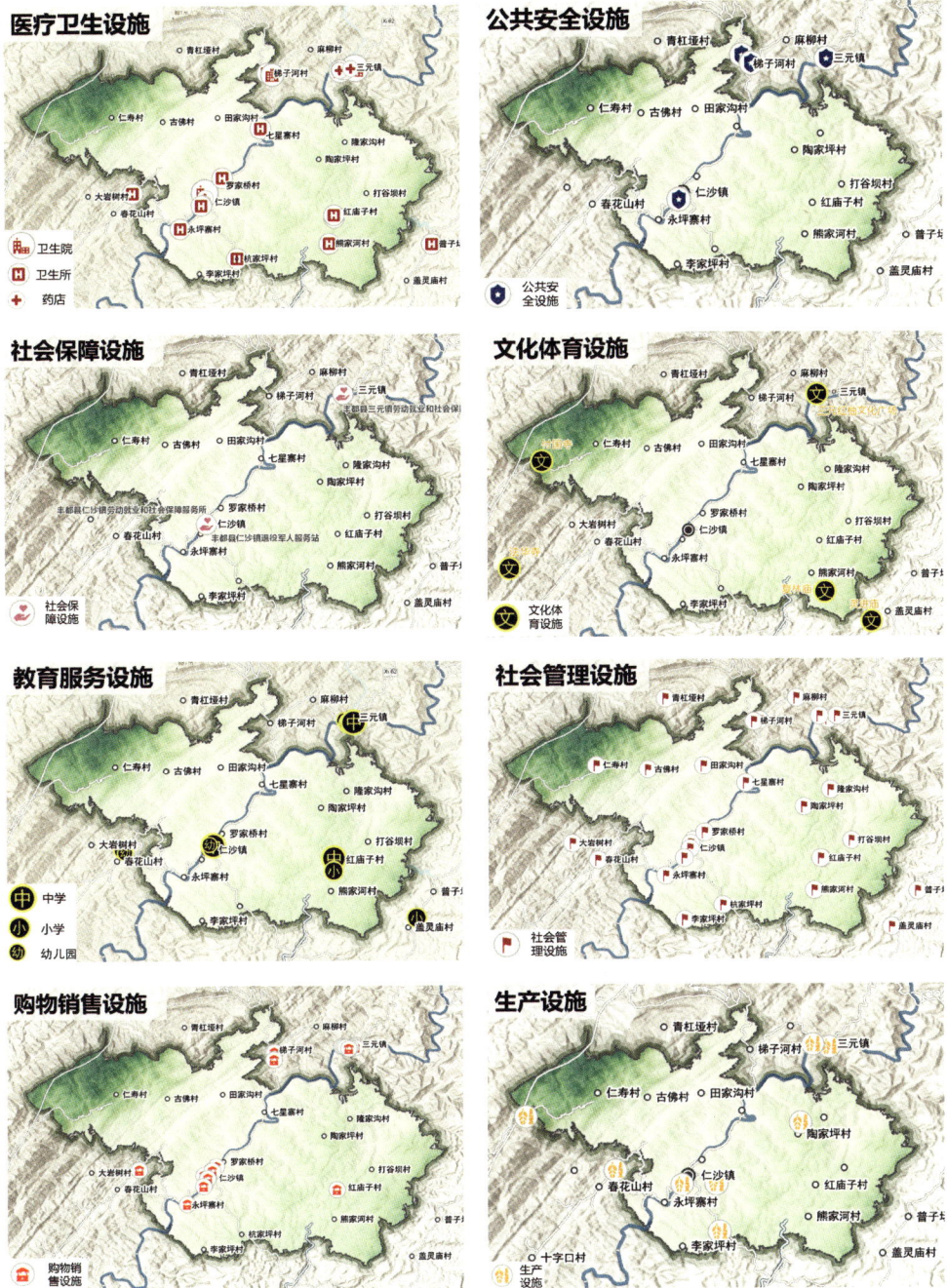

图 2-8　仁沙镇公共服务设施配置现状

（图片来源：笔者自绘）

3）村域公共服务设施配置现状分析

村域内配置了村委会、便民服务中心、卫生室、文化体育广场等基础设施，缺乏教育、商业等设施（图2-9）。村内配有卫生室1处，村域内医疗卫生水平较低且使用强度不高，与人群使用状况不匹配。现状行政设施要素配备齐全，服务人群覆盖较广，与当前使用强度和服务人群结构基本匹配。村内无自有教育设施，村里的孩子需跨村上学。村内未配备任何公共安全设施。村内便民服务中心集行政、文化、体育等多功能于一体，为村民提供了一站式服务，弥补了其他公共服务的不足。居民点的空间分布呈现出显著的差异性，规模不断扩大，呈现出组团式聚集的特点，对公共服务设施配置提出新要求。

图例
- 便 便民服务中心
- 广 文化体育广场
- 老 养老服务站
- 安 社会治安工作站
- 回 垃圾收集点
- 卫 卫生室
- ★ 综合服务中心

图2-9　永坪寨村公共服务设施配置现状

（图片来源：笔者自绘）

4. 县域尺度下山地乡村公共服务设施失配特征归纳

县域尺度下，乡村公共服务设施的供给状况远不能满足村民日益增长的需求，主要表现在以下几个方面。

1）村域空间格局分散，公共服务设施供给不足

西南山地乡村普遍存在村域空间格局分散的现象，分散性特点导致公共服务设

施难以集中配置和高效利用。以永坪寨村为例，其空间格局呈现出显著的小户散点式结构，居民点沿山谷、丘陵分布，缺乏整体性和集中性，充分反映了西南山地乡村普遍存在的空间格局分散现象及其对公共服务设施供给的影响。

具体而言，永坪寨村的平均最近邻指数（ANN）为1.23，验证了其山地分散型空间基底的特点。村域内的生产空间、生态空间和生活空间交织分布，但缺乏有效的整合和协调，导致设施布局零散，难以形成规模效应。村委会作为村域内的核心管理服务机构，虽然具备综合性服务功能，但由于空间的分散性，其服务半径有限，难以全面覆盖所有居民点。因此，部分村民在享受公共服务时面临距离远、不便捷的问题。空间格局的分散不仅增加了公共服务设施建设的成本，而且降低了公共服务设施的使用效率，导致资源的浪费。

2）城乡发展差异显著，公共服务设施分布失衡

西南山地乡村普遍存在城乡发展差异显著的现象，这种差异导致了公共服务设施分布失衡的问题。以永坪寨村为例，其城乡发展差异显著，设施分布失衡的问题尤为突出。受复杂的地理环境、资源匮乏及经济发展水平低等多重因素的影响，永坪寨村的城镇化水平不足，难以形成规模效应，导致公共服务设施供应相对匮乏。这一现象在医疗、教育、文化娱乐等关键领域尤为显著，村民的基本需求难以得到满足。

具体而言，由于交通不便和信息闭塞，区域间公共服务资源的共享和利用效率受到了限制。村内的经济以传统农业为主导，产业结构单一，缺乏规模化和集约化的农业生产模式，导致经济增长动力不足，公共服务设施建设资金短缺。村内留守老年人占比高，人口老龄化现象严重，老年人行动不便，对医疗、养老等服务设施的需求更多。劳动力外流导致常住人口大幅减少，留守儿童占儿童总数的一半以上，他们在教育、安全等方面的需求也未能得到充分满足。老龄化与空心化的现象使得公共服务设施的配置既要考虑老年人的特殊需求，又要兼顾儿童的成长需要，进一步增加了公共服务设施配置的复杂性和难度。

3）地方资源配置不均，公共服务设施质量不高

西南山地村镇普遍存在资源配置不均衡的现象，这直接影响了公共服务设施的质量与供给效率。以永坪寨村为例，其地域内的资源配置不均衡问题尤为突出，这

充分反映了上述普遍存在的问题。

由于受到地理环境、经济发展水平及资金投入等多重因素的限制，永坪寨村的公共服务设施建设与维护面临较大挑战。具体表现为村卫生室的医疗设备老旧且不足，医生的专业技能水平也较为有限，这使得村民在日常及紧急情况下难以获得及时有效的医疗服务。此外，村内没有自己的学校，孩子们需要远赴镇中心上学，这不仅增加了家庭的经济压力，也影响了孩子们的教育质量和成长环境，进而制约了乡村人才的培养和社会的可持续发展。乡村的文化娱乐设施几近空白，村民们的精神文化生活较为贫乏，缺乏多样化的文化体验和娱乐活动，这对村民的生活质量产生了负面影响，并削弱了乡村社会的凝聚力和向心力。资源配置的不均衡还导致了公共服务设施在空间分布上的不合理。例如，大部分公共服务设施集中在村委会周边地区，而远离这些地区的散状居民点则面临着服务可及性和便捷性的严重问题。

这种资源配置不均衡的问题，不仅是永坪寨村面临的问题，也是西南山地许多乡村面临的共同挑战。这一问题不仅减少了村民享受高质量公共服务的机会，还影响了乡村的整体发展。为了解决这一问题，需要采取综合措施，包括增加对偏远地区的财政支持、优化资源配置策略、引入更多的教育资源和技术支持，以及鼓励社区参与文化活动的组织和发展。

因此，本书提出"一个需求、两个供给、三个一体化技术"的理念，旨在通过技术创新和社会管理方式的改进来设想不同的解决方案。通过整合县、镇、村各级资源，优化公共服务设施布局，优先在人口密集区域建设关键设施，如医疗站、学校等，并逐步向边缘地区扩展。利用数字技术，如远程医疗服务、在线教育资源等，为偏远地区的居民提供便捷的公共服务，缓解资源分布不均的问题。鼓励社区参与公共服务设施的建设和管理，通过社区基金或其他形式的资金支持，建立小型服务站点，如简易诊所、临时学习中心等，以满足特定区域居民的需求。构建"县—镇—村"三级公共服务体系，确保每个层级都有相应的服务设施，特别是对于基础教育和基本医疗保健等关键领域，应确保每个村至少有一处服务点。面对西南山地乡村普遍存在的城乡发展差异显著、公共服务设施分布失衡、地方资源配置不均的问题，本书提出的策略旨在通过资源整合与优化、数字化服务、社区参与和管理、构建多级公共服务设施体系及促进产业发展等方式，逐步解决西南山地乡村公共服务设配置中存在的问题，提高乡村社区公共服务的可及性和质量，推动乡村社会的全面发展。

2.2.3　县域空间尺度下供需均衡网络重构

1. 县域空间尺度下供需均衡网络重构面临的障碍与挑战

1）地理局限性与城乡发展障碍

城乡发展差距是当前县域空间尺度下供需均衡网络重构面临的主要挑战之一。在许多县域，尤其是西南山地区域，城乡之间的经济、资源和社会发展水平差异显著。城市与乡村之间不仅存在巨大的基础设施差距，还存在公共服务设施配置失衡问题，导致供需无法有效对接。例如，在永坪寨村，公共服务设施的配置严重不足，教育、医疗等基本设施短缺，使得城乡居民在享受公共服务时存在显著的不平等现象。这种发展不均衡导致了资源配置的错位，难以实现高效、均衡的供需网络重构。

西南山地区域特有的地理条件，如山地、丘陵等，使得乡村的空间结构呈现出分散性，增加了基础设施的布局难度。公共服务设施的集中和高效配置在地形复杂的地区尤为困难。例如，永坪寨村的空间格局分散，使得公共服务设施的建设成本大幅增加，同时也降低了设施的使用效率。地理约束导致资源的合理配置和优化变得尤为复杂，进而影响了供需均衡网络的重构。

2）经济薄弱与人口需求多样化

许多乡村特别是偏远地区乡村，面临的最大难题是经济基础薄弱，缺乏足够的资金来建设和维护公共服务设施。这些地区的产业结构单一，经济发展缺乏持续动力，财政收入有限，导致公共服务设施的投资和建设资金不足，无法满足不断增长的公共服务需求。此外，许多乡村面临着人口流失和老龄化问题，留守人口的服务需求逐渐增长，而现有的资源和财政支持难以应对这一挑战。

随着乡村人口老龄化加剧，乡村对公共服务设施的需求呈现出多样化的特点。老龄人口对医疗、养老等服务的需求大幅增加，而年轻人口的流失又导致教育等基础设施的需求下降，这种人口结构的变化使得公共服务设施的配置难度增大。在这种背景下，县域空间尺度下的供需均衡网络重构需要综合考虑各类群体的需求，推动资源配置的优化和精准化。

3）设施管理机制和信息化不足

在县域空间尺度下，公共服务设施的供给不仅仅是基础设施建设问题，还涉及有效的管理和协调机制。当前，许多乡村在公共服务设施的规划、建设、管理和维护方面缺乏有效的协调，尤其是在乡村和城市之间的资源流动与信息共享上存在较大的协调障碍。这种管理上的碎片化，导致了资源的浪费和供需的失衡。因此，要实现供需均衡网络的重构，不仅需要提高公共服务设施的建设质量，还需要优化管理体系，提升各级政府和社会组织的协调能力。

尽管信息技术和数字化服务为解决偏远地区公共服务设施供需不平衡提供了新途径，但在许多乡村，尤其是山地乡村，信息技术的普及和应用仍然存在较大限制。由于交通不便、信息闭塞等，许多乡村居民无法及时通过数字平台获得信息和服务，数字鸿沟的存在加剧了城乡之间的公共服务不均衡。因此，推动技术创新、加大数字基础设施的投资，是解决供需均衡网络重构问题的重要途径。

2. 县域空间尺度下供需均衡网络重构路径分析

县域空间尺度下供需均衡网络重构的核心目标是通过优化资源配置和提升公共服务设施的供给效率，逐步解决城乡差异、地理约束和人口结构变化带来的多重挑战。为了实现这一目标，需从多个层面进行路径分析，提出一系列切实可行的对策和措施。

1）优化空间布局与基础设施配置

针对西南山地乡村等具有特殊地理条件的乡村，合理规划公共服务设施的布局至关重要。在这些地区，空间的分散性和地形的复杂性使得集中建设和高效利用公共服务设施成为一项挑战。因此，应采取集约化规划策略，将公共服务设施集中布局在交通便利的中心地带，降低建设成本并提高使用效率。同时，可以借助现代化的交通设施（如乡村道路、公共交通等），连接各个分散区域，确保偏远村落也能便捷地获得基本服务。

为解决山地乡村公共服务设施的分散性问题，可以通过构建"点线面"一体化的布局模式来优化资源配置。具体来说，首先，通过将乡村区域划分为多个服务点，形成覆盖所有居民点的服务网络；其次，通过建设连接各个服务点的交通线路，形成服务供给的"线"；最后，通过整合和优化区域内的资源，形成覆盖整个县域的公共服务"面"，实现区域内资源的高效流动和共享。

在特殊的地理环境下，传统的基础设施建设模式可能无法满足需求，因此应结合当地的自然条件，采取灵活且高效的建设方式。例如，针对山地乡村的复杂地形，可以优先采用可移动、轻便且成本较低的设施，如建设临时医疗站、移动课堂等，以快速响应基层需求。同时，积极推动小型智能化服务站点的建设，利用数字技术进行设施维护和资源调配，提高资源配置的适应性和灵活性。

2）提升公共服务设施的质量与效率

随着信息技术的发展，数字化服务已成为解决供需不均衡问题的重要手段。通过建设远程医疗、在线教育和智慧社区等数字化平台，可以有效弥补偏远乡村公共服务设施供给的不足。例如，远程医疗平台可以为偏远地区的居民提供即时的医疗咨询和诊断服务，避免因地理隔离而无法及时获得医疗帮助；在线教育平台可以为乡村儿童提供优质的教育资源，减少教育资源的不平等。同时，智慧社区可以借助信息技术实现资源的共享和调度，提升公共服务设施的运营效率。

智能化管理不仅可以提升公共服务设施的供给效率，还能优化资源配置。通过物联网、大数据、云计算等技术，可以对公共服务设施的运行情况进行实时监控，及时发现问题并进行调整。例如，在医疗服务领域，通过智能化的设备和系统监控，可以精准预测医疗资源的需求，提前调配医生、药品和设备；在教育领域，通过数据分析可以了解学生的学习情况，从而制订个性化的教学方案。

除了数量上的增加，公共服务设施的质量同样至关重要。要提高乡村公共服务设施的质量，首先需要加强设施建设的质量控制，确保建筑标准和设施功能满足实际需求；其次，要注重设施的可持续性和环境友好性，推动绿色建设和节能技术的应用；最后，要加强设施管理人员的培训，提升其服务水平和专业能力，确保公共服务设施的高效运行。

3）整合县域资源与加强跨区合作

县域内各级政府、企事业单位和社会组织应加强合作，推动资源整合与协同发展。通过建立跨部门、跨行业的协调机制，可以更好地整合财政、技术、人才等资源，推动公共服务设施的建设和运营。尤其是在资金投入方面，政府可以通过引入社会资本、建立合作机制等方式，拓宽资金来源，解决资金短缺问题；在技术支持方面，政府可与高校、研究机构合作，共同研发适合县域特点的创新技术和解决方案。

当前，城乡公共服务的分布存在明显的差异，乡村地区公共服务设施相对匮乏，而城市则具有较为完善的服务体系。为解决这一问题，应通过推动城乡公共服务的双向联动来实现资源共享和互补。城市可以通过派遣专家团队、提供远程服务、搭建数字平台等方式，为乡村提供技术和知识支持；乡村则可以通过提供地方特色产品、文化旅游等资源，为城市提供新的经济增长点。这种联动既能缓解城乡公共服务设施供需不平衡的问题，也能促进城乡之间的资源流动和共同发展。不同县域之间的公共服务资源配置差异较大，要推动县域空间尺度下供需均衡网络的重构，必须加强跨区域的资源共享与对接。通过建立县与县之间的公共服务合作平台，推动公共服务设施的跨区域合作和共享，尤其是在医疗、教育等关键领域。例如，县域之间可以建立联合医疗平台，通过共享医生、医疗设备和其他资源来提升整体服务水平；在教育领域，可以通过远程教育平台，将优质的教育资源传输到边远乡村，实现教育资源的共享。

2.3 需求分异：人口结构变化下的多元三生场景营造

2.3.1 多元需求发展趋势，公共服务设施建设不同步

在西南山地乡村地区，随着城镇化进程的加速推进、社会经济结构的急剧调整，人口流失现象加剧，乡村社区公共服务设施的供需关系也在发生深刻变化。这些变化主要集中于乡村濒临衰退瓦解、乡村社区功能转型，以及智能技术在乡村公共服务中的应用逐渐普及等方面。具体来说，县域尺度下西南山地乡村社区公共服务设施的供需矛盾集中体现在以下几个方面。

1. 乡村濒临衰退瓦解，公共服务供需结构失配

随着城镇化的推进，西南山地许多乡村面临着严重的人口流失和功能衰退的威胁。人口收缩导致乡村社区的公共服务需求急剧下降，但与此同时，原有的公共服务设施仍然存在，造成了严重的供需失配、资源浪费现象。

1）人口收缩导致公共服务需求转向

人口收缩是导致西南山地乡村公共服务设施供需失衡的关键原因之一。随着城

镇化的推进，乡村地区的自然生育率下降，人口净迁出日益加剧，乡村常住人口规模逐年递减，全国乡村人口均呈下降趋势。数据显示，西南地区乡村人口比例从2000年的70%～80%下降至2020年的40%～50%，整体呈显著下降趋势，且处于持续外流状态（表2-3）。

表2-3　中国主要地区近20年乡村人口变化趋势

地区	乡村人口比例			乡村人口变化趋势	主要驱动因素
	2000年	2010年	2020年		
东北地区	50%～60%	40%～50%	30%～40%	乡村人口大幅减少，外流至南方和东部沿海地区	工业衰退，农业生产效率低，就业机会减少
华北地区	40%～50%	30%～40%	20%～30%	乡村人口减少，主要向大城市（如北京、天津）及周边地区流动	城市就业机会吸引，城乡生活条件和教育资源差距大
华东地区	40%～50%	20%～30%	10%～20%	乡村人口大量外流，尤其是向上海、南京、杭州等城市迁移	城市经济发达，乡村人口向城市集中
中南地区	60%～70%	40%～50%	30%～40%	乡村人口外流至沿海地区，尤其是广东珠三角地区，乡村人口逐步减少	沿海经济发达，制造业就业机会吸引中部省份劳动力
西南地区	70%～80%	50%～60%	40%～50%	大量乡村人口外流，尤其是四川、重庆地区乡村人口外流现象显著	经济欠发达，农业就业机会少，外出打工为主要选择
西北地区	60%～70%	50%～60%	40%～50%	乡村人口逐渐减少，但外流速度慢于东部和南部地区	农业条件有限，经济发展滞后，乡村人口逐步外流
西藏地区	85%～90%	75%～80%	70%～75%	乡村人口外流相对有限，乡村人口占比较高，但部分人口开始向拉萨等城市集中	地理偏远，交通不便，乡村就业机会少

注：西藏地区未纳入西南地区统计数据。

资料来源：笔者根据各地区（省市）统计局资料整理。

既有研究表明，成渝城市群已呈现较为明显的收缩趋势：成渝城市群16座地级以上城市中有13座出现收缩现象，约占到城市总量的81.25%；成渝城市群72个市辖区中有14个市辖区出现收缩现象，约占市辖区总量的19.44%；成渝城市群97个市辖县中有64个市辖县出现收缩现象，约占市辖县总量的65.98%。人口收缩连带引发公共服务设施需求变化，具体表现在以下两个方面。

一是人口老龄化与医疗、养老公共服务设施需求增加。根据现有研究，四川、重庆均属于人口老龄化程度极为严重的区域，2021年成都65岁以上老龄人口占总人口比例已经达到17.58%，而成渝城市群所包含的其他城市老龄化程度均高于成都。留守老年人数量增多，带来养老、医疗公共服务设施的需求日益增加，老年人的生活照料和慢性病管理问题愈发突出，急需更完善的公共医疗服务。然而，由于资源匮乏和基层政府财政能力有限，这些设施在硬件配置、服务人员资质等方面都远远落后于城市标准，难以满足居民的基本需求。

二是劳动力外流与教育、文娱公共服务设施需求转向。在西南地区，青壮年劳动力大规模外出务工，乡村同时呈现少子化、留守儿童的社会特征，这导致乡村对教育、文化公共服务设施的需求急剧下降。部分西南地区乡村学校由于学生数量急剧减少而不得不面临关闭或与其他学校合并的局面，原有的教育设施逐渐被闲置，甚至荒废。同时因青壮年劳动力外流，老年人无法持续有效地教育和管束留守儿童，乡村对寄宿式教育的需求变得非常迫切。然而，现有的教育设施和服务能力不足以满足农民的这一实际需求。

因此，人口收缩不仅减少了部分公共服务设施需求，还暴露了乡村公共服务设施体系在面对老龄化和留守儿童问题时的适应能力不足。面对这种变化，如何优化资源配置，避免设施的闲置浪费，并提升针对老年人和儿童的公共服务供给质量，已成为乡村公共服务设施体系亟待解决的关键问题。

2）村庄衰退瓦解与公共服务供给过剩

随着人口的持续流失，西南山地乡村地区遭遇了严重的空心化现象，这不仅影响了核心村庄和集镇，也使得一些偏远的自然村几近无人居住。这种空心化现象直接导致了公共服务设施供需之间的显著不匹配，尤其是在边缘化的村落，公共服务设施（如村小、活动中心、卫生室等）因人口锐减而供给过剩，后逐渐失去实际需求。相对中心的集镇或村庄，虽然人口也有衰减，但总体公共服务供给仍然维持一定水平，这种不均衡的服务供给格局也加剧了乡村内部的差异化和区域失衡。

这种供需失衡不仅造成了公共服务设施的浪费，还对乡村的社会结构和经济活力产生了深远影响，进一步加速了乡村的衰退和社区的瓦解。人口外流导致乡村社会功能弱化，社区凝聚力下降，许多自然村逐渐消失，乡村社区规模大幅缩减，面临急速萎缩甚至彻底瓦解的风险。为了应对这一挑战，"合村并居"和"城乡共振发展"成为趋势，通过合并小村庄集中资源，并依托城乡联动促进乡村发展，这也反映了乡村空心化问题的深度和广泛性。

然而，尽管在乡村振兴政策的推动下，乡村公共服务设施得到了改善和升级，但人口减少导致这些设施使用率极低，许多公共服务设施被闲置或被低效利用。专业人员和资金投入的不足，使得这些设施无法有效运作，再加上维护和运营成本高昂，最终导致资源浪费。这种供给过剩的现象在西南山地乡村地区尤其普遍，形成了"建而不用"的问题，资源利用效率低下，原有的公共服务配置体系已经失去了经济性和可持续性。

因此，面对人口流失和空心化带来的挑战，需要重新思考和调整公共服务设施的供给配置模式，以确保资源的有效利用，并提升乡村社区的生活质量和社会功能。

3）有限资源下公共服务设施维护困境

乡村财政收入减少导致地方政府难以为公共服务设施提供足够的维护资金，造成设施老化和功能衰退。城乡二元结构加剧了这一问题，乡村地区在政策和资源分配上处于不利地位，难以获得与城市相匹配的支持。

西南山地乡村社区因建设用地紧缺和产业基础薄弱，公共服务设施空间配置受限。劳务外流和空心化现象导致公共服务设施在空间上集中于重点村或乡镇，弱化了普通村庄的基本服务功能（人口外流和空心化现象导致公共服务设施向重点村转移），增加了村民日常生活服务的边界。

此外，乡村地区的公共服务需求日益多样化，尤其是随着人口老龄化和乡村功能转型，乡村居民对医疗、养老、文化等方面的需求日益增加。然而，受制于财政资金不足和政策倾斜有限，乡村公共服务设施的供给能力依然薄弱，难以有效满足这些需求。这不仅影响了设施的长期可持续发展，也阻碍了乡村社会的进一步发展和居民生活质量的提升。因此，解决乡村公共服务设施维护不足和质量下降的问题，不仅需要增加财政投入，还要从政策层面改善城乡间资源分配不平衡的状况。

2. 乡村社区功能转型，公共服务需求类型多元化

从自然小农经济到小规模家庭农场，再到工商与旅游服务业，山地乡村的产业经济、社区功能正在经历深刻的转型，带来的是乡村社区的公共服务需求逐渐呈现出多元化发展趋势。这一变化不仅源自农业技术的进步和城市市场的牵引，还与农业产业的深度融合密切相关，具体表现在农业与文化、娱乐和环境保护领域的交叉

过程中。乡村社区的公共服务需求在农业经济、聚落结构、居民点分布等方面呈现出显著的差异，推动了乡村社区公共服务的多元化发展。

1）产业升级亟须生产设施的升级

在城乡资源一体化、要素交换共融的背景下，乡村聚落转型动力主要来自三方面，即农业技术升级、城市市场牵引和农业产业融合。三者共同作用，推动了乡村经济结构的调整和功能的转型升级。农业技术升级解放了农业生产力，为乡村聚落的转型提供了动力，使得乡村居民点的布局免受耕作半径制约，能够整合形成产居空间弹性化的农业综合社区。城市市场牵引对乡村转型作用显著。现代化农业的多节点关联和多主体互惠特性，促使农业社区成为区域经济增长的核心。农业产业融合，特别是与科教文卫相结合的多元农业业态，拓宽了经营范围，提升了农产品的附加值。

在欠发达的山地乡村，市场驱动相对较弱，因此形成了以农业生产为核心、兼顾农业子产业链接型融合的发展模式。在这一过程中，西南山地地区农业型乡村聚落的产居空间布局逐渐展现出弹性化的特点，使得农业社区能够突破传统的生产功能，向教育、医疗、养老等多元服务领域扩展。这种多元化的服务功能不仅提升了乡村居民的生活质量，也为乡村经济的发展注入了新的活力。

乡村转型带来了对生产设施升级的需求，以适应新的生产方式和服务需求。这包括农业机械现代化、智能化管理设施引入和产业链优化。现代化设施（如智能温室和自动化灌溉系统）能够提高农业生产效率，农产品加工销售平台能够提升附加值，增强竞争力。同时，公共服务设施需更灵活多样，涵盖医疗、教育、养老、文化、娱乐、体育等，以满足居民需求，吸引人才和资源，促进城乡要素高效流动，推动乡村经济全面发展。

2）农旅发展带来社区公共服务多元需求

部分山地乡村凭借优异的生态环境、美丽的自然风光及丰富的人文资源，积极发展农旅观光产业。这种农业与旅游的融合不仅推动了乡村聚落功能的多元化，还促进了以农业生产为基础的观光、娱乐和教育等多种服务功能的形成。以农旅结合为例，乡村公共服务需求的多样化不仅包括基础设施的建设，还涵盖文化、娱乐和生态等多个方面的内容。

在这一背景下，乡村社区在公共服务设施的布局上面临新的挑战和机遇。社区需要在延续传统农业功能的同时，积极引入和整合新兴服务功能，以满足不断增长的多元化需求。例如，在一些具有丰富生态和文化资源的西南山地乡村，旅游业逐渐成为新的经济增长点，带动了当地经济的复苏。乡村民宿、农家乐等旅游项目的蓬勃发展，吸引了大量游客的到来，这也直接推动了对相关公共服务设施的需求。

随着农旅产业的发展，这些新兴产业对公共服务提出了新的要求。其中不仅包括基础设施的提升，比如卫生、住宿和休闲设施的建设，也涉及环境保护设施的建设与交通条件的改善。乡村需加强对游客流量的管理，确保生态环境的可持续发展，以维护乡村的自然和人文资源。此外，公共服务的多元化还需关注文化活动的组织与推广，例如开展具有地方特色的文化活动和展示传统工艺，以增强游客的体验感和参与度。

3. 智能技术下沉，乡村公共服务设施配置新趋势

随着科技的进步和数字技术的普及，智能技术正在逐渐向西南山地乡村渗透，为公共服务的供给模式带来了新的变化。这些技术的应用，不仅有助于提高乡村公共服务的供给效率，还能够解决传统供需失配问题，推动乡村公共服务设施的智能化转型。通过对这些趋势的分析可以看出，智能技术的下沉为解决西南山地乡村公共服务设施供需失配问题提供了新的思路，但其推广仍然面临基础设施落后、技术认知不足等挑战。因此，在未来的发展中，需要进一步加强技术培训、基础设施建设，以及智能技术与乡村实际需求的对接，确保公共服务设施的供需平衡。

1）远程医疗与在线教育

智能技术在乡村医疗和教育领域的应用，正在逐步改善公共服务设施供给的现状。特别是在西南山地乡村，远程医疗和在线教育的推广，将在一定程度上解决交通不便、传统服务供给不足等客观矛盾。

远程医疗技术的引入，使得乡村居民能够通过互联网向城市医院的医生进行问诊。这种方式不仅能极大节省乡村居民的就医时间和成本，还能有效缓解乡村地区医疗资源不足的问题。乡村往往面临医疗设备和专业医师匮乏的困境，远程医疗技术的应用能够让乡村居民在家中获得专业的医疗建议和诊断服务，从而减少因小病大治或延误就医造成的风险。这一技术对于提高乡村居民的卫生医疗服务水平具有

重要贡献和意义。

在线教育平台的普及为乡村学校提供了更多的教学资源。在偏远地区的村庄，人口稀少和地理位置偏狭导致的师资匮乏一直是教育发展的主要障碍之一。通过网络课程和远程授课，山区乡村学校的学生能够接触到优质的教育资源和教学内容，这将对乡村学校形成强有力的教育补充。这种新型教学模式不仅有助于提升乡村学校学生的学习兴趣，还能通过视频教学等形式，帮助学生了解更广泛的知识和技能，促进他们的全面发展。

2）乡村电商与公共服务融合

智能技术的引入不仅改善了乡村公共服务设施的供给模式，还推动了乡村经济的蓬勃发展。随着乡村电商的兴起，越来越多的公共服务平台开始与电商合作，提供物流配送、信息咨询等服务，既满足了乡村居民的生活需求，又为乡村经济注入了新的活力。

乡村电商为当地居民提供了更加便利的购物渠道。以四川省为例，2020年四川省农村网络零售额达到1452.67亿元，同比增长超过19.1%。全国范围内，乡镇快递网点的基本全覆盖，使得乡村居民能够便捷地进行在线购物，增加了商品选择性，同时为当地农产品的销售开辟了新渠道。这不仅方便了乡村居民的日常生活，还增强了公共服务设施的实用性和吸引力。

乡村电商的发展也为地方经济注入了新的活力。乡村生产的特色农产品，如有机蔬菜、土特产等，通过电商平台能够更方便地进入市场，吸引消费者的关注。许多农民借助电商拓展了销售渠道，提高了收入水平。同时，公共服务设施在乡村电商发展中发挥着支持作用，帮助农民掌握市场信息，提升产品与包装质量，从而提高市场竞争力。

乡村电商的融合还促进了乡村社会的整体活跃度。在电商平台的支持下，乡村能够组织丰富多样的市场活动，如农产品展销会、网络直播带货等，这不仅吸引了外部资金和游客的到来，也增强了当地居民的参与感和归属感。这种融合模式促进了乡村文化的传播和地方特色的展示，为乡村振兴创造了良好的社会氛围。

3）数字化治理与基础设施管理

根据中国互联网络信息中心（CNNIC）发布的第55次《中国互联网络发展状况

统计报告》，截至 2024 年 12 月，中国农村网民规模达到 3.13 亿人，农村地区互联网普及率为 65.6%。这一数据显示了互联网在乡村地区的快速普及，为数字化应用、治理提供了基础。这种转变不仅提升了基础设施管理的效率，还促进了资源的合理利用。

一方面，智能传感器和物联网技术的引入，将推动乡村的供水、供电、垃圾处理等基础设施的运营状况实现实时监控。通过在关键节点安装传感器，相关数据能够被实时收集和传输，地方政府和管理部门能够快速了解各类基础设施的运行情况。另一方面，数字化治理可以为基础设施的调度与管理提供数据支持。通过分析相关数据，地方政府能够更科学地进行设施维护和资源配置。此外，数字化管理还可以为公共基础设施的长期规划提供科学依据。通过对基础设施运营数据的长期跟踪和分析，地方政府可以识别出潜在问题和趋势，制订相应的改进措施和投资计划。

2.3.2 人口收缩趋势下的乡村公共服务设施供需失衡：重庆市九龙坡区铜罐驿镇案例

基于上述分析，本节选取具有人口收缩典型特征的重庆市九龙坡区铜罐驿镇作为实证研究案例，详细分析在人口收缩趋势下，乡村公共服务设施供需失衡的典型特征及形成机制。

1. 研究案例选择

九龙坡区位于重庆主城区西部，2023 年常住人口城镇化率高达 94.28%。地形以低山丘陵为主，属于华蓥山带状皱褶的南延部分，24.56% 的面积为背斜低山，70.2% 的面积为向斜丘陵。中梁山脉横贯九龙坡区中部，将其划分为东、西两大片区。铜罐驿镇坐落于九龙坡区西部片区，紧邻长江，有着独特的地理位置与丰富的自然资源。该镇拥有诸如铜罐驿古驿道、驿站码头等丰富的历史文化资源，为乡村文化保护与传承研究提供了宝贵的素材，而且在经济、人口、空间网络及道路交通等多个方面均具代表性，能够映射出重庆市西部乡镇地区的普遍特征与发展趋势。该镇下辖的大碑村、黄金堡村、双骑龙村和英雄湾村，在产业发展与公共服务设施配置上展现出显著的差异性，为研究不同条件下乡村发展的多样性和复杂性提供了丰富的实证样本。

2. 铜罐驿镇乡村基本概况

1）经济概况

铜罐驿镇经济深受九龙坡区整体经济环境的影响。九龙坡区以第二产业和第三产业为主导，2023 年生产总值达 1867.07 亿元，第一产业仅占 0.3%，工业和服务业发展水平高。经济结构导致城乡人均可支配收入差异显著，农村常住居民人均可支配收入约为城镇常住居民的一半。铜罐驿镇及其下辖乡村经济主要依赖工业，受周边工业园区影响较大。镇区工业经济强，而农业经济发展较慢。各村因地理位置、文化和资源不同，产业发展和收入水平有差异。英雄湾村因工业产业经济总量高，而大碑村、黄金堡村和双骑龙村经济主要依靠农业和少量旅游业。

2）人口概况

随着城镇化进程的推进，铜罐驿镇的常住人口和城镇化率上升，乡村常住人口呈现下降趋势。截至 2024 年，4 个行政村的户籍人口规模均在 2000 人以上，常住人口与户籍人口之间存在较大差距，人口流失现象较为严重。其中，大碑村的户籍人口为 2395 人，而常住人口仅为 989 人，与户籍人口相比差距最大。人口流失加剧了乡村老龄化问题。4 个行政村的户籍人口中，61 岁及以上人口占比最高值达到 27.03%，而常住人口中这一年龄段的占比更高，最高值达到了 41.61%。大碑村老龄化现象严重，其常住人口的老龄化比例远超全国乡村老龄化人口占比，给乡村社会经济发展和公共服务设施配置带来了挑战。

3）三生空间概况

大碑村的三生空间体现了西南地区典型的生活空间与生产空间紧密结合的格局。大碑村社区聚落共计 1158 户，平均每户 2.1 人，核心家庭规模较小。居民点分布分散，各聚居点间的联系较弱，邻里交往范围局限于以各自家庭为中心的一定半径内。居民点沿主要道路集聚的趋势明显，形成了一种沿兴沱路"枝状"分布的空间格局；东北部和东部的居民点数量有所增加，人口有向这两个方向集中的趋势。

黄金堡村生活空间呈散点状，嵌入生产、生态空间内。总体上，沿道路的生活空间分布相对集中，规模也较大，而远离交通线路的生活空间更加分散、规模更小（图 2-10）。

4）道路交通概况

铜罐驿镇公共交通体系相对完善，居民的日常出行便利。镇内由4条主要的公交线路串联各个行政村，与铜罐驿镇中心、西彭镇中心、陶家镇中心及轨道交通站点形成了紧密的联系网络。在公交线路的布局上，英雄湾村因境内有3条公交线路，是公交线路的中心。同时依托于以铜罐驿镇为中心的公共交通网络，村民更倾向于前往铜罐驿镇获取交通服务（图2-11）。

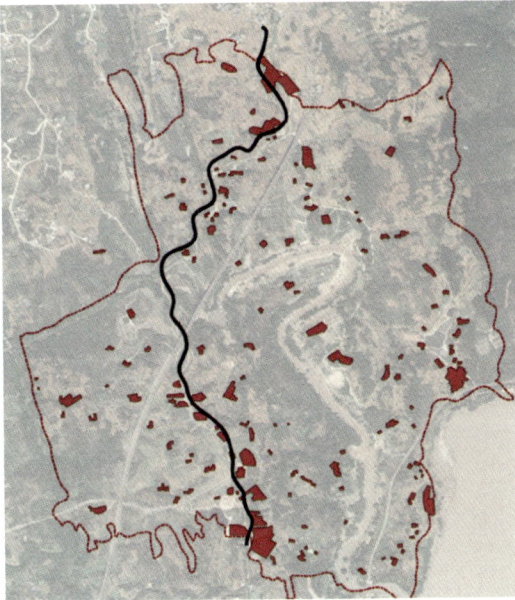

图2-10　黄金堡村生活空间分布

（图片来源：笔者自绘）

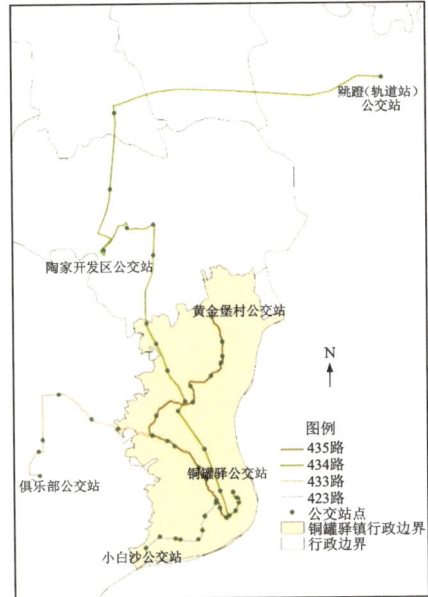

图2-11　铜罐驿镇公交线路图

（图片来源：笔者自绘）

3. 铜罐驿镇乡村公共服务设施配置现状分析

1）区域公共服务设施配置现状分析

九龙坡区公共服务设施以中梁山为分界线，市区的各类公共服务设施密度均远高于西部乡镇地区，其公共服务中心对于西南部地区辐射能力偏弱。对于西部乡镇地区，除了行政管理设施分布较为均衡，其余公共服务设施具有向镇区集中的趋势。商业服务业设施向镇区集聚程度最高，并且西彭镇和白市驿镇镇区商业服务业设施密度与其他乡镇相比形成了层级差异。对于铜罐驿镇而言，其各类公共服务设施密度与相邻的陶家镇差不多，但是相比西彭镇在医疗设施、文体设施和商业服务业设施密度上均存在明显差距。对于铜罐驿镇村民而言，西彭镇是其日常公共服务的重要补充（图 2-12）。

2）镇域公共服务设施配置现状分析

铜罐驿镇下辖的大碑村、黄金堡村、双骑龙村、英雄湾村 4 个行政村的公共服

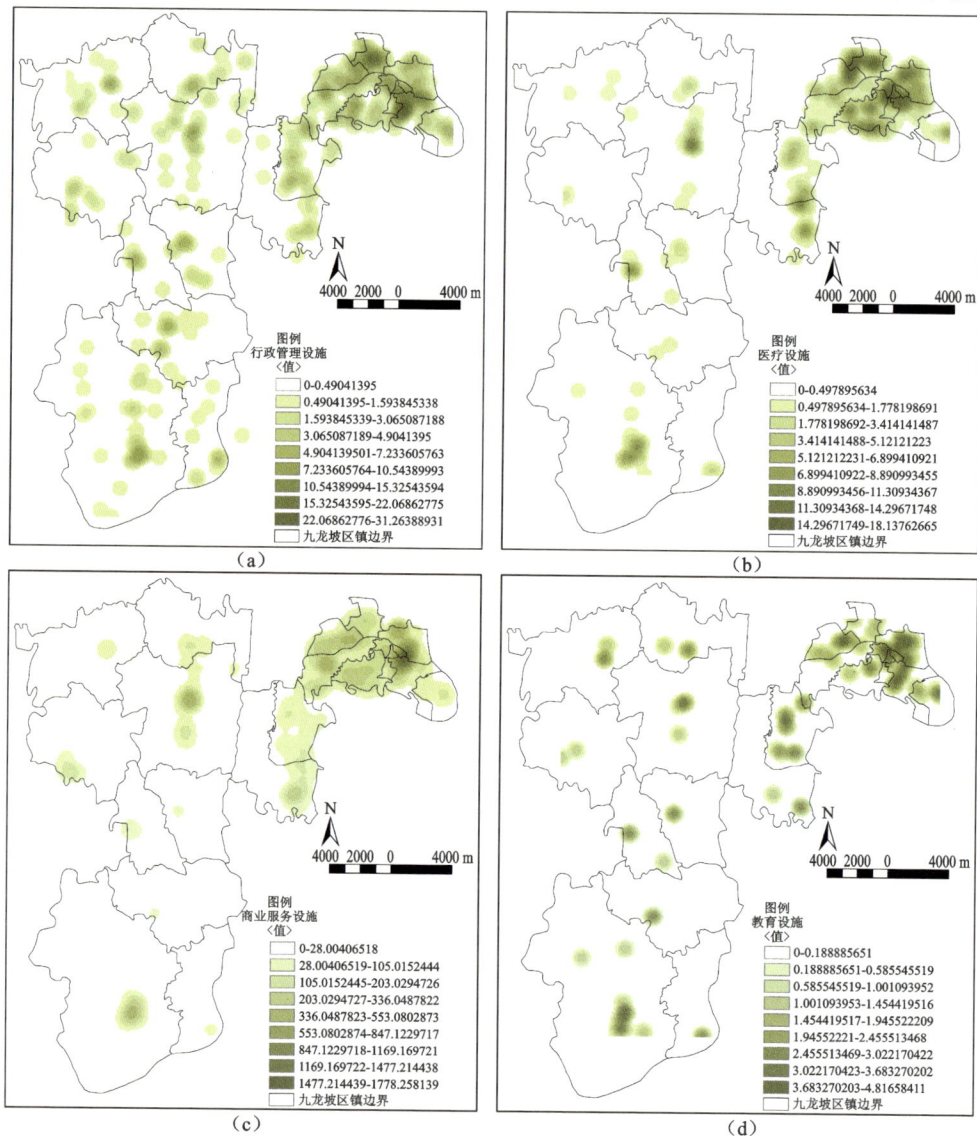

（a）

图例
行政管理设施
〈值〉
☐ 0-0.49041395
☐ 0.49041395-1.593845338
☐ 1.593845338-3.065087188
☐ 3.065087189-4.9041395
☐ 4.904139501-7.233605763
☐ 7.233605764-10.54389993
☐ 10.54389994-15.32543594
☐ 15.32543595-22.06862775
☐ 22.06862776-31.26388931
☐ 九龙坡区镇边界

（b）

图例
医疗设施
〈值〉
☐ 0-0.497895634
☐ 0.497895634-1.778198691
☐ 1.778198692-3.414141487
☐ 3.414141488-5.12121223
☐ 5.121212231-6.899410921
☐ 6.899410922-8.890993455
☐ 8.890993456-11.30934367
☐ 11.30934368-14.29671748
☐ 14.29671749-18.13762665
☐ 九龙坡区镇边界

（c）

图例
商业服务设施
〈值〉
☐ 0-28.00406518
☐ 28.00406519-105.0152444
☐ 105.0152445-203.0294726
☐ 203.0294727-336.0487822
☐ 336.0487823-553.0802873
☐ 553.0802874-847.1229717
☐ 847.1229718-1169.169721
☐ 1169.169722-1477.214438
☐ 1477.214439-1778.258139
☐ 九龙坡区镇边界

（d）

图例
教育设施
〈值〉
☐ 0-0.188885651
☐ 0.188885651-0.585545519
☐ 0.585545519-1.001093952
☐ 1.001093953-1.454419516
☐ 1.454419517-1.945522209
☐ 1.94552221-2.455513468
☐ 2.455513469-3.022170422
☐ 3.022170423-3.683270202
☐ 3.683270203-4.81658411
☐ 九龙坡区镇边界

图 2-12　九龙坡区公共服务设施现状

（a）行政管理公共服务设施分布；（b）医疗公共服务设施分布；（c）商业公共服务设施分布；

（d）教育公共服务设施分布；（e）文体公共服务设施分布

（图片来源：笔者自绘）

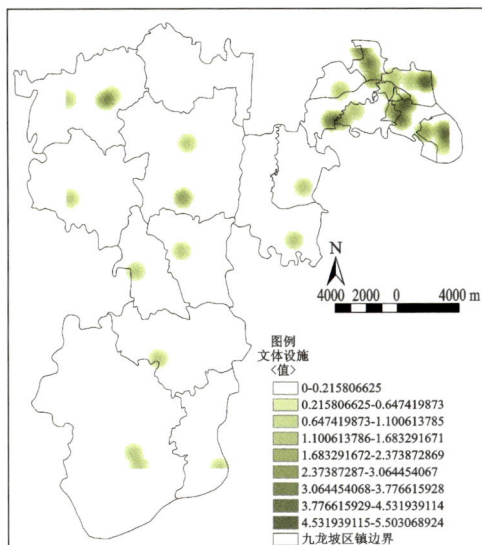

图例
文体设施
〈值〉
☐ 0-0.215806625
☐ 0.215806625-0.647419873
☐ 0.647419873-1.100613785
☐ 1.100613786-1.683291671
☐ 1.683291672-2.373872869
☐ 2.37387287-3.064454067
☐ 3.064454068-3.776615928
☐ 3.776615929-4.531939114
☐ 4.531939115-5.503068924
☐ 九龙坡区镇边界

（e）

续图 2-12

务设施包括行政管理设施、文体设施、医疗设施和商业服务业设施，无教育设施。
除全民健身场地外，行政管理设施和文体设施集中布局在便民服务中心内，集多种
功能于一体。医疗设施为村卫生室，商业服务业设施为小型便利店。英雄湾村内原
有幼儿园与小学，随着乡村人口减少而逐渐撤出，目前教育设施主要依赖铜罐驿镇
或西彭镇。

4 个行政村内的公共服务设施均集中分布在村委会附近，使得村委会成为村内
公共服务中心。大碑村公共服务设施集中分布在村中部，邻村内主路兴沱路。黄金
堡村公共服务设施集中分布在村南部，邻村内主要道路百铜路。双骑龙村公共服务
设施集中分布在村东南部，靠近铜罐驿镇中心，邻村内主要道路双建路。英雄湾村
公共服务设施集中分布在村东北部，位于兴沱路和铜陶路交叉处。除了大碑村公共
服务设施位于村中部，其余 3 个村的公共服务设施均位于村庄边缘处。

4 个行政村的居住建筑均呈现散点分布的形态，并无明显的中心点。乡村公共
服务设施的集中布局模式对村内所有居民点的辐射能力并不均衡，同时村内公共服
务设施服务水平并不高，导向的结果是村内公共服务设施使用率偏低，村民更依赖
镇级公共服务设施（图 2-13）。

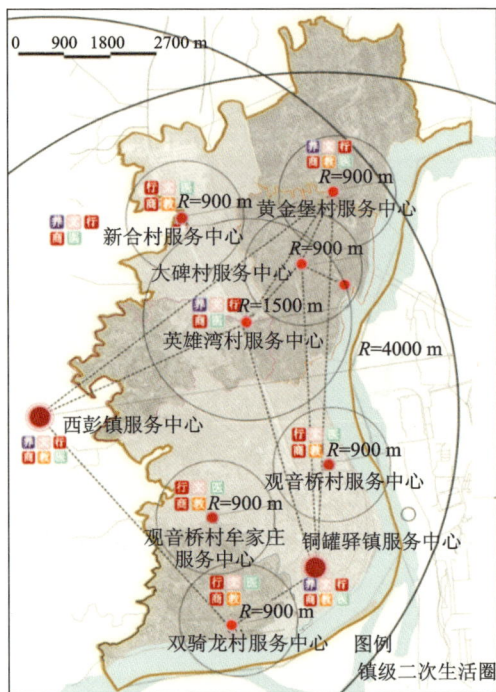

图 2-13　铜罐驿镇公共服务设施分布图

（图片来源：笔者自绘）

3）村域公共服务设施配置现状分析

黄金堡村服务设施集中分布在该村南部居民点与新建村委会附近，包括便民服务中心、村卫生室、警务室、就业指导中心、益农信息社、村史馆、室内外健身场地、便利店等。村内无幼儿园、小学等教育设施，有 1 处养老服务设施。村内共分布 2 处公共厕所，1 处位于村庄最北部渝黔铁路附近，1 处位于村庄南部村级服务中心附近（图 2-14）。

大碑村以位于村域中部的村委会为核心进行设施布局，村委会集办事大厅、图书室、活动室等功能于一体，邻近村委会建设村卫生室、乒乓球台、篮球场及室外健身场地。村内现有 3 处村民自发经营的农家乐，无幼儿园、小学等教育设施及养老设施。村内有 1 处环境监测站，并依托村委会配建就业信息服务中心。总体而言，大碑村现状公共服务设施的均等性较差，服务设施数量较少、类型较为单一，使用率较低（图 2-15）。

图 2-14 黄金堡村现状设施图

（图片来源：笔者自绘）

图 2-15 大碑村现状设施图

（图片来源：笔者自绘）

4. 人口收缩山地村镇公共服务供需失衡成因分析

1）公共服务设施供给过剩

西南山地村镇普遍存在人口向镇、市迁移的现象，导致原本为大量人口设计的公共服务设施出现供给过剩的情况。以重庆市铜罐驿镇为例，其充分反映出教育、文体设施供给过剩的现象。例如，在大碑村和黄金堡村等传统农业村落，原本为了满足当地儿童上学需求而设立的小学和幼儿园，随着适龄儿童数量的急剧减少，利用率大幅下降。此外，铜罐驿镇内的体育设施，如篮球场等，也因为青壮年人口的减少而使用率降低。而这些设施的维护成本仍然需要镇财政的支持，进一步加重了地方财政的负担。

2）公共服务设施地域分布不均衡

西南山地村镇普遍存在公共服务设施地域分布不均衡的现象，其特点是受地理条件限制，人口和设施存在规模、品质错配；同时部分地区人口密度急剧下降后，公共服务设施的布局未能及时调整，从而导致某些地区公共服务设施供给过剩，而其他地区公共服务设施又供给不足。以铜罐驿镇为例，该镇的公共服务设施主要集中在镇中心和各村村委会附近。然而，近年来由于人口持续外流，部分村落的人口密度显著降低。人口减少导致原本分布在这些地区的公共服务设施对于偏远地区的居民来说变得难以到达，因为随着人口的减少，公共服务设施的分布可能不再与居民的实际需求相匹配。由于交通不便或地理障碍的存在，一些偏远地区的居民很难享受到位于镇中心的公共服务设施，从而进一步加剧了公共服务设施地域分布不均衡。这一问题不仅限制了居民获取公共服务的能力，还影响了乡村的整体发展。

3）公共服务设施质量下降

西南山地村镇普遍存在公共服务设施质量下降的现象，其特点是供给过剩导致公共服务设施的利用率下降，进而导致公共服务设施维护不及时或经费不足，公共服务设施质量降低。以铜罐驿镇为例，该镇内的村卫生室、小型便利店等公共服务设施因为客流量减少而减少了运营时间和维护投入，服务质量下降。村卫生室就诊人数减少，导致药品种类减少和医疗设备更新缓慢，从而影响医疗服务的质量。财政紧张使得一些设施的日常维护被忽视，导致设施老化、破损问题。这充分反映了前述公共服务设施质量下降的现象及特点。这种情况不限于医疗领域，还包括教育、交通等其他公共服务领域。由于缺乏必要的维护和更新，许多设施的功能逐渐退化，严重影响了居民的生活质量和健康状况。

铜罐驿镇的情况揭示了一个重要的共性问题：在人口减少和服务设施供给过剩的情况下，如何有效利用现有资源并维持公共服务设施的质量。一方面，公共服务设施亟须引入系统性思维，对现有资源进行重新整合配置，以优化公共服务设施布局来提高利用率；另一方面，引入社区治理与场景参与，鼓励当地居民参与到设施的维护中来。此外，利用数字技术提高服务效率，如开展远程医疗服务，既可以减少对实体设施的需求，又能保证服务质量。

4）公共服务设施和实际使用场景错配

西南山地村镇存在公共服务设施类型错配的现象，其特点是人口结构变化和人口老龄化加剧增加了养老服务设施等特定类型的公共服务设施需求，而传统的教育、医疗设施等需求相对减少。

以铜罐驿镇为例，该镇的大碑村、黄金堡村、双骑龙村、英雄湾村4个行政村老龄化现象严重，现有的养老服务设施严重不足，原有的教育设施由于人口外流而撤并，未能有效转化为适合当地老年人口的服务设施。青壮年劳动力的减少使得当地对于传统的教育、医疗等设施的需求缩减，而对适合老年人使用的健身设施、休闲场所等需求增加，但这些新的需求并未得到充分的使用场景反馈。

铜罐驿镇的情况揭示了一个重要的共性问题：如何根据人口结构的变化调整公共服务设施的类型，以更好地满足当地居民的实际使用场景。

2.3.3　人口结构变化中的多元三生场景营造

在西南山地乡村，人口结构的变化，包括人口外流、老龄化和少子化，导致公共服务设施的供需关系持续处于动态变化状态。这种新的人口结构对公共服务设施提出了更为精细化的功能需求。此外，如前文案例所示，西南山地乡村的居住点分散，生活空间被生态空间和生产空间分割，这增加了实现公共服务均衡覆盖的难度。这两个因素共同表明，需要采用新的方法来系统性地统筹人口结构变化带来的设施供需关系变化、需求功能变化，以及设施与生产、生活、生态空间的协调适应。满足多元需求的公共服务设施三生场景营造方法，对于有效应对这些挑战至关重要。该方法能够综合考虑人口结构变化对公共服务设施需求的影响，精细化分析公共服务设施的功能需求，同时可结合三生空间与设施的耦合关系对营造要点进行合理分配。三生场景营造方法具体体现在以下三个方面。

1. 人口趋势与乡村公共服务设施供需动态匹配

人口趋势与乡村公共服务设施供需动态匹配是实现乡村公共服务精准供给的关键环节，需要构建系统化的匹配方法体系。首先，可从多维度分析人口变化动态。通过整合常住人口数据库、流动人口登记系统和人口普查的数据，动态监测乡村人口规模、结构、流动特征的变化趋势。重点关注留守老年人、留守儿童、返乡创业人员等人群的数量变化和空间分布，建立人口变化预警指标体系，及时发现人口结构失衡、服务需求剧变等问题。

其次，结合现有人口变化趋势，评估乡村公共服务设施供需情况。在供给侧，重点关注由人口变化产生的公共服务设施供给过剩、供给不足的情况，根据前文，卫生室、文化活动室、体育设施、教育设施等均为西南山地常见的供给失配的设施类型。在需求侧，需进一步分析人口变化后人们对公共服务设施功能的精细化需求。如在西南山地人口老龄化乡村，人们对整合村卫生室与养老服务设施，提供日间照料、基础疾病护理、老年人活动、适老化健身等场地有较高的综合需求。

基于以上情况可形成针对设施供给、设施功能的精细化分析图谱。该图谱以人为本，构建了供给侧和需求侧双向互动的设施评估体系。供给侧从设施现状、空间分布和使用效能等维度出发，全面评估设施供给状况。需求侧则从人口特征、功能需求和服务模式三个层面，深入分析不同群体的差异化需求。该图谱既关注静态配置又重视动态评估，既考虑硬件布局又强调服务创新，形成了系统化、精细化的设施规划评估工具，为优化乡村公共服务设施提供科学依据。同时，该图谱也为公共服务设施三生场景打造奠定基础。

2. 设施场景布局与乡村三生空间有机结合

在供需分析的基础上，西南山地公共服务设施场景布局还需考虑山地本体的空间特征：生活空间分布零散，生态、生产空间相互嵌套。因此在设施场景布局时，首先，宜建立设施与三生空间联合的使用、供给评估分析体系。从生产空间维度，评估公共服务设施对农业生产效率提升、农业科技推广和农民职业技能培训的支撑能力，重点考察农技站、农民培训中心等设施的服务效能和空间布局合理性。从生活空间维度，评估公共服务设施对居民日常生活需求的满足程度，包括文化、教育、医疗、养老等设施的可达性、服务质量和使用频率，重点识别因人口变化而产生的闲置、废弃公共服务设施的类型及规模。从生态空间维度，评估公共服务设施建设对生态环境的影响，以及在生态教育、环境保护中的功能发挥。通过公共服务设施在三生空间中的协同效应进行量化评估，评估设施供给现状，为实现设施效能最大化提供决策依据。

其次，针对西南山地乡村三生空间交织的特点，建立区域化、分层设施场景配置体系。在生产空间区域，以农业生产服务为主导，配置农产品加工、仓储物流等生产性服务设施，并结合田间地头设置便民服务场景，满足农时农事需求。在生活空间区域，构建"重点人群需求 + 闲置设施活化"的生活场景体系。一方面，针对西南山地乡村留守老年人、留守儿童和返乡人员等重点人群特征，打造差异化服务场景：将闲置校舍改造为融合医养服务的日间照料中心，满足老年群体需求；利用废弃村委会打造"四点半课堂"，为留守儿童提供课后托管和亲情关爱；通过空置民居构建创业孵化空间，支持返乡人员发展。另一方面，基于闲置设施的空间特征和区位条件，采取差异化活化策略，例如区位优势明显的设施重点植入文创、培训等新型功能，分散分布的设施融入便民服务功能，邻近生态空间的设施强化科普教育功能。通过精准对接群体需求和创新设施功能，盘活存量资源，提升服务效能。在生态空间区域，严格控制设施建设规模和数量，优先利用存量建设用地，采用生态友好型公共服务设施场景设计，并注重设施的科普教育功能。通过差异化的公共服务设施配置策略，既确保服务设施的可达性，又维护三生空间的功能完整性，实现设施布局与空间特征的有机统一。

最后，形成三生空间场景的设施共生系统。在三生空间的设施场景密集区域，通过进一步分析，重点打造区域场景的复合功能，实现乡村生产、生活、生态空间的有机融合。具体而言，在生产–生活公共服务设施场景区，打造集农产品加工、展示销售、休闲体验于一体的综合服务中心，既服务农业生产，又满足居民消费需求；在生活–生态公共服务设施场景区，构建融合文化活动、康养服务和生态教育的复合空间，通过设施的多功能设计，实现服务效能最大化；在生态–生产公共服务设施场景区，建设集科普教育、农事体验、生态观光于一体的农业公园，促进农业生产与生态保护的协调发展。通过公共服务设施场景的复合设计和功能的有机融合，形成设施集群效应，提升三生空间的整体服务品质。

3. 人本需求与场景营造的反馈融合

三生场景一体化营造还需不断描摹人本需求，建立三生场景的动态反馈机制。首先结合乡村数字化建设，建立三生场景信息化支撑平台。该平台通过数字化手段对西南山地乡村三生空间的设施场景进行全方位感知和智能化管理。在生产设施场景方面，整合农业生产设施的物联网监测数据，包括农技站、仓储物流中心等设施的使用状况，建立农业生产设施智慧管理系统，实现农事活动与设施使用的精准对接。在生活设施场景方面，搭建居民服务数字平台，通过移动终端实现教育、医疗、文化等公共服务设施的在线预约和使用管理，并建立老年人、儿童等重点人群的设施使用数据库，为精准服务提供支撑。在生态设施场景方面，构建生态监测预警系统，对生态保护设施运行状况进行实时监控，确保生态教育设施、环境保护设施等的有效运转。

平台还整合三生空间的设施运营数据，通过大数据分析，掌握设施场景的使用规律，评估服务效能。通过建立设施使用评价体系，收集居民反馈信息，形成设施改进的决策支持。此外，平台还需要建立应急响应机制，在极端天气或突发事件情况下，快速调度设施资源，保障基本服务。通过信息化手段，实现设施资源的智能配置和高效利用，为三生空间的协调发展提供技术支撑。

其次，建立动态评估和反馈机制，定期开展三生场景使用效果评估，确保场景的持续改进和完善。第一，建立常态化的评估组织机制，定期评估人口变化与新的场景需求。成立由村民、高校、社会机构等多主体组成的三生场景评估工作小组，统筹协调评估工作的开展，包括：设立村民代表评议组，确保评估过程中村民的充分参与；引入高校和社会机构，提供专业技术支持。第二，完善三生场景动态优化调整机制。建立场景评估反馈制度，定期召开场景优化研讨会，邀请村民代表、专业团队和管理部门共同参与，研究改进方案。针对评估发现的问题，建立分类处置机制：对使用率低的三生场景和设施进行功能重组或空间置换，对功能单一的场景增加复合功能设计，对运营效果不佳的场景创新运营模式。

最后，建立场景动态更新机制，根据季节变化、节庆活动等时序特征，对场景进行动态调整，保持场景活力。构建创新激励机制，鼓励引入新技术、新模式，不断丰富场景内容。设立应急响应机制，针对突发事件和重大问题，启动快速处置程序。通过建立健全的优化调整机制，形成"评估—反馈—整改—提升"的闭环管理体系，确保三生场景持续优化完善，不断提升服务效能。

2.4　空间分散：立足山地乡村生活圈的可达网络构建

西南山地乡村的地形复杂，村域内小规模、组团居住的模式，形成了分散的村域空间格局。这种空间格局意味着西南山地乡村社区的空间网络联系相对薄弱，村组之间的距离较远，交通不便，导致公共服务设施的使用成本增加，在一定程度上降低了公共服务设施的使用效率。

2.4.1　乡村社区空间分散，公共服务设施规划方法不适配

西南山地乡村聚落空间分散，镶嵌着大量自然的未开发空间，难以在村域层面

实现公共服务设施的全域覆盖。同时，现行的"重指标、轻空间"的公共服务设施规划方法难以适应西南山地乡村的生产、生活和生态空间特征，也难以与乡村居民"自下而上"的空间感知进行有效对接。

1. 山地乡村空间格局复杂分散，公共服务设施难以实现村域全覆盖

山地乡村的空间分散性与镶嵌的自然未开发空间对公共服务设施的覆盖带来了极大的挑战。特别是在西南地区，这些问题尤为突出。复杂的地理环境和逐渐衰退的乡村社区加大了公共服务设施全覆盖的难度，形成了亟待解决的规划和发展难题。

由于复杂的地形和自然环境特征，西南山地乡村社区表现出随机、分散的空间形态。这种地理特征导致西南山地乡村社区的生活空间不仅呈现出多样化的分布，还因地形起伏而表现出不同的空间密度。这种分散的空间形态对公共服务设施的规划和布局形成了直接的挑战：由于地形复杂，西南山地乡村的公共服务设施规划常常面临"高成本、低回报"的困境；由于空间的随机性和不规则性，西南山地乡村公共服务设施的布局难以做到全域覆盖，服务的均等性和可及性受到严重影响。

交通基础设施的不足加剧了公共服务设施的供给难题。西南山地乡村的交通条件差、公路网络不完善、交通枢纽稀少，这些因素使得乡村居民在前往乡镇或县城的公共服务设施时面临较长的出行时间。村域内的分散布局进一步增加了出行距离，使得公共服务设施的可达性和使用效率受到严重影响。这种交通不便导致了公共服务设施的供给成本上升，加剧了服务供需矛盾。

2. 山地乡村生态环境敏感脆弱，公共服务设施建设的生态环境高风险

山地乡村因独特的地理和生态条件，常常面临着生态环境脆弱和公共服务设施规划中潜在的环境与资源风险。长期的农业生产活动和不合理的土地利用，尤其是坡地开发和过度放牧，显著加剧了这些地区的生态问题，如土地沙化、水土流失、石漠化等。西南山地乡村地区的生态环境脆弱且人居环境欠佳，在此背景下公共服务设施规划也面临着诸多严峻挑战，包括生态破坏、生态承载超负荷、自然灾害防治不足等。

在山地乡村，公共服务设施的建设活动和后续长期运营中都会面临诸多生态环境负担和资源风险。山地基础设施的建设，如道路、供水系统和污水处理厂，往往需要大规模的开挖和改造。这些工程活动不仅会直接破坏原有的生态环境，还可能引发二次灾害，如山体滑坡和土壤侵蚀。例如，在山地道路建设过程中，土壤扰动和植被破坏可能导致严重的水土流失，影响区域的水土保持能力。

在山地乡村的建设过程中，对资源的利用一旦超出生态承载能力负荷范围，就会对村庄周边生态环境造成严重损害。山地乡村地区的生态承载能力有限，公共服务设施的过度开发和运行可能使生态系统难以维持其正常功能。污水排放、垃圾处理不当等，会导致水体和土壤的污染。如果污水处理设施的建设不到位，那么排放的污水将加剧水体污染，影响生态系统的健康。

西南山地特别容易受到石漠化、泥石流等自然灾害的威胁。尽管公共服务设施规划中应纳入防治措施，但由于资源有限和技术不足，相关的防灾设施和机制往往不够完善。有效的防治措施包括山体加固、泥石流拦截和水土保持等，但这些措施在实施过程中常常面临资金短缺和技术水平不足的挑战。

3. 山地乡村社会结构复杂多样，既有公共服务设施规划方法不适配

山地乡村的复杂空间形态和多样化需求对公共服务设施的规划提出了独特挑战。现有的公共服务设施规划方法主要采用一种由政府主导的单向式配置模式，强调量化指标和法定规划，这种模式在乡村环境中显得力不从心，往往无法有效满足山地乡村居民的实际需求，导致公共服务设施配置存在明显的不匹配现象。

首先，单向式公共服务设施配置模式具有不适用性。传统的公共服务设施规划模式通常是单向式的，即由政府主导设施配置。这种模式在城市环境中较为适用，因为城市具有较为集中和规范的空间形态，且公共服务需求相对均衡。然而，乡村尤其是山地乡村的空间形态和服务需求却极为复杂。乡村地区普遍存在空间分布断裂、人口稀疏的特点，这使得公共服务设施的建设成本高、回报低，政府不得不成为乡村公共服务设施建设的主体。

其次，现有的公共服务设施规划方法和乡村实际需求存在不匹配的现象。在这种模式下，政府主导的规划和建设往往侧重于量化指标的达成，如基础设施覆盖率和服务设施数量的增加。这种模式主要关注指标的实现，容易忽视乡村居民日益多

元化和层次化的实际需求。例如，乡村的教育、养老和医疗服务需求往往被简化为促进乡村经济发展和改善基础设施的基本要求，而忽略了这些服务需求的专业性和个性化。

山地乡村的空间和社会结构特征使得现有的城市社区标准往往难以直接适用于乡村。以城市为参照对象的公共服务设施规划，虽然在短期内能增加服务设施的数量，但服务内容和方式未必适合乡村居民的实际情况。城市社区的服务模式往往未能充分考虑乡村居民的职业、民族、风俗习惯和文化水平，这导致了服务的"水土不服"或"消化不良"。

例如，西南山地乡村的公共服务设施建设往往以城市标准为模板，但由于当地居民的文化水平和信息观念滞后，这种"照搬"模式不仅未能有效提升服务水平，反而造成了资源的浪费和服务的低效。乡村居民对于城市标准的公共服务设施缺乏足够的适应能力，导致这些设施的使用率低，服务效果不佳。

同时，城乡规划法定体系也具有一定局限性。在纳入城乡规划法定体系后，乡村建设运动如"新农村""美丽乡村"等，往往带有明显的城市规划理论和方法的影子。这种影响在乡村的实践中表现为集中居住、新建住宅追求城镇建筑形式，以及公共服务设施的标配式、等级式配置。这些做法虽然在一定程度上提升了乡村的现代化水平，但也带来了许多问题。

例如，乡村新建住宅往往采用城镇建筑形式，而忽视了乡村的自然环境和传统建筑风格；公共服务设施的标配式配置虽然增加了设施的数量，但由于缺乏对乡村实际需求的考虑，使用效率低且维护难度大。乡村环境整治和美化项目在某些情况下造成了"千村一面"的尴尬局面，使得许多乡村失去了原有的特色文化和景观，无法有效提升地方的独特性和吸引力。

2.4.2 空间分散特征下的乡村公共服务设施"可达性 – 效率"难题：重庆市丰都县兴龙镇十字口村案例

1. 研究案例选择

十字口村位置偏远，县村互动少，在交通上依赖 146 县道与县城保持联系，距离丰都县城约 40 千米，车程约 1 小时，属于典型的偏远乡村，受到县城的经济、公共服务辐射较少。村庄距离兴龙镇镇区约 4 千米，车行 10～15 分钟可达，交通便捷。村内道路以东北—西南方向的主要道路为骨干，与各个居民点联系紧密，镇村互动频繁。特殊的地理位置使得十字口村既受到县城辐射不足的影响，又保持着与镇区的紧密联系，这对村庄的人口、产业和公共服务设施产生了独特的影响。依据自然条件，十字口村为典型的山地乡村，村庄地形西北高、东南低，坡度较平缓。村域内河流也呈现西北—东南走势。受地形的影响，村庄在 0°～5°的坡地发展农业生产，水源汇集，土地平整肥沃，适宜耕作。由于用地分散，农业生产设施建设不完善，村庄没有进行系统的农业生产整合，农业生产方式较为传统，产业活力未彻底激活。用地分散的特点对农业生产空间布局和整合提出了挑战，直接影响了产业规模效应的形成。研究该村公共服务设施"可达性－效率"问题，对解决西南山地乡村类似问题具有重要的现实意义。

2. 十字口村基本概况

1）经济概况

十字口村经济以第一产业为主导，种植业和养殖业占据核心地位。村内农业发展仍处于低端初始化阶段，依赖传统农业种植，产品附加值较低。农作物以红心柚和榨菜为主，红心柚种植园面积较大，已建成两个榨菜初加工区。从整体上看，农产品流通效率低，农业空间布局分散，以家庭为单位进行自主经营，没有规模化。村内的工业发展粗放，榨菜厂等设施零星布局，未形成产业集聚效应，制约了村庄的经济发展。传统产业模式以分散农户为主体，运用产业价值进行农业生产，导致空间浪费、生产零散问题。

2）人口概况

十字口村的人口概况呈现出老龄化、空心化、性别比例失衡及青壮年人口大量外流等特点。现有户籍人口 3688 人，其中常住人口 1230 人，净流出人口高达 2458 人，人口外流现象明显。村内 60 岁以上的常住人口占比高达 38.94%，超国际老龄化标准，需要适老化公共服务设施以满足老年人的生活需求。少年儿童在总人口中的占比较小，85% 以上的儿童流出外地，适龄儿童就读于兴龙镇的镇级小学和幼儿园。村内的户籍人口男女比例为 1.08，相对平衡，但常住人口中男女比例降至 0.92，男性流出人口较多，18～60 岁的青壮年人口流出占比较大。高净流出比例使得村庄的空心化现象严重，流入人口少，限制了村庄的多样性和活力。

3）空间网络概况

十字口村是山地乡村，以低山和丘陵地貌为主，西北侧地形相对陡峭。复杂的地形条件使得村内社区空间呈现碎片化的特征，影响建设用地整理与设施配置效率。村西北与东南部分布着坡度 15°以上的丘陵和山地，不宜居住和耕作，适合作为水土涵养的屏障，村域的河流与湖泊大多发源于此处。村内社区主要向中央谷地的交通干道沿线集中，社区空间多为小户散点式结构，日常生活空间围绕着传统农耕活动展开。村内社区分布于中低海拔、坡度 5°～10°的平坡地分界线上，在道路交会处呈组团聚集形态。"背山面田"的居住形式能保证农业用地的最大化，并兼顾交通便利（图 2-16）。

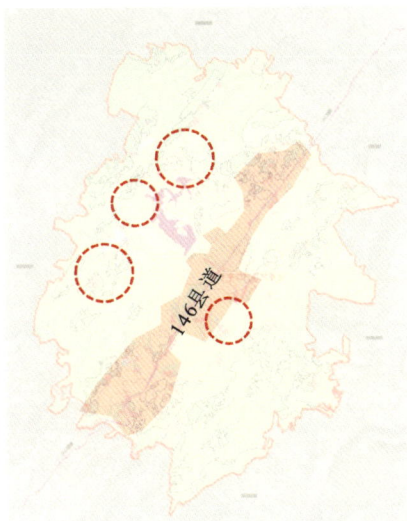

图 2-16　十字口村空间网络

（图片来源：笔者自绘）

4）道路交通概况

十字口村位于兴龙镇镇区车行 10～15 分钟的空间范围内，村委会所在地距离兴龙镇约 4 千米，距离丰都县政府约 40 千米。村镇内部道路总里程 32 千米，主要对外交通线路依赖县道仁崇路，宽度 7 米，从村庄的东北方向延伸至西南方向，北接大岩树村，南至铺子河村。村庄内的其他道路均为村社公路，宽度 4 米，能够满足村民的日常交通需求。十字口村内设有公交车线路，配备招呼站，为村民提供了便捷的出行方式。村内居民点的布局与道路规划相耦合，县道附近和道路密度较高的地方居民点集聚，道路密度较低的地方居民点相对分散。在道路交通设施方面，村庄大部分地区已经实现了路面硬化（图2-17）。

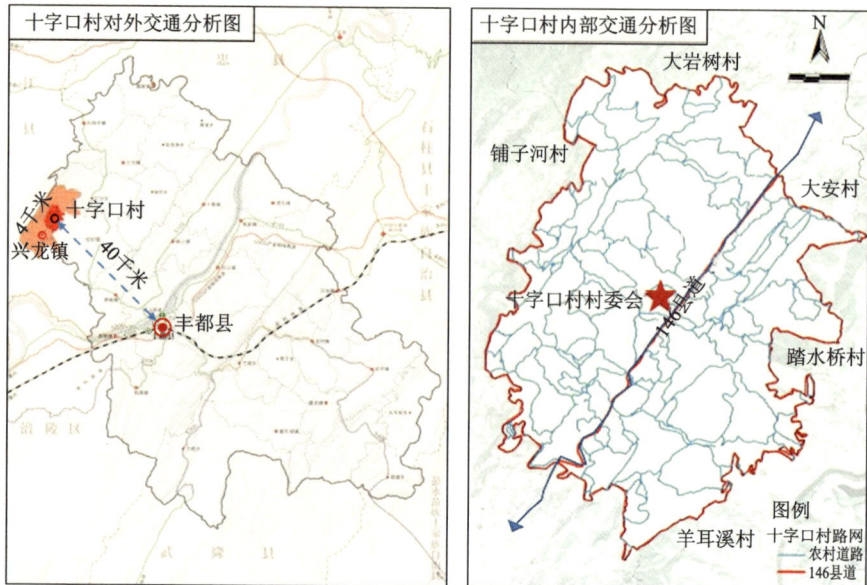

图2-17 十字口村交通网络图

（图片来源：笔者自绘）

3. 十字口村公共服务设施配置现状分析

1）区域公共服务设施配置现状分析

丰都县公共服务设施密集分布于街道两侧，乡镇的公共服务设施则聚集在渠溪河以北区域，整体设施覆盖面较为广泛。从医疗、教育、文化、体育到社会保障，各类设施数量众多，但占用的土地面积较小。商业服务设施规模适中，在王家渡地区的名山大道与平都大道交会处形成了商业服务枢纽。名山组团的双桂街、广场路及花园街沿线分布着小规模的商业，龙河东地区新建了大型的商业市场和购物中心。

2）镇域公共服务设施配置现状分析

镇域层面的设施种类单一、数量较少，分布零散、自由，集中体现了山地一般乡镇的设施分布格局。镇内拥有2所幼儿园和2所小学，位于镇区主干道旁，为学龄前儿童及小学生提供教育资源。镇内设有4个卫生院，多数分布在镇区。镇内文化设施较少，有2处文化活动室。镇内有1家社会福利院，分布在镇区，为老年人和特殊群体提供了一定的照顾与支持。镇内有2处文化旅游资源，但品质不高，影响力有限。镇内理发店数量较多，还有2家酒店、2家银行、1处综合修理设施，为居民提供了基本的民生服务（图2-18）。

图 2-18　兴龙镇公共服务设施图

（a）教育设施；（b）医疗设施；（c）文化设施；（d）社会福利设施；（e）体育设施；（f）文化体育设施；
（g）商业服务设施（劳动服务类设施）；（h）商业服务设施（旅社、饭店等旅游服务类设施）；（i）商业服务设施（银行、保险机构）；（j）商业服务设施（综合修理设施）

（图片来源：笔者自绘）

（c）

（d）

续图 2-18

（e）

（f）

续图 2-18

（g）

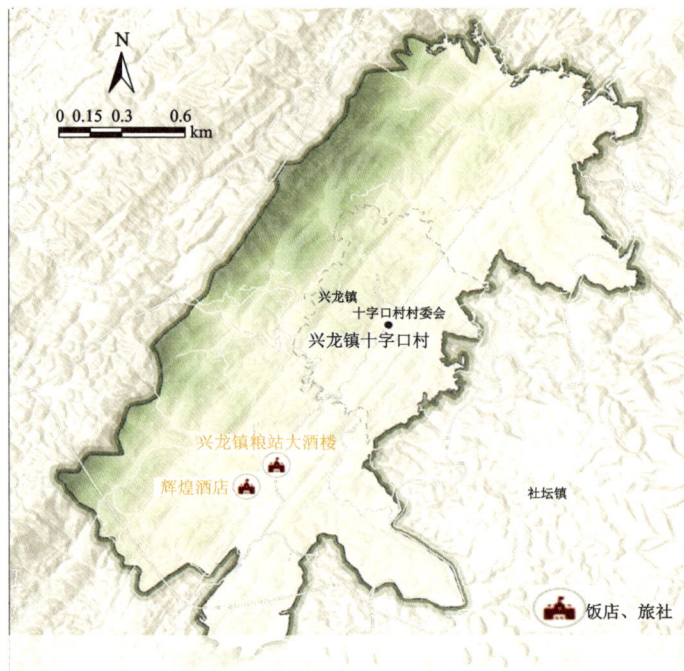

（h）

续图 2-18

（i）

（j）

续图2-18

3）村域公共服务设施配置现状分析

十字口村的公共服务设施配置以村委会作为核心，集成了多种服务功能。村内配置了"两委"办公室、新时代文明实践站、卫生室、便民超市、金融服务点与儿童之家等基本设施。村内缺少幼儿园和小学，适龄儿童需前往镇区或县城接受教育。现有的法华寺未能有效利用。村内有室外健身场地。村内还有储水池、榨菜池等生产服务设施，以及李子丘水库等水资源设施，支持当地的生产活动。村委会作为多功能综合体，提供了包括办事、文化、计生、图书阅览等多种服务。广场绿地和居民聚居地的交流广场构成了村民日常活动的重要场所。村内卫生站按标准建设，使用率不高。村内便利店主要沿路设置，有基本的购物功能和社交功能，但缺乏快递网点。在基础设施方面，垃圾收集点、化粪池等设施配置良好，变压器也能够满足村民的用电需求，尚未配置公厕，也未实现燃气入户（图2-19）。

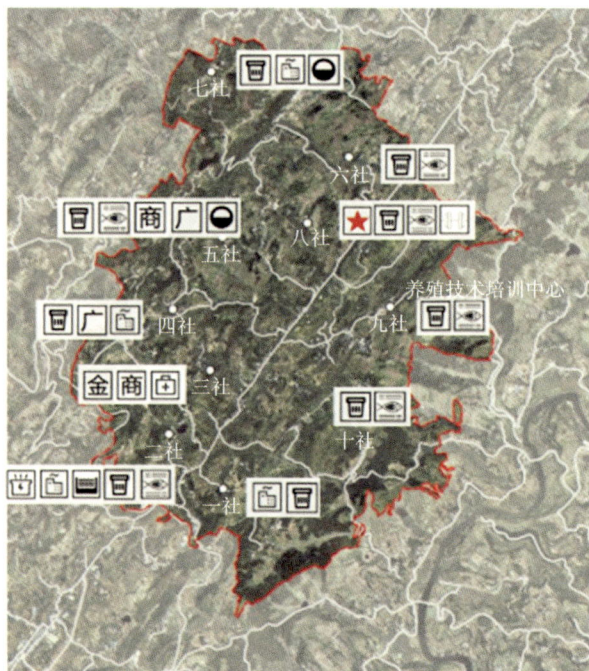

图2-19 十字口村公共服务设施现状

（图片来源：笔者自绘）

4）空间分散特征下服务设施的"可达性－效率"困境归纳

（1）村域空间格局分散，公共服务设施使用低效

西南山地乡村普遍存在村域空间格局分散的特点，导致公共服务设施使用低效。

以十字口村为例，其地形复杂，村域内小规模、组团居住模式形成了分散的村域空间格局。这种格局下，乡村社区的空间网络联系相对薄弱，村组之间的距离较远，交通不便，使得公共服务设施的使用成本增加，从而降低了公共服务设施的使用效率。具体来说，十字口村的公共服务设施主要集中在村委会附近，然而由于村域广阔且居民点分散，部分偏远地区的居民难以享受到这些设施的服务。例如，村内的卫生室、健身场地等主要集中在村委会周围，远离这些设施的居民需要花费更多时间和交通成本才能到达，这使得他们使用这些设施的意愿降低。同时，居民点分布不均也导致村卫生室、健身场地的使用率较低，特别是在非主要居民点附近的设施，其使用率更是远低于预期。此外，村内的一些公共服务设施（如便民超市、金融服务点等）虽然是按照规划要求设置的，但实际使用人群较少，造成了资源浪费。

这种村域空间格局分散导致的公共服务设施使用低效问题是西南山地乡村的普遍共性问题。为了解决这个问题，规划中可以运用"一个需求、两个供给、三个一体化技术"的理念，即以满足居民实际需求为出发点，实现公共服务设施的供需平衡和高效配置；通过城乡一体化、区域一体化、设施一体化的技术手段，推动西南山地乡村公共服务设施的全面升级和优化。例如，通过建设村域内的交通网络，提高公共服务设施的可达性；也可以考虑将部分公共服务设施转化为移动式或巡回式服务设施，以适应分散的村域空间格局。通过优化设施布局，比如设立小型移动式或轮换式服务站，提高偏远地区居民的访问便利性；通过数字化手段，比如设立远程医疗服务系统，弥补物理空间上的不足；通过社区参与机制，鼓励村民参与到设施的维护与使用中来，共同提升设施的使用效率和服务质量。

（2）城乡交通可达性较差，公共服务供给不足

西南山地乡村普遍存在城乡交通可达性较差的现象，这一特点体现在乡村居民前往乡镇或县城获取公共服务时需耗费较长时间。以十字口村为例，其地理位置偏远且交通不便，这充分反映了西南山地乡村普遍存在的交通不便问题及其对公共服务设施可达性和供给的影响。具体而言，十字口村与县城的距离较远，加之村域内村组之间的分散布局，增加了出行距离，降低了公共服务设施的可达性。这种交通不便导致乡村社区公共服务设施供给的难度增加，成本上升，进一步加剧了供需矛盾。

例如，村内虽然设有公共交通线路，但由于班次较少且覆盖范围有限，村民外出不便。尽管村内道路网络相对完善，但对于老年人和儿童而言，村内交通不便的问题依然存在。村内的老年人和儿童前往镇上的医院和学校时，需要家人接送或步行较远的距离，给日常生活带来了不便。由于交通成本较高，一些必要的服务设施（如学校、医疗机构等）未能在村内设立，导致供给不足。十字口村内没有幼儿园和小学，适龄儿童需要前往镇区或县城接受教育，这不仅增加了家庭的经济负担，也影响了儿童的学习和发展。

十字口村的情况反映了西南山地乡村普遍存在的交通不便问题。交通不便不仅减少了居民获取高质量公共服务的机会，还增加了居民获取这些服务的成本。为了应对这一挑战，本书提出了"一个需求、两个供给、三个一体化技术"的理念，旨在通过技术创新和社会管理方式的改进来解决这一问题。可以考虑增设公共交通线路，增加公交车的班次，并扩大覆盖范围，确保所有居民都能便捷地使用公共交通工具。此外，还可以引入共享出行模式，如拼车服务，减少个人出行成本。利用互联网技术和远程服务，降低居民获取高质量公共服务的门槛。鼓励社区参与，通过社区基金或合作模式建立小型服务设施，如简易诊所和临时教室，减少居民前往镇区或县城的需求。

针对西南山地乡村普遍存在的城乡交通可达性较低、公共服务设施供给不足的问题，本书提出的策略旨在通过交通优化、数字技术的应用、社区共建及构建多级服务体系等方式来改善当前状况。这些措施既可以提高公共服务的可及性和质量，还能增强社区的凝聚力，促进社会的整体进步和发展。

2.4.3　山地乡村生活圈的可达性网络体系构建

1. 构建山地乡村生活圈可达性网络体系面临的障碍与挑战

在西南山地乡村社区，公共服务设施的配置和发展是多重因素交织下的结果，涉及自然环境、社会结构、政策导向及经济发展等多个方面。这种分异不仅影响了乡村居民的生活质量，也对乡村生活圈可达性网络的发展潜力构成了挑战。以下将从几个突出问题入手，探讨构建山地乡村社区生活圈可达性网络体系面临的障碍与挑战。

1）"可达性－效率"难题

西南山地乡村地区的地理空间格局及区域环境自然要素的差异导致乡村呈现出随机、分散或聚集的空间形态与不同的空间密度，这种差异性是乡村社区公共服务设施规划布局面临的首要难题。西南山地乡村地区由于特殊的地理环境和发展条件，面临着巨大的公共服务设施建设挑战。这些地区分化的地理空间和传统的单一供给模式，导致公共服务网络的覆盖存在显著"盲区"。这种现象不仅加大了城乡之间的公共服务差距，也使得部分偏远山区的乡村居民难以获得基本的公共服务，从而制约了这些地区的发展。由于山地乡村的地理隔离性，这些地区往往形成相对独立的封闭空间聚居单元。各个聚居单元内人口稀少、经济基础薄弱，导致公共服务设施的配置严重不足。例如，在偏远山区，学校和卫生院等基本公共服务设施往往极为匮乏。由于人口少、需求低，公共服务设施的投资回报率不高，地方政府和社会资本对这些区域的投入不足，导致公共服务设施老化、条件落后，服务水平参差不齐。此外，偏远山区的公共服务设施难以吸引和留住专业人才，导致这些设施即使存在，也难以提供高质量的服务。

与此同时，复杂的地形使得公共服务设施的规划成本大幅上升，往往面临"高成本、低回报"的困境。由于地理条件的限制，山地乡村基础设施的建设和维护所需的资源及资金投入往往高于其他地区。此外，公共服务设施的设置需要在多个村庄之间进行合理分配，而这种空间的随机性与不规则性，使得全域覆盖变得异常困难，服务的均等性和可及性受到严重影响，居民在享用公共服务时面临较大的障碍。随机分散的空间形态还可能导致乡村居民在获取公共服务方面存在明显的不平等。服务设施的布局往往无法有效覆盖所有社区，造成部分地区资源过剩，而其他地区则供给不足，形成服务水平的差异性。这种不均衡的供给状况不仅影响了居民的基本生活需求，还可能加剧乡村社会的分化与不平等。

2）复杂脆弱的自然基底

山地乡村由于独特的地理和生态条件，面临着生态环境脆弱及在公共服务设施规划过程中可能出现的环境与资源风险。这些问题不仅威胁到当地生态系统的稳定性，也给公共服务设施的可持续发展带来了挑战。山地乡村生态环境的脆弱性主要有两点。一是地理与生态条件的复杂性。山地乡村通常具有陡峭的坡地、崎岖的山脉及多样化的生态系统，这些地理特征使得山地乡村的生态系统本身就处于一种脆弱的状态。由于地势起伏大，土壤和水分的分布不均，山地乡村的生态环境往往难以维持稳定的生态平衡。极端天气条件，如暴雨、干旱和气候变化等，进一步加剧了这种脆弱性。在极端气候事件发生时，山地乡村的生态系统往往会遭受更大的压力，导致植物生长受阻，动物栖息地受到影响，生态服务功能显著降低。二是人类活动对生态环境的影响。长期的农业生产活动和不合理的土地利用，尤其是坡地开发与过度放牧，导致生态环境的持续恶化。这些行为不仅造成土地沙化、水土流失和石漠化等问题，还削弱了土地的自然恢复能力，使得生态系统难以自我调节。

山地乡村的公共服务设施建设在改善居民生活条件的同时，也面临着不可忽视的环境风险。首先，由于地形的复杂性与生态环境的脆弱性，这些建设活动对生态系统产生的直接影响显得尤为显著。公共服务设施的建设通常涉及大规模的土方开挖和地貌改造。例如，在修建道路、供水系统和污水处理厂等基础设施时，施工过程不可避免地会破坏原有的植被系统。植被系统遭到破坏，不仅影响自然生态的稳定性，还削弱土壤的保持能力，导致土壤侵蚀和水土流失的现象加剧。失去植被的土壤容易受到风和水的侵蚀，进而影响土地的生产力和生态系统的健康。这一系列的生态变化将会对当地环境造成长远的影响，可能导致生物多样性的下降及生态系统服务功能的削弱。其次，山地乡村的开发建设还存在着引发二次灾害的潜在风险。特别是在进行大规模的基础设施建设时，土壤的扰动与重塑极易引起山体滑坡等自然灾害。尤其是在降雨季节，土壤的湿度增加，导致滑坡风险显著上升。山体滑坡不仅对施工人员构成直接威胁，也可能对周边居民的生活环境和经济活动造成严重影响。在一些案例中，滑坡造成的道路阻断和交通中断，使得当地居民在获取公共服务和基本生活物资方面面临挑战，进一步影响了其生计和生活质量。

3）乡村社区空间重构导致的公共服务新挑战

西南山地乡村地区曾在政府主导下开展了"易地扶贫搬迁""合村并居"或"新村建设"等乡村社区重建项目。新村建设通常采用"拟城化"的形式，即通过集中式的社区布局来提高公共服务设施的空间配置效率。这种模式的初衷是希望通过集聚人口和资源，提升公共服务设施的覆盖率和可达性。然而，快速的改造步伐也带来了深刻的社会和经济变化。

在这个过程中，一方面存在公共服务需求的直接转变问题。随着乡村社区的重构，个体农业生产经营模式、乡村居民日常生活消费习惯及休闲社交方式都发生了显著变化。这种变化导致乡村居民对公共服务的需求发生了直接转变。例如，传统的农业生产模式向多元化经济转型，促使乡村居民对教育、培训、医疗等服务的需求增大。同时，随着社区空间的集中，乡村居民对休闲和社交空间的需求也在上升，这些变化在公共服务规划中亟须得到响应。另一方面则是人地关系变更带来的乡村公共服务设施需求变革。由于新村建设改变了原有的人地关系，农民与土地之间的连接被削弱，许多传统的生活方式和生产模式遭遇挑战。这种变化不仅影响了乡村居民的生计方式，还对公共服务设施的配置提出了新的要求。如何在新的空间结构中，重新构建与乡村居民生活紧密相关的公共服务网络，成为亟待解决的问题。

在当前的乡村建设模式中，政府主导的规划和建设往往过于强调量化指标的达成，例如基础设施覆盖率和服务设施数量的增加。这种方法虽然在短期内能够带来明显的成效，但其潜在的局限性逐渐显现，尤其是在满足乡村居民日益多元化和层次化的实际需求方面，存在显著不足。首先，乡村社区公共服务设施规划配置中的量化指标具有一定程度的局限性。一是忽视了多元化的服务需求，导致服务内容无法与居民的真实需求相匹配。二是以覆盖率和数量为主要指标的规划模式，可能导致服务设施建设的"短视化"，即在满足基础设施数量的同时，未能关注服务质量和居民满意度的提升。其次，城市标准与乡村实际情况有一定脱节。一方面，需要考虑城市模式的适用性问题。现有的公共服务设施规划往往以城市为参照，采用城市社区的标准来指导乡村的公共服务设施建设，然而这些标准未必适合乡村居民的实际情况。另一方面，这种模式也缺乏对乡村特色的重视。在社区公共服务设施规划中，乡村的社会和空间结构特征常常被忽视。乡村社区往往具有独特的文化背景、传统习俗和社会关系，这些因素对公共服务设施的布局和服务内容都有重要影响。

2. 山地乡村生活圈可达性网络体系构建路径分析

山地乡村生活圈的可达性网络体系构建是一个涉及多方面因素的复杂过程，它不仅需要考虑乡村的自然条件和资源禀赋，还需要结合乡村居民的行为活动特征及其对公共服务的需求。这一体系的构建旨在通过优化乡村空间布局，提高乡村居民的生活质量，促进城乡一体化发展。具体而言，构建过程首先涉及对乡村资源的综合评估，以村为节点、镇为枢纽，整合优势资源，发挥集聚效应，支持乡村振兴示范带的选线与要素投放。产业兴旺是乡村振兴战略的重要内涵，可达性网络体系的构建要适配乡村产业发展，引导主导产业差异化发展，区分生态旅游、都市农业、文化特色等类型，并提出分类打造策略。在此基础上，划定乡村生活圈实体边界，以 15 分钟出行距离作为计算参数，模拟得出村民实际出行范围，为设施选点落位和统筹布局提供参考。此外，还需分类引导乡村生活圈设施配置，包括基础保障型、品质提升型、特色引导型等设施，并根据乡村区位条件确定服务要素配置标准。最终，通过"圈带协同"视角下的规划路径，实现乡村生活圈可持续供给，以乡村振兴示范带为骨架，开展综合评估，实现差异化发展。这一过程不仅涉及空间衔接与内涵延展，还涉及机制优化，建立反哺公共服务设施运营的路径，实现从"输血"支持转向内生"造血"，保障乡村公共服务设施建成后的持续运营。通过这些综合性措施，山地乡村生活圈可达性网络体系能够为乡村居民提供更高效、便捷的服务，推动乡村的可持续发展。

3

西南山地乡村社区公共服务设施的
空间一体化规划目标与策略

本章从三个维度提出西南山地乡村社区公共服务设施的空间一体化规划目标与策略。首先，从区域网络的维度强调促进城乡和区域公共服务设施的协同规划，以提升设施的覆盖范围与可达性，缩小城乡之间的资源差距。其次，从供需平衡的维度提出通过多元化的设施供给模式，精准回应乡村人口结构变化、生活方式转型等带来的需求多样化问题，确保设施的有效供给。最后，从场景设计的维度强调因地制宜地设计公共服务设施，使其不仅能满足基本服务功能需求，还能通过场景化、精细化的设计提升设施的空间活力与使用效率，满足乡村居民的多元需求。

3.1　公共服务设施空间一体化规划目标

由于自然地理条件复杂，社会经济发展相对滞后，以及人口流动频繁，西南山地乡村的公共服务设施长期存在区域联系不足、供需统筹失衡、空间效率低下等问题。这不仅限制了乡村人居环境质量，还阻碍了乡村振兴战略的实施。因此，优化和提升西南山地乡村社区公共服务设施的空间服务水平，是推动乡村振兴的重要抓手之一。

相较于东部沿海长三角经济发达地区（如上海、浙江等地）的乡村社区，西南山地乡村社区公共服务设施规划方法较为滞后，高度依赖纵向的行政分配体系和静态的行政指标传导机制，缺乏适应乡村居民需求变化的创新性策略。随着乡村居民跨地域"借用"公共服务设施的行为需求增多，线上数字化的休闲社交与产业发展需求加剧，以及人口结构老龄化问题日益显著，西南山地乡村社区公共服务设施的规划必须突破传统思路，采用更加灵活、综合的规划理念，以满足新型服务需求。

因此，本节聚焦西南山地乡村社区公共服务设施的空间规划问题，兼顾学术研究与实践应用双重目标，从区域网络、供需平衡、场景设计三个维度构建起空间一体化规划技术方法与设计导则，促进营造引领乡村振兴的生产、生活、生态公共服务设施共同体，进而推进实现"产业兴旺、生态宜居、乡风文明、治理有效、生活富裕"的乡村振兴战略总要求。

3.1.1 目标一：城乡统筹、区域协同

在流空间时代，西南山地乡村社区的公共服务设施需要打破传统局限，不再仅仅服务于本级村庄范围，而是要加强与周边村域、镇区和县城的空间联系。通过建立开放互动的网络形态，公共服务设施空间系统将实现从封闭走向开放、从分散走向协同。这一城乡统筹、区域协同的策略，不仅能够促进城乡之间的资源要素流动，还将推动城乡地域系统在结构上更加协调，在功能上更加互补。

在县域城镇化的战略支撑下，应将县城、镇区公共服务设施一并纳入乡村公共服务设施的空间配置范围内，充分发挥县城在城乡要素流动过程中的"桥梁"作用，通过统筹县城、镇区及村庄的公共服务设施，有效整合各层级的公共资源，从而提升区域整体的公共服务水平。

一方面，应提高县城公共服务设施的数量与质量，推动高品质公共服务设施向县城集中。这不仅能够进一步增强县城对乡村社区的辐射效应，还可以通过县域统筹，对乡村社区的公共服务设施网络进行分类与差异化调节。县城作为公共服务中心，可以为周边乡村提供更加专业化、集中化的服务资源，进而提升整个县域的公共服务水平。

另一方面，应当通过乡村社区生活圈建设增强乡村与镇区、县城之间的空间联系，并合理配置具有乡村特色的差异化服务设施。这有助于弥补乡村公共服务设施的短板，缩小城乡差距。乡村社区生活圈的建设，不仅能满足乡村社区居民的日常生活需求，还能使乡村社区与县域整体形成相互联系、互为补充的公共服务设施体系。

通过构建"县—镇—村"三级公共服务设施空间网络体系，能够实现城乡功能的有效衔接与互补（图3-1）。该公共服务设施空间网络体系将促进城乡公共服务设施的均等化、全域化、共享化、网络化和普惠化发展，进一步缩小城乡公共服务设施之间的差距，提升西南山地乡村社区的服务能力与宜居性。这一统筹与协同的规划目标，不仅能推动乡村振兴战略的落地实施，还将为未来西南山地乡村社区的可持续发展奠定坚实基础。

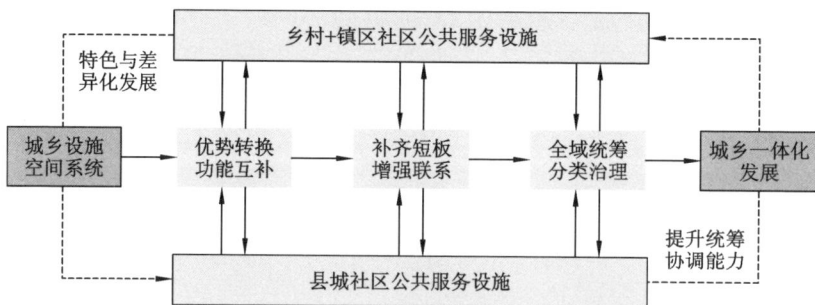

图 3-1   "县—镇—村"三级公共服务设施空间网络互动模式

(图片来源：笔者自绘)

3.1.2   目标二：多元供给、供需平衡

西南山地乡村由于聚落空间分散、社会经济基础薄弱、人口外流与老龄化加剧，公共服务设施长期面临供需不平衡的问题。在供应方面，乡镇基层政府不能提供足够的财政支持，导致公共服务设施建设和维护资金短缺，设施数量不足、品质低下。这种资源困境仅靠政府单一力量难以扭转。

因此，需要引入市场与社会多元主体力量，联动线下实体设施与线上虚拟资源，共同完善公共服务设施的供应体系，形成多元供给模式，有效打破地理限制，拓展服务覆盖面。为优化西南山地乡村社区公共服务设施的供给，本书提出了基于政府、市场和社会三维框架下的"多中心"治理模式，即强调基于社群组织的自发秩序形成多中心主体治理结构，从而有效地克服单一依靠市场或政府的不足。通过调动多方资源，既可以增强设施的资金支持和运营效率，也可以提升服务的多样性与灵活性。这种模式的关键在于通过引入不同的利益相关方，如私营企业、非政府组织和社区自治组织，形成一个合作网络，以弥补基层政府资金和资源不足的问题，从而提升公共服务设施的整体供给水平。

在需求方面，不同发展阶段、社会空间特征的西南山地乡村存在差异显著的公共服务设施配置需求。例如，部分休闲旅游型乡村的人口多样性与流动性逐渐增强，需要及时更新，提升设施的体验感、文化性与美学表达，以适应游客和本地居民的多样需求。相反，部分传统农业型乡村由于人口持续流出，且老龄化和少子化程度严重，出现公共服务设施供给过剩与需求不足并存的双重矛盾。现有公共服务设施资源往往闲置浪费、低效利用。

因此，西南山地乡村公共服务设施的空间规划必须高度重视供需结构问题，以人本需求为导向，以多元供给为抓手。通过供给和需求的高效能平衡，培育乡村公共服务设施可持续运营的内生动力，最大限度地优化乡村公共服务设施供给成本与实际效用之间的成本效益关系。通过引入多方共治、共建、共享，乡村能够在有限的资源条件下最大化设施的利用价值，降低供给成本，提升实际效用（图3-2）。

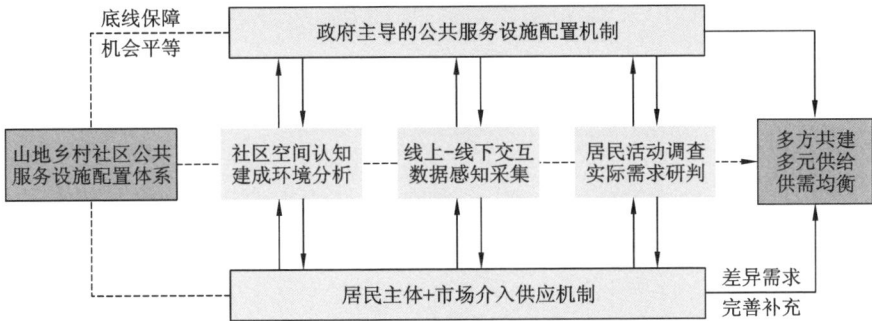

图 3-2　多方共治、共建、共享的乡村公共服务设施配置模式

（图片来源：笔者自绘）

同时，随着"移动互联网＋快速交通网"支撑的流空间时代的到来，城乡要素交流方式发生革命性变化。即使在地理分散、低密度的山地乡村，也可以通过信息化和交通网络连接，实现"空间分散而要素融合"的高效发展。这种格局重塑将为西南山地乡村公共服务设施的供需平衡提供新的发展契机，推动城乡服务体系的融合发展，促进乡村振兴战略长远目标的实现。

3.1.3　目标三：精细场景、实用规划

由于西南山地乡村聚落空间较为分散，且大片自然未开发的区域镶嵌其中，因此难以在村域层面实现公共服务设施的全域覆盖。此外，现行"重指标、轻空间"的公共服务设施规划方法无法适应西南山地乡村复杂的生产、生活、生态空间特征，也难以有效回应乡村社区居民对公共服务设施"自下而上式"的空间感知。传统的规划方法往往忽略了乡村社区居民的实际使用需求与空间体验，导致公共服务设施

在空间分布和功能上的错配，设施的使用率和实效性也降低了。因此，精细场景与实用规划成为解决前述问题的关键。

本书引入场景理论，以村域的三生空间要素为基础，提出"要素识别、场景规划、场景设计"三大关键步骤。通过场景式重组，公共服务设施不仅能够满足功能需求，还能反映地域人文特色，构建宜居、宜业、宜养、宜游的多元化场景单元。例如，针对自然资源丰富的村落，可以通过场景设计整合生态旅游与社区公共服务设施，使其既服务于当地居民生活，也促进乡村旅游和经济发展。这种方法不仅提升了乡村公共服务设施的实用性，还能有效应对乡村布局分散的挑战，优化资源配置（图3-3）。

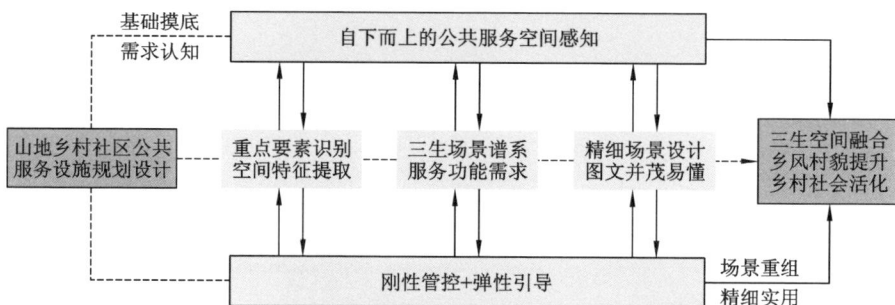

图 3-3 三生场景指引下的乡村社区公共服务设施设计模式

（图片来源：笔者自绘）

同时，本书结合场景需求调查，采用图文并茂的表达形式，提升公共服务设施的空间感知，切实解决居民和政府对于实际公共服务设施需求沟通的信息不对称问题。此外，本书采取刚性管控与弹性引导相结合的精细化场景设计方法。在规划过程中，既要有刚性的管控措施来确保设施布局的基本框架与标准化管理，同时也通过弹性引导的方式，根据不同乡村区域的特征、发展阶段及居民需求，灵活调整公共服务设施的布局和功能设计。

这种方法强调项目性、生活性、空间性更强的场景化设计，使得乡村公共服务设施的规划更具实用性和可操作性，能够适应不同区域特征、发展阶段的差异化规划管理要求，从而促进乡村三生空间深度融合、乡村整体风貌提升，助力乡村社会活化与可持续发展。

3.2 技术构成与规划策略

3.2.1 技术体系

本书的技术路线基于"背景阐述—理论梳理—现状分析—方法建构—实践运用"的规划实践逻辑，以"城乡统筹、供需平衡、精细实施"为核心思想，以西南山地乡村社区公共服务设施为实践对象，归纳总结西南山地乡村社区"县域城镇空间格局重构，公共服务设施供给不足""乡村人口收缩、社会衰退，公共服务设施供需结构失配""乡村社区空间复杂分散，自然生态环境敏感脆弱"三个方面的地域特征与现实问题，进而探讨如何通过区域协调和资源整合，推动乡村公共服务设施体系高效、可持续地发展，最终推动"城乡统筹、区域协同""多元供给、供需平衡""精细场景、实用规划"三大目标的贯彻和落实。

在此框架下，本书探索性地提出了一套乡村社区公共服务设施空间一体化规划技术。该技术包括三项关键内容，即"区域网络一体化""多元供给一体化""三生场景一体化"。"区域网络一体化"旨在构建乡村与周边区域的协同服务网络，实现城乡功能互补；"多元供给一体化"则强调政府、市场和社会力量的协同，推动多元化的供给体系建设，优化服务设施的配置与资源利用；"三生场景一体化"聚焦生产、生活、生态空间的融合发展，通过场景设计提升设施的空间感知与使用效率。

本书进一步分析了该技术在西南山地乡村社区中的有效规划与实施应用，制定了"西南山地乡村社区公共服务设施规划导则"。这一导则为公共服务设施的建设和管理提供了实用性的操作框架和具体指导，确保规划的科学性与可操作性。

最终，本书形成了一个集"三大目标引领＋三项一体化规划技术＋一个精细设计导则"于一体的完整技术体系（图3-4），为西南山地乡村社区公共服务设施的规划与建设提供了逻辑清晰、内容完整的规划技术流程。该技术体系旨在为国土空间规划背景下的西南山地乡村公共服务设施规划建设提供参考思路与实践路径，助力乡村振兴目标的实现。

西南山地乡村社区公共服务设施空间一体化规划技术体系						
规划实践逻辑	核心思想	地域特征及现实问题	实践对象	三大目标	三项规划技术	一个设计导则
背景阐述 理论梳理 现状分析 方法建构 实践运用	城乡统筹 供需平衡 精细实施	县域城镇空间格局重构 公共服务设施供给不足 乡村人口收缩、社会衰退 公共服务设施供需结构失配 乡村社区空间复杂分散 自然生态环境敏感脆弱	西南山地 乡村社区 公共服务 设施	城乡统筹 区域协同 多元供给 供需平衡 精细场景 实用规划	区域网络一体化 多元供给一体化 三生场景一体化	西南山地乡村 社区公共服务 设施规划导则

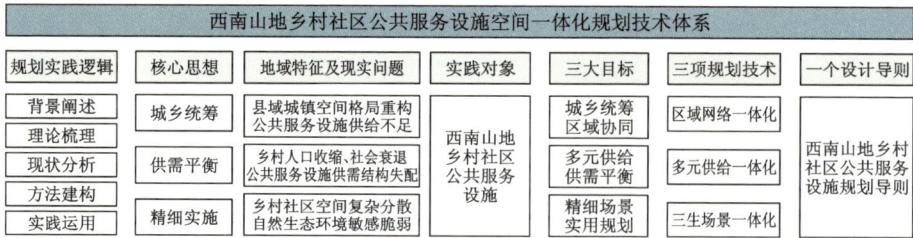

图 3-4　西南山地乡村社区公共服务设施空间一体化规划技术体系

(图片来源：笔者自绘)

西南山地乡村社区公共服务设施的地域特征与现实问题，主要体现在县域城镇空间格局重构、乡村人口收缩、社区空间复杂分散且生态环境敏感脆弱等方面。

首先，在县域城镇空间格局重构背景下，县域内某些村庄公共服务设施存在严重的供给不足问题。随着城乡一体化进程的推进，西南山地地区的城乡要素流动变得愈加频繁。然而受制于资源分配不均和区域发展差异，某些村庄的公共服务设施供给长期处于短缺状态。县城、镇区和乡村之间的功能整合并不完善，导致乡村社区无法获得与城镇同等质量的公共服务设施配给。其次，乡村地区人口收缩和社会衰退加剧了公共服务设施供需结构的失配。西南山地乡村地区普遍面临着人口外流、老龄化加剧等问题，导致公共服务设施的供给和需求之间出现明显的失衡。人口的流失减少了公共服务设施的使用需求，然而现有的公共服务设施仍然需要保养和维护，不仅造成财政的负担，还在一定程度上导致了资源的闲置和浪费。这种供需结构失衡的现象在西南山地的许多乡村都有所表现，特别是在社会转型、人口结构改变的背景下，该问题尤为突出。最后，乡村社区空间的复杂分散和自然生态环境的敏感脆弱，使得公共服务设施的配置更具挑战性。西南山地地区的地形复杂、交通不便，社区分布呈现高度分散、规模较小的特点，导致公共服务设施的可达性差，使用效率低。交通不便使得居民难以及时获取公共服务，进一步加剧设施的低利用率现象。此外，脆弱的生态环境也增加了设施的建设成本，限制了设施的可持续运维。

为解决上述现实问题，需要在规划中引入多元供给机制、灵活配置策略，以适应不同的地域特征和需求变化。本书探索构建了一套包括"区域网络一体化""多元供给一体化"和"三生场景一体化"的乡村社区公共服务设施空间一体化规划技术。该技术聚焦山地乡村社区公共服务设施"区域统筹不足""供需结构失衡""空间实践薄弱"三大核心问题，提出"区域网络 - 统筹调控""供需调配 - 多元供给"和"三生场景 - 具体建设"三大策略，旨在推动城乡统筹、区域协调与设施高效配置。

区域网络一体化技术从县域视角出发，采用"县—镇—村"三级空间规划框架，构建公共服务设施的空间网络体系。通过识别并规划乡村社区生活圈，形成区域内公共服务设施的均衡化发展，调节不同乡村社区在网络中的位置与功能，确保交通区位、自然环境、社会经济差异等因素得到充分考量。该技术强调分类识别乡村公共服务设施网络，确保根据县域内乡村的差异化特征，科学调整公共服务设施的配置结构，提高设施投入的效益与针对性。多元供给一体化技术侧重优化供给模式，通过线上与线下相结合的综合服务形式，精准匹配人口与公共设施资源，解决西南山地乡村供需失衡的问题。该地区地理条件复杂、人口分布不均，传统的供给模式难以满足多样化需求。该技术通过科学规划和技术手段，推动公共服务设施的合理配置，确保资源供需的平衡与高效利用。三生场景一体化技术着眼于微观社区建设，旨在通过系统化的场景规划与设计，推动乡村公共服务设施的创新。基于生活、生产、生态的空间需求，识别并提取乡村社区的场景单元，结合在地性与实用性，制定场景设计导则，规划示范项目。该技术能够明确各类公共服务设施的重点建设内容，促进设施建设更贴近乡村实际需求，提升空间利用效率。

这套规划技术通过对西南山地乡村社区公共服务设施空间要素与空间规划格局等进行系统性的构建，实现城乡统筹与区域协同、多元供给与供需平衡、精细场景与实用规划等目标，进而推进建立普惠共享、城乡一体、以人为本的公共服务设施空间格局。

"西南山地乡村社区公共服务设施空间一体化规划导则"主要是为三生场景一体化技术中的场景单元提供详细的指引。每个场景的导则都包含六个部分，即场景愿景、功能策划、设施引导、空间选址与布局、场景示范、案例分析。这六个部分相互联系，构成了场景规划的完整框架。

场景愿景明确了场景营造的总体目标，描绘了场景未来的发展方向与期望效果。它为整个规划过程提供了指导性原则，使公共服务设施的布局、功能设计等环节始终围绕愿景展开。愿景的设定不仅要符合当地的经济、社会发展需求，还要结合乡村特有的自然与文化条件。功能策划侧重指出设施功能提升的主要方向，包括如何通过合理配置公共服务设施来增强乡村社区的生活、生产与生态功能。这一部分确定了每个场景应满足的核心功能需求，并结合区域特点，为设施功能提升提供指导。设施引导对具体的设施类目作出明确指引，详细列出了每个场景所需的设施类型，如教育设施、医疗设施、娱乐设施、公共基础设施等类别的划分与具体设施清单，从而为规划和建设提供依据。在空间选址与布局方面，该导则对设施的具体落位和组合形态提出了清晰的要求，确保设施的空间分布合理，易于居民使用，并充分考虑了西南山地地形的复杂性和村落的分散性，以提升设施的可达性和利用效率。场景示范作为设施营造的情境化反馈，通过虚拟或实际情境展示场景设计的应用效果，帮助规划人员和当地居民更直观地理解设施的实际运行情况和未来可能的使用效果。案例分析则通过实际案例的展示，提供场景规划具体实施效果的借鉴。通过对成功项目的解析，总结经验与教训，为其他地区的公共服务设施规划提供参考和借鉴。

通过六个部分的紧密结合，"西南山地乡村社区公共服务设施空间一体化规划导则"为西南山地乡村社区公共服务设施的规划、实施与管理提供了系统化的理论依据与实际操作路径，确保规划能够落地并产生实际效果。

3.2.2 关键技术及规划策略

1. 区域网络一体化

综合考虑城乡之间人口的流动趋势和动态特征，针对西南山地城乡公共服务设施的网络关联与协同使用现象，将以县城为重要载体的城镇化战略作为支撑，从区域性的角度对乡村公共服务设施进行统筹规划。通过交通可达性时距识别乡村公共服务设施空间网络类型，建立城乡融合服务型、均衡网络服务型、传统结构服务型的分类标准，并提出具有针对性的分类规划要点；构建"县—镇—村"生活圈网络，采用包含自足生活圈、通勤生活圈、基本生活圈、扩展生活圈的社区生活圈圈层体系，并建立集"行为识别、规划调节"于一体的两阶段式社区生活圈空间范围测度方法，进而明确不同圈层公共服务设施的配置标准和具体配置要求。主要策略如下。

1）以可达性时距为参考，分类识别空间网络

在县域统筹视角下，建立以县城公共服务设施中心与乡村公共服务设施中心为起讫点的空间矩阵。基于西南山地乡村实际路网的交通可达性模拟方法，以车行时

间 30 分钟内、30～120 分钟、120 分钟以上的时距区间为划分标准，分别与城乡融合服务型、均衡网络服务型、传统结构服务型三类设施空间网络类型相对应，以此反映乡村在县域公共服务设施网络中的相对位置与联系强度，并据此提出城村协同、镇村协同、村村协同等分类规划模式，从而形成网络化、差异化的公共服务设施空间配置体系。

2）打造多圈层生活圈，配置三生公共服务设施

采用乡村社区生活圈规划技术，通过构建不同服务范围的生活圈，满足多层级的公共服务设施需求，主要分为圈层体系识别与空间范围识别两大内容。

在圈层体系识别技术方面，借鉴既有研究基础，将西南山地乡村社区生活圈由内向外分为自足生活圈、通勤生活圈、基本生活圈、扩展生活圈四个类型，并明确不同生活圈圈层的公共服务设施特征。

在空间范围识别技术方面，首先在行为识别阶段，基于时间地理学视角下的居民时空行为调查方法，结合实际出行数据，识别出居民现状使用的乡村生活圈的空间活动范围与活动规律。其次，在规划调节阶段，结合山地地形的出行速度特征，明确不同生活圈的空间范围区间，并通过选取设施配置中心完成乡村生活圈空间规划。最后，采用"生产、生活、生态"三生公共服务设施分类体系，结合地方公共服务设施配置标准，对乡村社区生活圈不同圈层的主要公共服务设施进行再组织。

2. 多元供给一体化

多元供给一体化技术重点在于通过科学规划和技术手段，优化西南山地乡村社区公共服务设施的供给模式，以应对该地区长期存在的供需失衡问题。西南山地地区的地理条件复杂，乡村人口分布不均，传统的单一供给模式无法满足人们日益多样化的需求。为此，多元供给一体化技术倡导线上与线下相结合的综合服务形式，通过精准匹配乡村社区人口与公共设施资源，实现资源的高效配置与合理利用。其主要策略如下。

1）人口和设施匹配的公共服务供需结构调整

人口和设施匹配的公共服务供需结构调整，作为多元供给一体化技术的关键策略之一，就是详细调查乡村社区居民的行为与需求，精准把握公共服务设施的实际使用情况与潜在需求。

首先，通过时空行为调查，分析居民在不同时间段、不同空间中的活动轨迹和服务使用偏好，明确各类公共服务设施在日常生活中的使用频率及场所选择。这一调查揭示出公共服务设施的实际供给与居民需求之间的错配问题，尤其是在不同群体（如留守老年人、外出务工人员、返乡旅游者）中的表现差异。

其次，结合调查结果，进行设施供给分配与需求分析。通过对现有设施的布局、数量、服务能力等方面的评估，进一步分析设施供给是否均衡、服务质量是否达标，特别是重点服务（如医疗、教育、文化设施）是否能满足不同群体的实际需求。例如，一些偏远村落因交通不便，可能需要更多的线上服务支持，而人口流动较大的地区则可能需要灵活的设施布局。

基于这些分析，提出有针对性的优化调整措施。这些措施包括重新规划设施布局以缩短居民的出行时间，或者引入灵活的移动服务平台和信息化手段以提升供给效率。同时，还可以根据人口流动趋势进行动态调整，避免资源浪费或供需错配的问题，从而实现供给与需求的精准对接，促进乡村社区公共服务设施的高效利用和长远发展。

2）线上服务与线下设施相结合的供需形式优化

"线上服务与线下设施相结合的供需形式优化"是多元供给一体化技术的另一重点策略，旨在通过数字技术和信息化手段优化乡村公共服务设施的供需结构。随着数字化进程的推进，线上服务逐渐成为乡村公共服务的重要补充手段，例如在线医疗、快递物流和网络购物等，极大地丰富了乡村居民的生活服务选择。通过对"线上－线下"服务的类型进行清晰界定和评价，可以构建一套全面的服务水平综合评估体系，明确各种服务形式下设施的具体配置要求，并深入分析影响服务水平的关键因素。这一策略的核心在于通过数据分析，找出"线上－线下"服务中的短板，进而为乡村地区提供全面、有针对性的服务优化建议。

在实践中，该策略从基础建设和规划设计两个层面展开。在基础建设方面，强调网络基础设施的完善、智慧平台的搭建，以及对乡村居民进行数字化工具培训的必要性。通过建设稳定的网络基础设施，为在线服务的有效运作提供支撑。同时，构建智慧平台，让乡村社区能够享受远程医疗、电子商务等服务。相关培训则帮助乡村居民更好地理解并使用这些现代工具，进一步提高服务的覆盖率与有效性。

在规划设计方面，提出了将"线上－线下"服务模式融入乡村公共服务设施的建设过程，特别是针对养老、医疗等长期供给不足的领域。通过线上与线下相结合的模式，如在线问诊与社区医疗点的协同，能够在资源有限的乡村有效扩大服务的覆盖范围并提升服务质量。这一融合方案不仅解决了乡村地区基础服务设施不足的问题，还提升了乡村居民对现代公共服务的可获得性，推动了更加健全、可持续的乡村公共服务系统的构建。

3. 三生场景一体化

三生场景一体化技术旨在系统性地组织公共服务空间要素，明确项目建设方向，促进乡村公共服务设施的创新与提升。该技术依据上位规划提取乡村发展目标，确保场景设计与整体区域发展规划相一致，有效连接宏观目标与微观实践，为乡村社区的可持续发展指明方向。通过深入分析乡村居民的人本需求和社区环境特点，识别具体的场景空间单元，推导出场景谱系，实现对公共服务设施的系统规划。这一过程不仅关注设施数量的增加，还强调功能的多样性和布局的合理性，以更好地满足当地居民的生活与生产需求。在设计过程中，该技术依据生活、生产与生态三大要素，制定相应设计要点，确保提升生活质量、支持经济发展和维护自然环境。通过系统化的场景设计，三生场景一体化技术优化了公共服务设施的空间利用效率，增强了可达性与使用效率，还为乡村社区公共服务设施实际建设提供重要指导。

三生场景一体化的主要策略是构建三生场景谱系。该策略基于生活、生产和生态空间基础，通过重点空间识别和服务需求，将公共服务设施场景分为生活型、生产型和生态型三大类型。

生活型公共服务设施是乡村社区居民日常生活的关键服务载体，也是乡村治理的核心场域。该场景主要聚焦乡村居民的日常服务与协同治理，确保居民的基本生活需求得到满足。

生产型公共服务设施在提升劳动力技术水平和农业生产效率方面发挥着不可或缺的支持作用，并且是推动三产融合发展的关键触媒。因此，该场景主要聚焦现代产业的绿色高效发展及城乡产业融合，促进经济的可持续增长。

生态型公共服务设施承载着栖息地维育和生态人居环境监测、治理与优化的综合功能。该场景主要关注生态格局的维护、自然宜居环境的创造及亲近自然的生态休闲体验。

通过实地调研、案例借鉴和规划示范项目的技术实践，本书在生活型、生产型和生态型服务场景的基础上，将场景进一步细分为基础性服务场景和拓展性服务场景，并围绕基础性服务场景进行规划设计与示范工作。这一细化过程有助于为乡村社区提供更具针对性的公共服务设施规划，提高设施服务质量和效率。

西南山地乡村社区公共服务设施规划：区域网络一体化技术

随着交通、通信、信息等技术的进步，在居民跨行政区、跨尺度"借用"公共服务设施的行为影响下，县域范围内公共服务设施空间网络体系的开放性与互动性逐渐增强。在新发展阶段，县城日益凸显出融合城市与乡村、平衡集聚与分散、贯通上层与基层的强纽带功能，是在区域视角下统筹乡村社区公共服务设施的重要地域单元，其重要性与必要性体现在以下几方面。

在空间功能方面，从历史演进的角度来看，我国自秦朝置县以来，县域范围比较稳固，形成了相对稳定的经济、社会和聚落体系，县城长期是联系城、乡两个系统的重要纽带。经过现代化与城镇化的发展，县域居于工业与农业、城市与乡村、国家与社会的关键节点，具备以乡村振兴为基本导向的内生发展需要，同时也具备以工促农、以城带乡的基础条件，是推进乡村全面振兴的有力载体。

在发展政策方面，2022 年 5 月中共中央办公厅、国务院办公厅印发了《关于推进以县城为重要载体的城镇化建设的意见》，强调县城对于城乡融合发展和新型城镇化的关键作用，要求持续推进以县城为重要载体的城镇化建设，我国进入了以县级城市为重要载体的城乡融合发展阶段。县城作为我国城镇体系的重要组成部分，其公共服务设施较为完整与齐全，是村民获取高等级公共服务设施的主要地域系统，在城乡公共服务设施统筹布局中具有支点性的作用。

在人口流动方面，同 2010 年相比，2023 年全国在本乡镇外就业的外出农民工比重由 62.8% 下降到 59.3%，而在本乡镇内就业的本地农民工比重由 37.2% 提高到 40.7%，县域范围内人口乡城流动持续活跃且流动半径逐步缩小。

此外，西南山地地区城乡公共服务设施差距大，山地村镇单元的经济体量小、人口流失多，难以在村镇层级建立起完整的公共服务设施体系，至少在县域尺度才能形成较完备的公共服务设施体系（图 4-1）。因此，西南山地乡村社区公共服务设施的区域统筹规划应以县域为视角，以"县—镇—村"为空间规划范围。

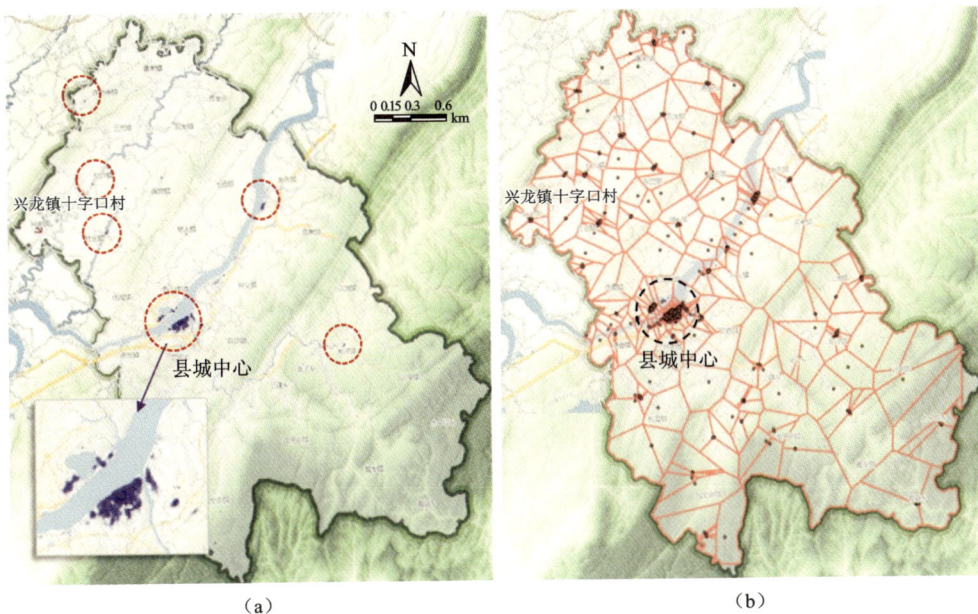

图 4-1　西南地区城乡公共服务设施的区域空间特征

（a）丰都县公共服务设施核密度分析；（b）丰都县公共服务设施泰森多边形分析

（图片来源：笔者自绘）

　　基于县域尺度，结合时空网络体系、流空间与生活圈理论，本书提出了兼顾县城导向与乡村导向双重视角的公共服务设施"区域网络一体化技术"。首先从县城出发，将县城作为高尺度的公共服务设施中心，构建公共服务设施的分区体系。"从高尺度到低尺度"的公共服务设施分区体系构建，有助于加强区域范围内各类乡村公共服务设施配置的宏观统筹与均衡调节。同时了解与明确不同乡村在县域网络中的功能与作用，为生活圈规划与设施差异化配置提供重要基础。其次，从乡村社区及其居民的设施使用需求出发，结合西南山地乡村社区特征，"从低尺度到高尺度"构建具有实用性的乡村生活圈规划（图 4-2）。通过"从高尺度至低尺度"与"从低尺度至高尺度"两个层面的设施网络互动，促进乡村社区公共服务设施的区域统筹与功能互补。

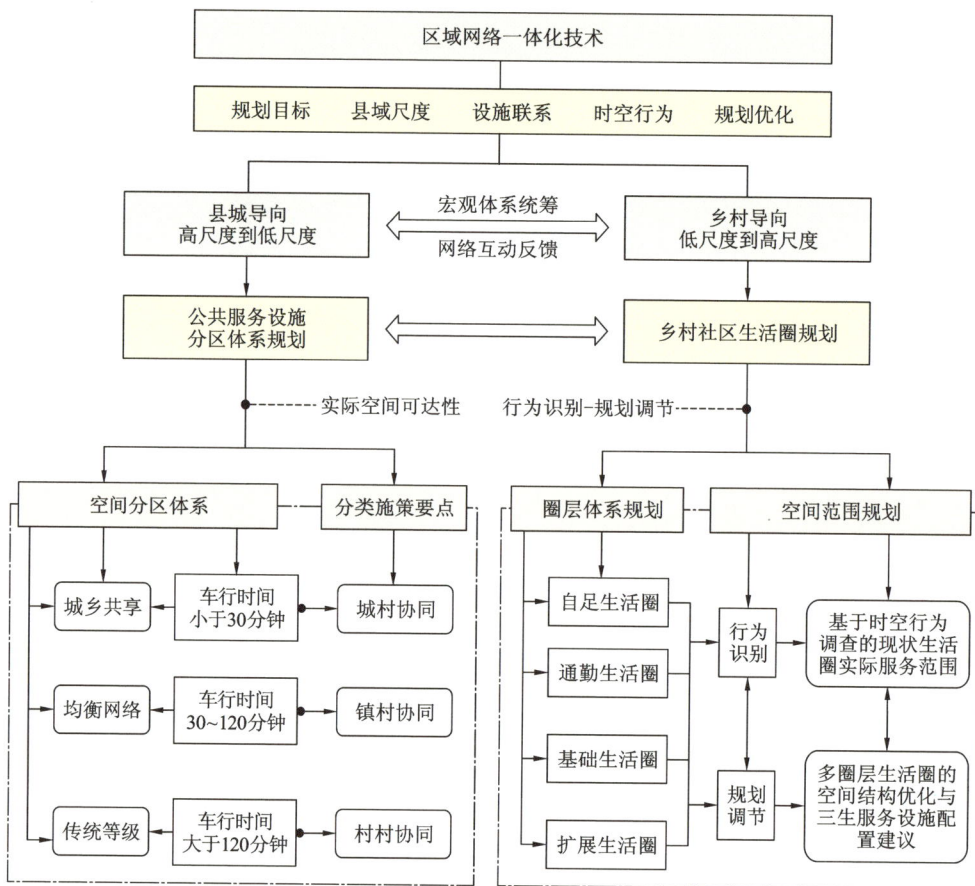

图 4-2　区域网络一体化技术路线

（图片来源：笔者自绘）

4.1　县域统筹视角下公共服务设施的分区体系规划

在区域视角下的公共服务设施规划中，不同乡村社区因交通区位、自然环境、社会经济水平等差异会产生功能与职能的明显分化，从而影响乡村社区在区域网络体系中的相对位置、联系强度与活跃度，也会影响乡村社区生活圈及公共服务设施的具体配置方式。为了提高公共服务设施在充满差异化的县域单元内的投入效益，需要优先从县城出发，将县城作为高尺度的公共服务设施中心，对公共服务设施的分区体系进行识别。通过分类识别与分类规划，提高区域统筹举措的针对性与可操作性，从而科学地调整乡村公共服务设施配置的结构和内容。

4.1.1 公共服务设施分区体系的识别方法

1. 空间可达性是识别公共服务设施分区体系的关键指标

不少研究已围绕区域视角下的乡村公共服务设施分区体系的识别与构建方法展开了探讨，如赵万民等（2016）通过分析产业分布、民俗习惯和居民意愿等因素，以及叠加分析影响空间布局的重要因子（地形、交通、人口、经济、城镇体系和灾害）等内容，形成了重庆市长寿区村镇公共服务设施配置分级体系；潘传杨等（2023）以河北省丰宁县为例，首先利用多因子综合评价法测算乡镇综合服务能力，然后运用修正引力模型和社会网络分析工具探析县域内乡镇公共服务空间网络的结构特征，通过分析网络联系强度、节点中心度等指标来解释乡镇在县域空间网络中的空间联系强度与重要性；赵宏钰等（2023）根据上位规划、主导产业、资源环境、空间利用、地理位置等因素，将四川省合江县乡镇级片区分为城郊融合型、区域协同型、生态文旅型三种类型，发现不同类型乡镇公共服务设施的发展水平有差异，城郊融合型片区公共服务设施综合发展水平最高，其次为生态文旅型片区，区域协同型片区的综合发展水平相对最低。上述研究的核心思路与路径借助多维度的影响要素评估，识别乡村社区在"村—镇—县—城"空间体系中的联系与功能。虽然研究指标日益多元，但大量研究都认为空间可达性在公共服务设施分区体系中具有基础性作用。

可达性（accessibility）是指从一个地点到另一个地点的难易程度。不可否认的是，互联网、交通、物流等流空间使不同行政等级空间的水平联系加强，实体空间可达性的重要性正在逐渐被淡化。但就我国大多数乡村社区的发展现状而言，公共服务设施由于供应来源相对单一，规模与品质等仍与垂直的行政等级密切相关。乡村服务节点与镇、县城、城市等区域服务中心之间的地理空间邻近性差异，仍是影响乡村公共服务设施配置体系的关键要素。因此，乡村社区公共服务设施空间体系事实上是"中心地"模式和"网络化"模式、垂直"层级"与水平"流"并存的复合形态。由于实体空间有限的功能传递性，区域服务中心的服务半径辐射范围呈现明显的距离衰减现象，距离区域服务中心越近的乡村更易低成本地捕获高等级公共服务设施资源，实现公共服务设施互动共享的配置优势；而距离区域服务中心越远的乡村则处于相对边缘与弱势的功能地位，制约了村民使用公共服务设施空间的基本时空机会。因此，构建乡村公共服务设施空间网络体系的关键要素是衡量"村公共服务设施节点—县城公共服务设施中心"的可达性。

普遍来看，传统乡土社会的村民受农业生产的季节性和日夜劳作的时间规律影响，形成了较为强烈的时间感知能力。在当代乡村社区居民使用公共服务设施的日常行为中，日常时间的确定性让人们在作出选择时通常优先考虑时间维度，时间是否允许，决定了可以到达的空间远近。换言之，乡村居民倾向以时间的确定性来体察空间的边界性，这为利用时间距离的概念描述空间可达性提供了现实依据。

在评估乡村服务节点与区域服务中心的空间可达性时，传统上多用两点之间的几何直线距离来测度，但这一测度方式对于西南山地乡村的适用程度较低。因为山地特殊的地形地貌通常增加了道路的绕行成本，地形对公共服务设施可达性的约束性较强，几何直线距离与实际可达距离之间的差异较大。随着 GIS 交通可达性模拟技术与在线地图 API 交通模拟技术的普及，现可基于实际路网形态，依据小汽车、步行、自行车、公交车等出行方式测度实际出行距离，显著提高了测算山地乡村服务节点与区域服务中心的实际空间距离的准确性。在测度并获取实际空间距离的基础上，可进一步对特定区域内所有的空间距离数值进行区间分类，从而识别出特定乡村在区域公共服务设施体系中的功能与联系。距离分类方法可以是自然断点法、聚类分析等数理模型，也可以依据经验共识进行划分，前者较为定量与严谨，后者在实践中具有易于推广的应用性与操作性。

2. 基于交通时距的公共服务设施分区体系规划方法构建

依据数理模型测度的距离分类区间会因样本不同而存在较大差异性，较难归纳出普适性的分类标准。因此，可结合现实经验共识与出行规律调查，根据居民使用公共服务设施时需要耗费的"时距"来预先进行区间划分，然后根据可达性区间构建涉及全域乡村的分区体系（图 4-3）。

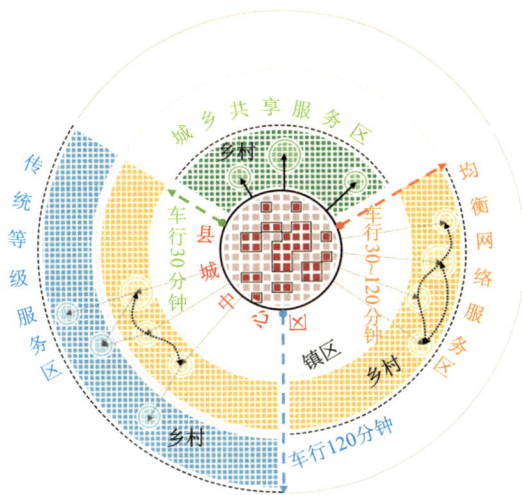

图 4-3 丰都县乡村公共服务设施的分区体系划分

（图片来源：笔者自绘）

基于对典型西南乡村社区的田野调查与案例研究，通过拟合山地交通实际路网状况，发现当乡村社区与县城公共服务设施中心空间联系紧密、共享程度高时，可将该乡村所在的公共服务设施空间网络划分为城乡共享服务型，两者之间的车行时间通常小于 30 分钟；当乡村社区与县城公共服务设施中心空间联系较为紧密、设施互动水平中等时，可将该乡村所在的公共服务设施空间网络划分为均衡网络服务型，两者之间的车行时间通常在 30 ～ 120 分钟；当乡村社区与县城公共服务设施中心空间联系较为薄弱、设施互动频率低时，可将该乡村所在的公共服务设施空间网络划分为传统等级服务型，两者之间的车行时间通常大于 120 分钟（表 4-1）。

表 4-1 丰都县乡村公共服务设施空间网络类型

类型	街道及乡镇
城乡共享服务型	名山街道、三合街道、湛普镇、虎威镇、双路镇、兴义镇
均衡网络服务型	董家镇、许明寺镇、三元镇、双龙镇、仁沙镇、兴龙镇、青龙乡、十直镇、保合镇、社坛镇、树人镇、龙孔镇、高家镇、江池镇、三建乡、栗子乡、龙河镇、南天湖镇、包鸾镇、武平镇、仙女湖镇、暨龙镇
传统等级服务型	太平坝乡、都督乡

4.1.2 公共服务设施分区主要特征及规划要点

位于不同公共服务设施分区的乡村具有显著的特征差异，需要因地制宜地制定分类的精细化规划要点（表4-2）。

表4-2 三类设施空间网络特征及规划要点

类型	主要分区特征		设施调控要求
	模型示意	特征描述	
城乡共享服务型		①毗邻设施资源优质且密集的县城中心区，设施配置较为齐全；②交通路网组织与公共交通服务较为成熟，具有可达性优势；③具有就近捕获人流、客流、物流的社会经济发展优势	①城村协同；②应被统筹纳入县城公共服务设施规划，发挥乡村互补功能，承接县城的产业功能与公共服务设施发展需求；③促进城乡公共服务设施共建共享，打造城乡生活共同体
均衡网络服务型		①位于县城远郊地区，距离镇区服务中心较近，镇区是村民日常公共服务活动的重要靶点；②人口规模与公共服务设施齐全度一般，社会经济基础相对活跃，道路交通较为便利	①镇村协同；②应被纳入乡镇公共服务设施规划，补齐公共服务设施数量与质量的短板；③可通过交通等外部因素的完善来建立与镇区公共服务设施的协同布局关系
传统等级服务型		①位于县城偏远地区；②社会经济水平较为落后，老龄化、空心化态势突出，交通可达性较差；③公共服务设施的数量、类型不足，使用活力及运营维护水平低下	①村村协同；②在村际层面加强与邻近乡村社区的协同共享；③活化现有闲置公共服务设施资源；④完善道路交通设施与镇区服务中心的空间可达性

资料来源：笔者根据相关文献整理、绘制。

1. 城乡共享服务型

城乡共享服务型乡村主要位于县城近郊地区，是县城中心功能向外扩展的先发地域，是城市和乡村社会、经济、空间功能紧密渗透、互为支撑的复杂系统。村民处于半城镇化状态，通常具有相对更高的收入水平与更为多样化的公共服务设施使用需求。这类乡村毗邻资源优质且密集的县城中心区，能够显著受益于县城公共服务设施的空间溢出效应，带动本地公共服务设施逐步完善。这类乡村交通路网组织较为成熟且公共交通覆盖率较高，具有出行可达性优势，因此其公共服务设施（尤其是商业、文化等生活型公共服务设施）的使用范围多突破本村边界，乡村—县城或乡村—镇区—县城的空间联系度与流动性较高。同时，相比于县城，这类乡村具有低地租的成本优势、自然休闲景观的资源优势，以及近域人流、客流、交通流的流量优势，展现出城乡资源互补的潜力。可以通过就近发展乡村旅游、物流、电商等非农化产业，与县城形成扁平化、良好的共享发展模式，进而帮助完善县城功能结构及公共服务设施配置。

因此，此类乡村应被统筹纳入县城公共服务设施规划体系，打破行政边界界限，以多功能乡村理论为指导，承接县城的产业功能与公共服务设施发展需求。通过"城村协同"打造城乡生活共同体，实现城乡公共服务设施及基础设施的共建共享、集约高效、一体化发展（图4-4）。

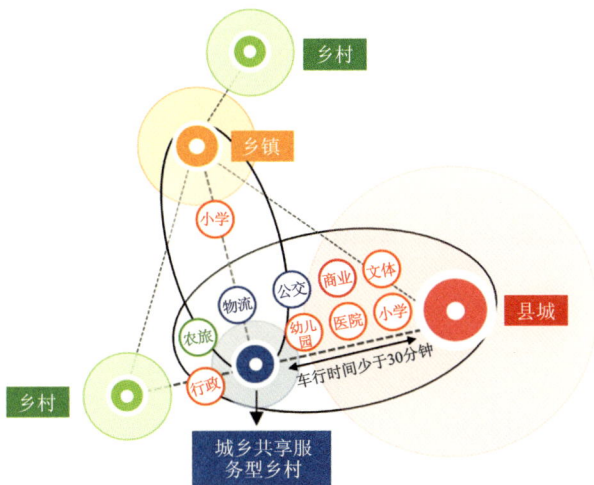

图4-4　"城村协同"配置模式

（图片来源：笔者自绘）

2. 均衡网络服务型

均衡网络服务型乡村主要位于县城远郊地区。由于这类乡村距离县城服务中心较远，但邻近镇区服务中心，因此其在公共服务设施配置上呈现出介于城乡共享服务型乡村与传统等级服务型乡村之间的过渡状态。这类乡村人口规模适中，社会经济基础相对活跃，公共服务设施发展需求与使用效率相对较高。这类乡村距离镇区的道路交通较为便利，镇区公共服务设施配置中心是村民进行日常活动的重要靶点，展现出较高的乡村—镇区联动性。

针对这类乡村的特点，需将其纳入乡镇公共服务设施规划体系，通过充分挖掘现有闲置设施资源的要素潜力，推动资源的合理配置与高效利用。在具体策略上，应以"镇村协同"模式为核心，通过补齐乡村公共服务设施数量与质量短板，形成资源整合与设施共享的良性互动。与此同时，可结合道路交通、物流网络等外部条件的完善，进一步增强城乡要素的流动性，构建乡村与镇区服务设施的协同布局关系，从而提升镇区公共服务设施体系的整体效能（图4-5）。

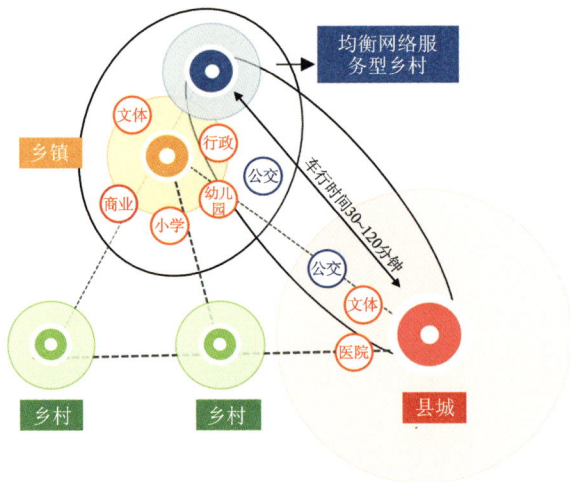

图4-5 "镇村协同"配置模式

（图片来源：笔者自绘）

此外，可因地制宜地引入灵活的流动式设施服务模式，弥补固定设施覆盖范围的不足，满足村民多样化需求。例如，通过设置露天电影院为村民提供文化娱乐服务，组织集市大戏台传承传统民俗文化，引入流动医院门诊与社区家庭医生增强基础医疗服务，或布设流动快递取放点方便电子商务发展。上述措施不仅能降低固定设施建设的成本，也能借助镇区的设施服务资源优化乡村公共服务设施的服务水平。

3. 传统等级服务型

传统等级服务型乡村主要位于县城偏远地区，是城乡公共服务设施网络体系中最为薄弱的环节。由于这类乡村地理位置偏远，其与县城及镇区的空间联系度低，难以享受到县城公共服务设施的空间辐射，部分村庄能够受到镇区公共服务设施的有限覆盖。这类乡村社会经济水平相对落后，劳动力外出务工现象普遍，社会老龄化与空心化问题明显，生产方式以自给自足为主，生活特征封闭内向。这类乡村的公共服务设施数量与类型严重不足，运营维护水平低，更新周期较长且使用活力较低，村民的大部分服务需求不能得到满足。交通可达性较差，村民的日常出行范围和频率受到很大限制，进一步削弱了其与外界的联动性，具有公共服务设施收缩化发展的趋势。

此类乡村应在村际层面，通过"村村协同"模式加强与邻近乡村的资源共享与公共服务设施协同建设。通过建立村际联合机制，合理整合有限资源，共同补齐基础设施和公共服务保障的短板，逐步提高公共服务设施的覆盖范围和服务效能。同时，通过完善道路交通可达性，加强乡村与镇区服务中心的联系，不仅可以有效扩大村民的活动范围，还能提升乡村公共服务设施的利用效率（图4-6）。

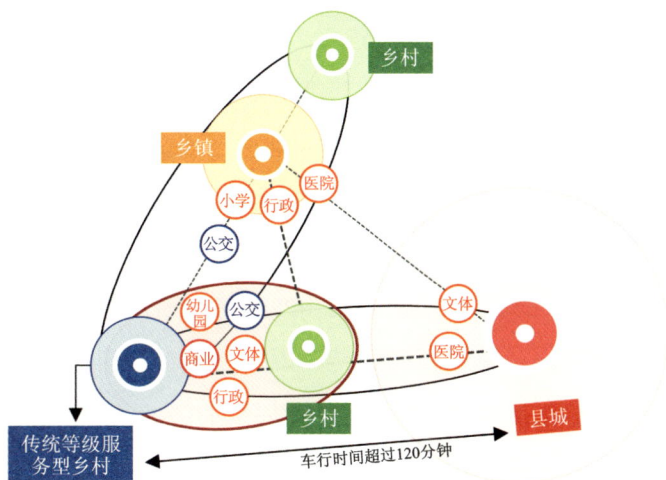

图4-6 "村村协同"配置模式

（图片来源：笔者自绘）

4.2 乡村社区生活圈及公共服务设施规划

乡村社区生活圈由不同尺度的空间圈层构成，具有明显的圈层特征。乡村社区居民的生活需求和活动范围多样化，生活圈的空间范围通常超越行政单元边界，表现出较强的灵活性和动态性。这种特性导致乡村社区生活圈的空间范围不固定，其形态和尺度会随着社会经济条件、基础设施建设及居民生活方式的变化而不断调整。因此，在乡村社区生活圈的空间规划中，关键技术在于构建科学的圈层体系，并合理划定其空间范围。

4.2.1 乡村社区生活圈空间规划的关键要素

1. 乡村社区生活圈的圈层体系划定

在乡村社区生活圈的圈层体系识别方面，现有乡村社区生活圈主要围绕传统生活型公共服务设施，根据设施服务水平及居民使用设施的需求意愿与出行能力进行圈层类型划分：如官钰等（2020）将乡村生活圈划分为自足性生活圈、通勤性生活圈、基础性生活圈和扩展性生活圈四个层级；孙德芳等（2012）结合城乡居民对于获取公共服务设施所愿意付出的时间成本，在县域层面划分了由初级生活圈、基础生活圈、基本生活圈和日常生活圈构成的四级公共服务设施配置体系；师莹等（2021）针对黄土丘陵沟壑区乡村，划定了"初级生活圈—次级生活圈—综合生活圈"三级生活圈圈层，并提出了各圈层的设施配置策略；朱查松等（2010）依据居民出行距离、需求频率和服务半径，构建了包括居民点基本生活圈、一次生活圈、二次生活圈、三次生活圈在内的不同生活圈层次；李小云等（2021）对欠发达地区乡村提出了"拓展生活圈—基本生活圈—基础生活圈"三级生活圈体系；赵万民等（2017）构建了包括基本生活圈、二级共享圈、三级共享圈和四级共享圈在内的农村公共服务设施共享圈；李立峰等（2024）依据区位条件和空间分布关系，将乡村生活圈分为融城型生活圈、共建共享型生活圈、中心村单村型生活圈、自然村单村型生活圈四种类型；金涛（2023）从行为类型和时间成本两个方面，将丽江市古城区乡村社区生活圈测定为自给生活圈、日常生活圈、基础生活圈和拓展生活圈四个圈层；罗桑扎西等（2023）将村庄空间划分为基础生活圈、便捷配套生活圈和外延生活圈三个层次，以生产要素、生活要素、生态要素、治理要素为主体，对公共服务设施进行重新组织。

此外，部分学者从社会交往、产业发展、游憩活动等新视角丰富了乡村生活圈的圈层体系划分。如杨山等（2019）运用地理学空间分析方法与社会学半结构化访谈法，将江苏省昆山市群益社区乡村居民生活圈解构为居住圈、就业圈和交际圈；彭恺和曾姗（2020）则将生活圈理论与乡村振兴路径相结合，提出了以居民点为中心的基础生活圈、乡村居民为获得实际收益而进行经济活动所构成的产业生活圈及根据居民游憩活动的出行特征形成的拓展生活圈三者相结合的乡村社区生活圈重构模式；梁婷等（2023）通过采用 GPS 数据采集法、问卷调查法并结合马斯洛层级需求理论，划分了基本生活圈、安全生活圈、社交生活圈、情感生活圈、高级生活圈，为拓展三生融合、社会交往导向下的乡村生活圈类型提供了有益思路。

可见，虽然不同学者对乡村社区生活圈圈层体系的构建方式略有不同，但主流规划逻辑趋于相似，即从乡村社区到县城中心的生活圈，由内向外呈现着从基本水平到高级水平、从高频使用到低频使用的"差序化"圈层功能。不同圈层分别与不同服务时间和服务半径相对应，现有研究中常见的乡村社区生活圈圈层及其服务时间、服务半径如表 4-3 所示。

表 4-3　乡村社区生活圈识别研究整理

作者	生活圈结构	时间标准	空间距离
孙德芳等（2012）	初级生活圈	步行 15 ～ 45 分钟	0.5 ～ 1.5 千米，0.8 千米为宜
	基础生活圈	骑自行车 15 ～ 45 分钟	1.5 ～ 4.5 千米，1.8 千米为宜
	基本生活圈	乘公共汽车 15 ～ 30 分钟	10 ～ 20 千米，15 千米为宜
	日常生活圈	乘公共汽车 20 ～ 60 分钟	县城全域
高莉等（2021）	基本生活圈	步行 15 ～ 30 分钟	0.5 ～ 1.5 千米
	一次生活圈	骑摩托车 15 ～ 30 分钟	5 ～ 10 千米
	二次生活圈	乘公交车 15 ～ 30 分钟	10 ～ 20 千米
	三次生活圈	私家车行驶 20 ～ 60 分钟	覆盖所有居民点
张彬（2018）	乡村生活圈	步行 15 ～ 30 分钟（老幼）	0.5 ～ 1.5 千米
	社区生活圈	步行 30 ～ 45 分钟（学生）	1.5 ～ 2.5 千米
	镇区生活圈	骑自行车 30 分钟	2.5 ～ 4 千米

作者	生活圈结构	时间标准	空间距离
朱查松等（2010）	基本生活圈	步行 15～30 分钟（老幼）	0.5～1 千米
	一次生活圈	步行 60 分钟（小学生）	2～4 千米
	二次生活圈	骑自行车 30 分钟	2.5～4 千米
	三次生活圈	驾驶机动车 30 分钟	—
官钰等（2020）	自足性生活圈	步行＋非机动车 15 分钟	—
	通勤性生活圈	非机动车＋城乡公交车 30 分钟	—
	基础性生活圈	乘城乡公交车 30 分钟	—
	扩展性生活圈	乘城乡公交车 60 分钟	—
葛丹东等（2021）	基本生活圈	步行 15 分钟（老幼）	0.5 千米
	一级生活圈	步行 15 分钟（正常人）	0.75 千米
	二级生活圈	骑自行车 15 分钟	1.8 千米

资料来源：笔者根据相关文献整理。

2. 乡村社区生活圈的空间范围划定

乡村社区生活圈的空间范围是指乡村居民使用某类公共服务设施时愿意承受的最佳时间距离的空间覆盖地域。现有乡村社区生活圈空间范围识别方法主要包括以下两种。

一种方法是从乡村居民日常行为的视角出发，将不同个体行为轨迹所集成的活动空间作为乡村社区生活圈的空间边界，体现了较强的人本导向与实际时空特征。例如，喻明明（2021）采用 GPS 数据采集法和问卷调查法，通过描绘 TIN 数据区的方法对乡村生活圈空间范围进行了识别。这一方法测度出来的乡村社区生活圈反映的是使用者实际的可达范围，空间形态通常不规则，可以为发现生活圈的空间问题与空间规律提供依据。但是由于乡村地区的时空行为数据获取难度较大，并且时空轨迹相对较为简单，因此这类乡村社区生活圈空间边界划定方法的应用实践相对较少，多应用于乡村社区生活圈的现状使用评价阶段。

另一种方法是从乡村公共服务设施的综合发展潜力出发，通过多因子综合评价确定高潜力、高能级的乡村社区为生活圈配置中心，并结合出行行为及需求调查测算出生活圈的服务半径，由中心点与服务半径共同形成生活圈空间范围。此方法具有较强的空间中心性与规划指导性，在规划优化阶段得到了广泛应用，其中的关键内容是对乡村设施中心点的识别，相关进展如下。

师莹等（2021）从地形重心、人口重心、经济重心三个准则层、十个要素层构建了村庄中心性评价指标体系，通过聚类分析选取评价值较高的村庄作为中心村庄，并利用改进引力模型测算各村庄之间的网络联系，确定高等级生活圈中心；王常年和侯倩倩（2021）从绿色增长理念出发，对"环境平衡性""经济增长性""社会公平性"三项评价因子进行集成评价，选定各级生活圈圈层的公共服务中心；袁鹏奇等（2021）通过对乡村地区建设现状、发展趋势、设施需求和区域安全四个维度的现状分析，加上集合覆盖模型分析，叠加识别出在中心职能、建设基础和设施需求等方面均具有相对优势的村庄，以及区域内不同层级的公共服务中心；陈玉娟和曹毓倩（2020）在利用行政单元潜力评价选取中心点的基础上，采用泰森多边形选址模型、GIS 网络分析法划分各级乡村社区生活圈空间边界；高莉等（2021）综合分析地形地貌、人口集聚程度、道路交通、自然灾害点和水域等影响要素，确定各级生活圈内公共服务设施的配置中心点，最后依据配置点布置相应等级的公共服务设施。

上述两类乡村社区生活圈的空间范围划定方法都各自取得了持续的发展，但目前少有同时包含两者的研究与实践。在人本需求导向下，随着对居民时空行为的日益重视，可将由个体实际时空行为测度的生活圈空间范围作为调节生活圈空间结构的规划依据，建立同时包含"现状时空行为识别"和"多因子叠加分析的规划调节"的两阶段式规划方法，既充分反映居民的实际行为模式，又能结合乡村设施的发展潜力，动态调整生活圈的空间结构和服务配置。

4.2.2　乡村社区生活圈的空间圈层体系规划

根据前述研究，乡村社区生活圈的圈层数量多在 3 ～ 5 层，由内向外遵循从基本到扩展、从本地到非本地的圈层功能层级。乡村居民对于学校、就业两类服务设施的"通勤"使用行为呈现出十分明显的时空规律性，具有相对于其他服务设施而言的使用特殊性，具备单列提出的必要性。因此，在西南山地乡村社区生活圈的圈层体系方面，可采用自足生活圈、通勤生活圈、基本生活圈、扩展生活圈四级圈层的分类方式，具体特征如下（图4-7）。

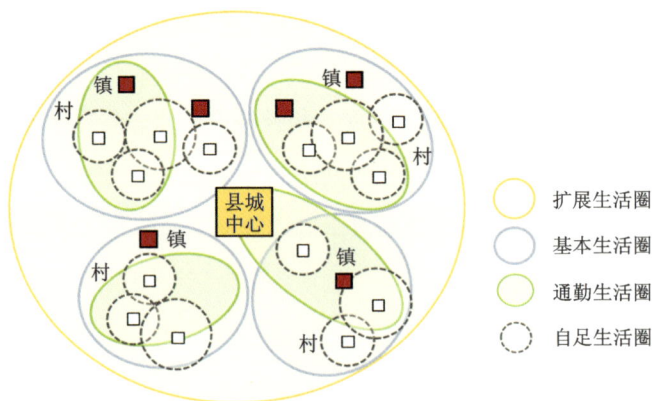

图4-7 乡村社区生活圈圈层空间示意

（图片来源：笔者自绘）

自足生活圈是村民开展日常活动的最小单元，涵盖了最基础设施需求、最频繁设施使用的空间范围。在自然农业经济形态的空间组织方式影响下，村民基本的生活和生产活动通常能在一定的空间范围内完成。自足生活圈内的日常活动主要包括耕作、购物、邻里社会交往、休闲娱乐等类型，村民的活动轨迹通常围绕着乡村居民点、耕地农田、小型商业经营点及公共服务设施配置点展开。

通勤生活圈是联系村民居住地与就业地（就学地）活动的特殊圈层。由于乡村社区较少的人口数量难以支撑设施配建的基本规模要求，部分规模敏感型的教育设施或人力密集型的产业设施主要集中配置于乡镇，从而使部分就业非农化的村民产生"住业分离"情况，以及部分适龄学生家庭产生"住学分离"情况。这也导致村民普遍形成"镇村两栖""工农兼业"的生产生活模式，周期性地往返于居民点与就业地（就学地）之间，逐渐形成了基于村民就业（就学）活动的通勤生活圈。该圈层内的村民日常活动主要包括就业、上学等主体出行活动，以及通勤途中的购物、就餐等系列配套活动。

基本生活圈是能较为完整地满足村民公共服务需求的综合单元，主要集中在镇区尺度。从现实的成本与效益要求来看，大多数乡村社区只能提供最基本的、日常保障性的公共服务设施，更高等级的优质公共服务设施需要克服时间与距离成本，从镇区或县城获取。在目前的规划体系中，镇区或者中心镇是大致能满足村民不同基础生活需求的公共服务配置中心，提供了较为完善与齐全的公共服务设施，包括对人口配置门槛要求较高的中学、卫生院、客运站等。

扩展生活圈是村民获取高等级公共服务设施、围绕县城中心形成的非日常型空间单元。在基本生活圈的覆盖基础上，随着社会经济水平的提升，村民对特色化、高质量的公共服务需求日益提高。扩展生活圈主要满足村民低频、高等级的公共服务活动需求，包括大型医疗设施、商业设施、文化设施等品质拓展型服务设施。

4.2.3 "行为识别 – 规划调节"的乡村社区生活圈空间规划

在县城全域范围内，城乡共享服务型、均衡网络服务型、传统等级服务型三类乡村服务设施及其空间特征有明显区别，这会导致乡村居民使用公共服务设施的实际出行空间范围有所不同，即现状生活圈的空间形态与空间规模具有较大差异，识别这一现状差异是在统筹视角下因地制宜规划社区生活圈及公共服务设施的关键前提。同时，在西南山地乡村社区生活圈的空间结构规划中，生活圈公共服务设施配置中心的选择需要综合考虑自然地形、社会经济水平等因素的影响。因此，可采用"双阶段"规划方法，结合"现状时空行为识别"和"多因子叠加分析的规划调节"来进行综合规划。

1. 基于居民时空行为的现状生活圈空间范围识别

社区居民在获取公共服务设施资源时，通常以个体行为为中心，获取其能感知到的公共服务资源，基于居民时空行为调查及个体感知的生活圈范围更能够反映社区公共服务设施资源的实际使用范围。因此，本书结合时间地理学视角，通过居民行为活动构建现状乡村生活圈空间范围的识别方法。在居民行为活动调查方面，虽然 GPS 数据与手机信令大数据的应用程度逐渐提高，但其调查成本较大并且乡村地区的轨迹信息载量相对较少。相比之下，微观社会学背景下的传统社区问卷调查具有成本相对较低、操作性强、人群画像更为精准的实用性特征，长期得到广泛采用。与此同时，社区居民通常以个体为中心，获取其能感知到的社区资源，基于居民个体感知的社区生活圈范围更能够实际反映居民使用的社区资源。因此，可基于微观社区调查的方法，构建如下乡村社区生活圈空间范围识别路径（图 4-8）。

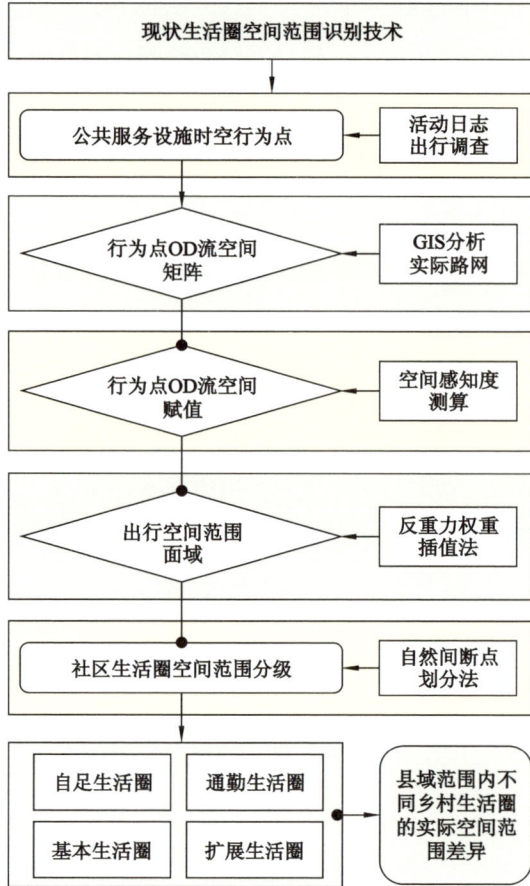

图 4-8 基于时空行为的现状生活圈空间范围识别技术路线

(图片来源：笔者自绘)

首先，通过问卷与活动日志调查，记录村民（使用者）在每日、每周、每月的活动中实际使用各类设施的空间位置与使用频次。结合实际路网计算出行距离，以此获取与建立行为点空间信息数据，行为点同时具有出行距离与出行频次双重空间属性。

其次，将各个调查样本的行为点数据导入 GIS 分析软件，建立行为点 OD（origin-destination，起点—目的地）流空间矩阵，了解居民出行行为的基本空间流向与距离。借鉴景观感知中的空间感知度概念，以行为点的出行频次与出行距离的乘积定义该行为点的感知度值，作为生活圈划分的依据，如式（4-1）所示：

$$f_i = W_D \times [V_i(x, y)] \tag{4-1}$$

式中，f_i 为 i 点的空间感知度；$V_i(x, y)$ 为方位 (x, y) 的出现频率；W_D 为距离权重，其值与距离成反比。

再次，采用反重力权重插值法，结合感知度值对行为点数据进行插值计算并生成面数据。对面数据采取自然间断点的划分方法，识别出自足生活圈、通勤生活圈、基本生活圈、扩展生活圈四级生活圈的实际空间范围。

最后，通过对县域范围内多个乡村重复进行上述操作，获取不同类型乡村现状生活圈的设施服务水平与居民出行水平差异，从而有助于了解整体情况，以及在区域层面进行综合调节（图4-9）。

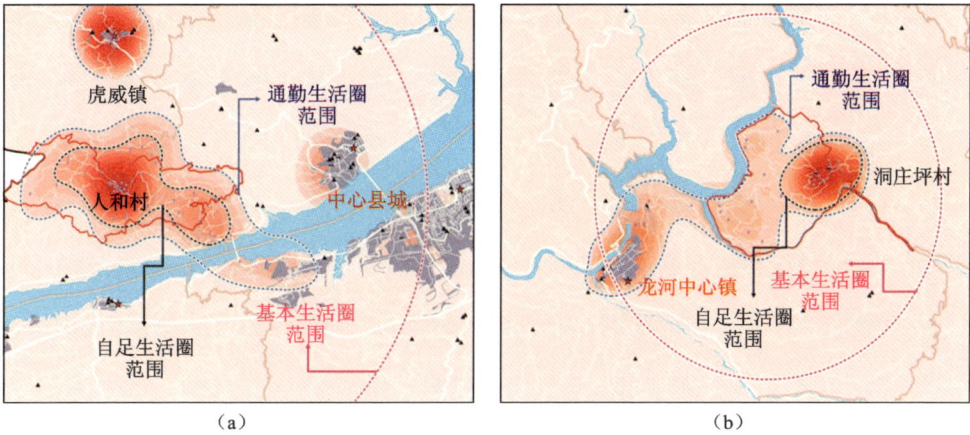

图4-9　丰都县乡村社区生活圈的现状行为识别

（a）丰都县人和村生活圈现状识别；（b）丰都县洞庄坪村生活圈现状识别

（图片来源：笔者自绘）

2. 多因子叠加分析的生活圈空间规划

基于居民实际的乡村社区生活圈空间范围评价，可通过"明确空间单元服务时间和半径"与"明确设施配置中心"两个关键环节，对生活圈的空间结构与空间范围进行规划调节，并提出相应的生活圈公共服务设施配置建议，具体技术内容与技术路线如图4-10所示。

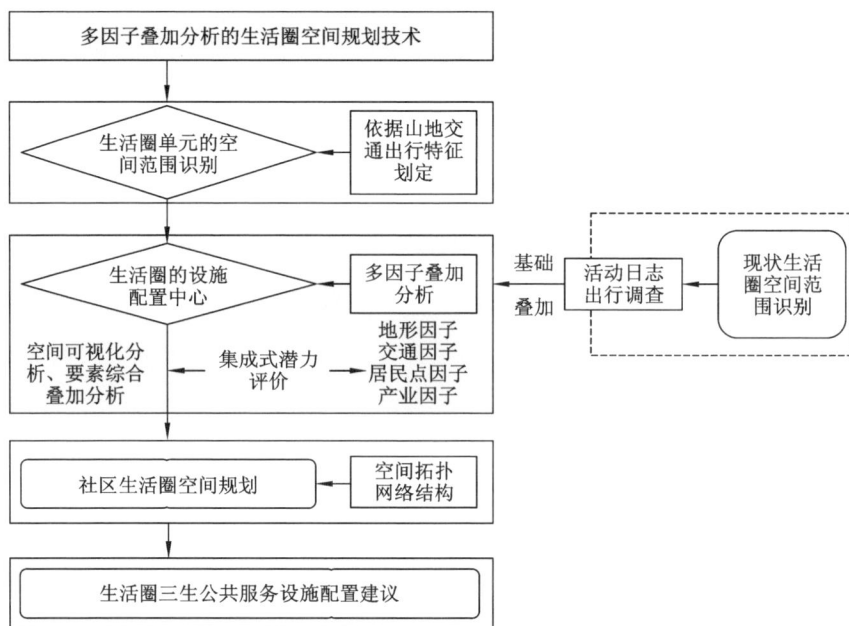

图 4-10　多因子叠加分析的生活圈空间规划技术路线

(图片来源：笔者自绘)

1）划定不同等级生活圈单元的空间范围

结合地形特征，明确乡村社区生活圈的服务时间与服务距离，划定不同等级生活圈单元的空间范围。在西南山地乡村，影响乡村社区生活圈圈层半径的时距与平原地区有较大差异，这一特点是西南山地乡村社区生活圈规划的重要前提。西南山地乡村道路常常因顺应地形而蜿蜒盘旋，道路弯道多、坡度大，行车速度会受到大幅影响。因此，在考虑生活圈时距范围时，采用与山地环境更加适应的交通速度模型，以确保出行时间与实际可达性相符。根据既有研究与实地调查，西南山地乡村居民既有的主要交通方式有步行、骑电动自行车、骑摩托车、乘坐公交车、驾驶小汽车等，较少包括自行车出行，乡村生活圈的时距范围需要结合这些交通方式的典型速度来进行合理测算。此外，《公路工程技术标准》（JTG B01—2014）依据地形条件划分了平坝丘陵区、中低山地区两个层级，并划分出 15 分钟、30 分钟、60 分钟等不同出行时间的距离（表 4-4），可参照这一标准明确规划阶段的乡村社区生活圈的各项服务时间与服务距离，具体如表 4-5 所示。

表 4-4　山地乡村交通方式与单位时间距离

交通方式	地形条件	15 分钟距离 / 千米	30 分钟距离 / 千米	60 分钟距离 / 千米
步行（4～6 千米 / 时）	平坝丘陵区	1.5	3	6
	中低山地区	1	2	4
骑电动自行车（15～25 千米 / 时）	平坝丘陵区	6	12	25
	中低山地区	4	8	15
乘坐公交车（30～40 千米 / 时）	平坝丘陵区	10	20	40
	中低山地区	8	15	30
驾驶小汽车、骑摩托车（40～60 千米 / 时）	平坝丘陵区	15	30	60
	中低山地区	10	20	40

资料来源：笔者根据相关文献整理。

表 4-5　不同乡村社区生活圈的服务时间与服务距离

生活圈圈层	活动频率	服务时间	服务距离
自足生活圈	每天	步行 30 分钟、骑电动自行车 15 分钟	1～3 千米
通勤生活圈	每天、3～5 天	步行 1 小时、骑电动自行车 30 分钟、乘坐公交车 20 分钟	3～8 千米
基本生活圈	每周、每月	乘坐公交车 30 分钟、驾驶小汽车或骑摩托车 20 分钟	5～15 千米
扩展生活圈	每周、每月	驾驶小汽车、乘坐公交车 60 分钟	30 千米

资料来源：笔者根据相关文献整理。

（1）自足生活圈

自足生活圈是村民每天使用、使用频率最高的生活圈圈层，主要覆盖的是步行 30 分钟、骑电动自行车 15 分钟内的空间范围，空间距离在 1～3 千米。

（2）通勤生活圈

村民在通勤生活圈圈层内的通勤活动以 1 日为周期，或者以 3～5 天为周期（乡镇就业的时空情况较为不稳定，如以乡镇集市为代表的非正规就业周期多为 3～5 天），时空规律性较强，主要采用非机动车出行或乘坐公交车出行等方式实现短途出行，因此通勤生活圈主要覆盖的是步行 1 小时、骑电动自行车 30 分钟、乘坐公交车 20 分钟内的空间范围，空间距离在 3～8 千米。

（3）基本生活圈

基本生活圈圈层主要满足村民必要但较低频次使用的公共服务设施活动需求，

村民在该圈层内的活动以一周或一月为周期，一般采用乘坐公交车、骑电动自行车、骑摩托车的出行方式，因此基本生活圈主要覆盖的是乘坐公交车 30 分钟、驾驶小汽车和骑摩托车 20 分钟内的空间范围，空间距离在 5 ～ 15 千米。

（4）扩展生活圈

村民对扩展生活圈里的公共服务设施使用的频次较低且随机性较强，通常以一周或一月为周期。扩展生活圈主要覆盖的是驾驶小汽车和乘坐公交车 60 分钟内的空间范围，空间距离在 30 千米及以上。

2）通过多因子叠加分析明确各级生活圈的设施配置中心

一方面，从居民日常时空行为形成的生活圈空间范围中识别出实际公共服务设施活动中心。另一方面，对影响使用公共服务设施的重要环境因子，如山体与河流等自然空间、社区居民点密集度与集中度、产业空间、道路交通等要素进行集成式的潜力评价，通过空间可视化分析、要素叠加分析等方式，综合性地筛选与明确关键的各级生活圈服务中心。在此基础上，生活圈配置中心的选择也需考虑区域层面的网络协同要求，除了优化垂直方向的空间等级联系，也需根据实际发展情况与居民需求提升水平方向的协同联系，从而不断优化生活圈规划中的空间中心与结构（图4-11）。

图 4-11　丰都县典型山地乡村社区生活圈规划

（图片来源：笔者自绘）

3）社区生活圈设施配置

通过明确各级生活圈的服务距离与设施配置中心，可以基本完成乡村社区生活圈的空间规划。在此基础上，应进一步对不同类型的乡村社区生活圈提出差异化的设施配置建议。可参照西南地区公共服务设施配置相关规范，基于国土空间规划对三生空间全域全要素的管控要求，将公共服务设施分为生活型公共服务设施、生产型公共服务设施、生态型公共服务设施，并提出具体的乡村社区生活圈公共服务设施配置体系建议。本书以重庆市乡村地区的公共服务设施配置标准为参考，分别对四级生活圈提出了具体的三生公共服务设施配置建议（表4-6）。

表4-6　乡村社区生活圈公共服务设施配置分类表

类别		项目	自足生活圈	通勤生活圈	基本生活圈	扩展生活圈
大类	中类					
生活型公共服务设施	公共管理与服务设施	村委会、党群服务点等行政管理机构	●	/	/	/
		公安局、法院、治安管理机构	/	○	●	●
		建设部门、市场部门、土地部门等其他管理机构	/	/	○	●
	教育设施	幼儿园、托儿所	●	●	/	/
		小学	○	●	●	/
		中学	/	○	○	●
		职教、成教、专科院校	/	○	○	●
	医疗卫生设施	卫生室	●	/	/	/
		卫生院	/	○	●	●
		药店与诊所	○	●	●	●
		专科医院、综合医院	/	/	○	●
	文化体育设施	文化活动室（站）	●	/	/	/
		文化馆、艺术馆等				
		图书室	●			
		文物、纪念、宗教类设施	○	○	○	○
		健身场地（体育设施）	●			
		体育公园	/	○	○	●
		体育馆	/	○	○	●

类别		项目	自足生活圈	通勤生活圈	基本生活圈	扩展生活圈
大类	中类					
生活型公共服务设施	商业服务设施	银行、信用社、保险机构	/	●	●	●
		酒店、饭店、旅游类服务设施	○	○	●	●
		超市、商场等购物类设施	○	●	●	●
		综合修理、理发、劳动服务类设施	○	●	●	●
		集贸市场、加工厂、收购点	○	○	●	●
		邮政、快递、物流配送网点	○	●	●	/
	社会保障设施	儿童保障服务设施	○	○	○	●
		社区互助点、日间照料中心	●	●	/	/
		养老院	/	○	●	●
		救助管理服务设施	/	/	○	●
	市政基础设施	公共厕所	○	○	●	●
		资源回收点	○	○	●	●
		环卫设施	○	○	●	●
		电力设施	●	●	●	●
		供水设施	●	●	●	●
		微型消防站	●	/	/	/
		消防站、防洪堤、防灾类设施	○	○	●	●
	交通服务设施	港口码头	/	/	○	○
		火车站	/	/	○	●
		公交站	○	●	●	●
		公交首末站	/	/	○	●
		汽车客运站	/	/	/	●
		停车场	/	○	●	●
生产型公共服务设施	农业综合服务设施	产品检验与检疫设施	/	○	●	●
		科技服务与农业资源服务设施	○	●	●	●
		就业和社会保障服务设施	/	○	●	●
		农田水利设施	●	●	/	/
		农业仓储设施	●	●	●	/
		农产品物流服务设施	○	●	●	●
	工业综合服务设施	企业	○	○	●	●

类别		项目	自足生活圈	通勤生活圈	基本生活圈	扩展生活圈
大类	中类					
生态型公共服务设施	生态环境综合治理设施	生态环境监测点	○	○	●	●
	生态保育设施	生态水体	●	●	●	●
		水源地保护设施	○	○	●	●
		生态林地巡护站	○	●	●	●

注："●"表示必须（应该）配置，"○"表示选择性（有条件）配置。

资料来源：笔者根据相关文献整理。

　　自足生活圈的公共服务设施主要面向乡村社区本地人口，因而应以村域空间为核心。该生活圈应重点配置必要的行政、基础医疗、文化体育休闲、农业生产等基本服务设施，以满足村民日常生活和生产活动的需求；通勤生活圈需要重点配置的是必要的幼儿园、小学、商业配套等服务设施，提供更为专业化的设施类型；基本生活圈需要重点完善镇区公共服务设施的数量与质量，强调特色化供给，缩小城乡设施建设标准的差异；扩展生活圈的公共服务设施面向乡村、镇区、县城的多样化人口需求，需要重点提升高水平中学教育设施、大型购物设施、优质医疗设施与文体设施等的空间可达性与服务水平。

西南山地乡村社区公共服务设施规划：多元供给一体化技术

本章聚焦西南山地乡村公共服务设施的多元供给一体化技术，重点探讨如何通过精准匹配人口与公共服务设施资源，考虑线上与线下相结合的综合服务形式，优化乡村公共服务设施的供给模式，从而满足西南山地乡村的多样化需求和实际发展需求。西南山地地区地理环境复杂、人口分布不均，乡村社区公共服务设施的供需结构长期存在失衡现象，如何通过科学规划和技术手段推动公共服务设施供需平衡成为西南山地乡村振兴中乡村社区建设的重要课题之一。

总体来说，本章通过"人口－设施"供需结构分析和"线上－线下"服务形式优化的双重手段，提出了一套适应西南山地乡村实际情况的公共服务设施规划技术（图 5-1）。这一规划技术不仅考虑到了传统的设施供给问题，还整合了现代信息技术的优势，试图提供更加灵活和高效的公共服务设施供给模式。通过供需结构的科学匹配和线上与线下的融合服务，为西南山地乡村社区公共服务设施的持续优化提供了有力的理论依据与实践路径。

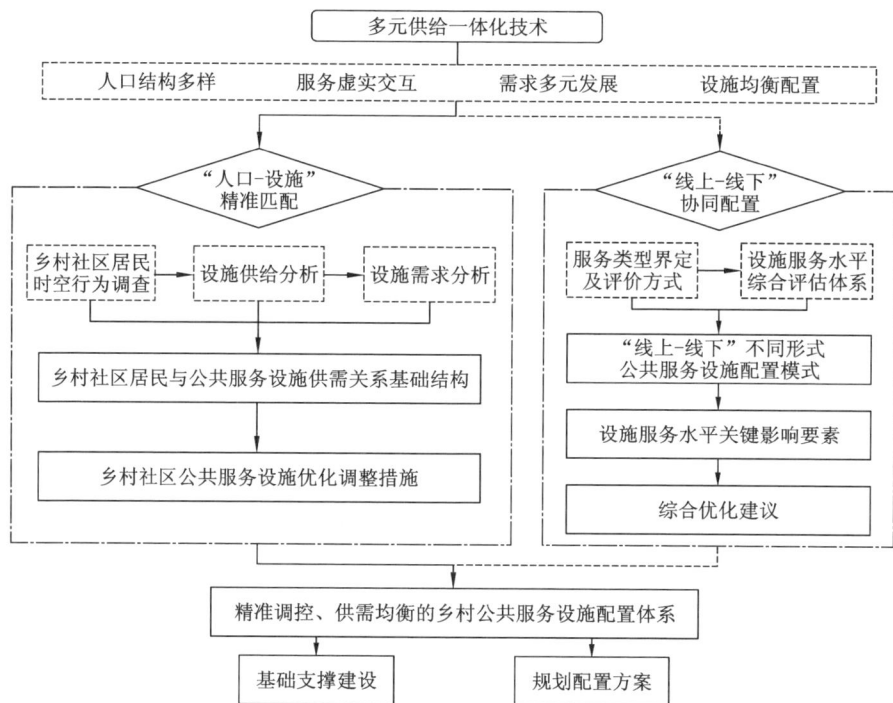

图 5-1　多元供给一体化技术流程图

（图片来源：笔者自绘）

5.1 以"人口 – 设施"为主的供需结构匹配

广大乡村社区作为实现基层自治的基本单元，是直接面对社会矛盾与经济发展困境的焦点，也是践行生态文明建设、实施乡村振兴战略和城乡共荣的关键落脚点。在城镇化进程中，"乡村收缩"已经成为一种时代缩影，随之而来的是广大乡村地区的物质性衰败、功能性衰退和文化性衰减。尤其是在西南山地乡村地区，公共服务设施体系本就相对薄弱，加之广泛的人口劳动力流失，满足公共服务设施规模门槛的空间范围不断扩大，进而导致公共服务设施难以满足可达性需求，最终产生了显著的"门槛 – 可达性"矛盾。同时，乡村劳动力和就业岗位的大量转移及乡村经济的疲软，导致客观上也难以满足乡村居民日益增长的发展型服务需求，公共服务设施多样性和使用活力进一步削弱，最终形成了"人口衰减—设施不当—乡村衰退"的负循环。

当前，城乡公共服务设施主要按照"千人指标"配置，忽视了不同地域系统结构和社会经济条件对于设施的空间布局、配置类型及数量的不同需求，难以调节区域间的复杂供需矛盾，导致城乡社区的公共服务设施出现供需失衡、资源闲置、效率低下等问题。

西南山地地区的地理地貌特殊，地理空间格局分布呈现出随机、分散或急剧变化的空间形态和不同的空间密度，直接导致公共服务设施配置的交通成本更高，公共服务设施的数量、密度普遍偏低，且地域分化明显。直接套用城市社区公共服务生活圈的识别与划定方法将难以适应西南山地乡村的现实需求。

为缓解上述问题带来的诸多负面影响，在政策引导下逐步推进"合村并居""新村建设"等多项建设工作，通过土地整治项目建设"拟城化"新农村社区，集中安置偏远、分散的乡村居民点。虽然这类集中式的高密度和集聚化有利于提升乡村公共服务设施的空间配置效率，但快速的改造过程也打破了原有的乡村生产、生活模式，农业规模、生计、邻里关系、社区空间等也遭到了人为改变。

同时，公共服务设施作为一种相对稀缺的社会环境资源，其配置与城乡人口规模、分布和结构特征具有直接、紧密的关联。协调城乡公共服务资源与人口分布关系，对于城乡公共服务设施的合理配置与规划布局，避免社会矛盾和空间冲突具有至关重要的作用。"人口‐设施"精准匹配下的西南山地乡村公共服务设施配置，是指在乡村规划和资源分配中，充分考虑人口结构、分布、发展趋势和行为特征等多维度因素，实现公共服务设施与乡村居民需求的精确对接，提高公共服务的公平性和效率，确保乡村居民能够享受到与城市居民相似的公共服务水平。

本节针对公共服务设施在村域范围的规划配置和落点定位，提出应该首先确定以"人口‐设施"为主的西南山地乡村公共服务设施供需结构匹配方法。通过西南山地乡村居民出行时空行为调查分析、空间聚类分析，识别居民的公共服务设施使用需求，同时依据统计数据和现场踏勘等分析当前目标社区的公共服务设施配置现状，进而依据公共服务设施的供需平衡来拟合校正目标社区的公共服务设施配置，最终实现西南山地乡村居民实际需求与公共服务设施配置的精准匹配。

5.1.1　乡村社区居民公共服务设施供需分析

1. 居民时空行为调查分析

1）基础数据收集及预处理

本节涉及的以"人口‐设施"为主的西南山地乡村社区公共服务设施供需结构匹配方法，首先需要收集目标社区的各类基础数据，包括部分地理信息数据、居民手机信令数据、公共服务设施的 POI（point of information，兴趣点）数据，以及目标社区的人口普查数据等（表 5-1）。基础数据收集完毕之后，对其进行预处理，统一地理坐标信息配准转化，为后续分析构建相关数据集做好准备。

表 5-1　山地公共服务设施供需匹配基础数据类型

数据类型	具体内容	用途
基础地理信息数据	基础的地理空间数据，采用 Shp 格式，格网大小 250 m×250 m	构建研究分析的基本网格单元
人口普查数据	人口普查的属性信息统计数据，包括人口的年龄、性别、数量、收入等信息	社会经济属性分析
道路交通相关数据	道路交通运输 GPS 数据	区域内道路交通拓扑网络构建
公共服务设施 POI 数据	公共服务设施的名称、分类及地理坐标等	分析公共服务设施供给现状

数据类型	具体内容	用途
居民出行问卷调查数据	了解社区居民现状的公共服务设施使用状况，包括使用频次、使用时长、使用偏好等	分析公共服务设施使用需求
手机信令数据	人员 GPS 活动轨迹、驻留时间长短等信息	公共服务设施使用需求分析刻画

资料来源：笔者根据相关文献整理。

其中具体涉及的基础数据如下。

①基础地理信息数据：以 Shp 格式、格网大小 250 m×250 m 的基础性地理空间数据作为研究分析的基本单元。这些地理信息数据涵盖了规划乡村社区及其所在县（区）、镇（乡）的地形数据、地理坐标及空间范围等信息。

②人口普查数据：包含人口普查的属性信息统计数据，涉及乡村社区中人口的年龄、性别、数量、收入等信息，用于分析山地乡村社区的社会经济属性。

③道路交通相关数据：涵盖道路交通运输 GPS 数据，用于道路交通拓扑网络构建。

④公共服务设施 POI 数据：包括各类公共服务设施的现状数量、名称、分类、地理坐标等，用于分析公共服务设施供给现状。

⑤居民出行问卷调查数据：设计相应的问卷调查表（表 5-2），通过开展问卷调查的方式获取居民的出行活动调查数据，以了解社区现状的公共服务设施使用情况，包括使用频次、使用时长、使用偏好等，分析居民的公共服务设施使用需求。这些数据初始为纸质资料数据，后通过人工录入分析获取，不做限定，并通过 MySQL 数据库管理系统工具进行语句分析识别，获取居民出行活动调查数据，提取居民的居住信息（居住地坐标）和出行信息（出行点坐标、出行频次、出行目的及活动时长），形成西南山地乡村"居民出行–活动时空信息"数据，最后通过 ArcGIS 地理信息平台实现数据的地理坐标信息统一配准。

表 5-2 居民出行活动调查表

乡村社区居民出行活动调查表	
您的性别	□男 □女
您的年龄	□ 0～14 岁 □ 15～59 岁 □ 60 岁以上

乡村社区居民出行活动调查表	
您的家庭住址	
您通常的出行目的	□上班 □购物 □健身 □休闲 □医疗 □其他 （请注明：＿＿＿＿＿＿＿＿＿）
您通常的出行频次	＿＿＿＿＿＿次／周
您通常的出行方式	□步行 □自行车 □公交车 □私家车
您通常的出行时长	＿＿＿＿＿＿小时
您通常的出行目的地	□工作地 □定期场镇集市 □便民中心 □其他便民设施 （请注明：＿＿＿＿＿＿＿＿＿）
您认为社区内需要哪些 公共服务设施	
对于乡村社区内公共服 务设施建设的相关建议	
……	

资料来源：笔者整理设计。

⑥手机信令数据：包括乡村社区人口 GPS 活动轨迹、驻留时间长短等数据，用于分析乡村社区居民使用公共服务设施的需求情况。

2）生成居民出行时空行为数据集

将手机信令数据导入 ArcGIS 地理信息平台进行预处理，经地理坐标信息统一配准后，校验并完善西南山地乡村"居民出行 - 活动时空信息"数据。在"居民出行 - 活动时空信息"数据基础上，汇总乡村社区基础地理信息数据及道路交通相关数据，最终形成居民出行时空行为信息数据集，该数据集包含的内容如表 5-3 所示。

表 5-3　居民出行时空行为信息数据集

居住地坐标	
出行点坐标	
出行频次	
出行距离	
出行耗时	
出行目的	

活动时长 （停驻时长）	
活动轨迹	
出行者信息	
乡村社区道 路交通相关 数据	
……	

3）村民时空活动行为特征分析

首先，在 ArcGIS 地理信息平台调用上述居民出行时空行为信息数据集，开展多距离空间聚类分析，判定在乡村社区内各公共服务设施点的最佳聚类距离。

在 ArcGIS 地理信息平台采取多距离空间聚类分析中的 Ripley's K 函数算法，设置相应的距离数值（如居民出行初始距离、出行步数、出行时长等），根据距离数值计算各个距离的集聚密度值，并求出各个距离的集聚密度值的平均值作为预期集聚密度值。计算各个距离的集聚密度值与预期集聚密度值的差值，判定各公共服务设施点的集聚规模和强度，选择集聚规模和强度最大的作为乡村社区公共服务设施点的最佳聚类距离。

其次，在 ArcGIS 地理信息平台调用上述居民出行时空行为信息数据集，开展目标乡村社区道路网络拓扑分析。

根据数据集中的道路交通相关数据和交通部门提供的现状及规划路网数据资料，提取车行道路信息数据（包括城市道路，国、省、县、乡道及农村道路等）。在 ArcGIS 地理信息平台创建渔网模拟乡村社区内各居民点分布情况。将车行道路交通数据与居民点分布结合，构建道路交通拓扑网络，校验、修正道路交通网络拓扑结果，以避免重叠、相交等错误情况出现。通过设置不同出行模式、成本约束等条件，构建完整的道路交通拓扑网络。

最后，在 ArcGIS 地理信息平台调用居民出行时空行为信息数据集，构建 OD 成本矩阵，筛选乡村社区居民活动边界。

提取数据集中的居民居住地坐标、出行点（公共服务设施点）坐标及前述道路拓扑网络信息，构建 OD 成本矩阵。该矩阵的 OD 参数以乡村社区内各公共服务设施点的最佳聚类距离为可达边界，用于测度居民前往出行点（乡村社区公共服务设施点）的最小出行成本距离。依据 OD 成本矩阵，匹配相应属性信息，链接乡村社区居民居住点坐标及出行点（公共服务设施点）坐标，以乡村社区居民活动的共现性关系筛选乡村社区居民活动边界。

2. 乡村社区各类公共服务设施供给分配

通过如下步骤计算公共服务设施供给分配指数。

首先，从公共服务设施配置现状数据集中提取各类公共服务设施总量及其坐标点位。其次，获取西南山地乡村社区公共服务生活圈的空间信息数据。利用 ArcGIS 地理信息平台，将西南山地乡村社区公共服务生活圈的公共服务设施数量及其坐标点位与空间信息数据进行匹配，建立目标乡村社区的居民公共服务设施可达性格网。再次，将目标乡村社区的居民公共服务设施可达性格网与公共服务设施使用时长属性进行匹配，建立目标乡村社区的居民公共服务设施可达性 - 使用时长格网。在此基础上，叠加目标乡村社区的居民人口参数，得到目标乡村社区公共服务设施的供给分配指数。最后，根据各类公共服务设施对应的供给权重，对目标乡村社区的各类公共服务设施供给分配指数加权求和，得到目标乡村社区公共服务设施的供给分配指数。

乡村社区各类公共服务设施供给分配指数的计算式如式（5-1）所示：

$$S_i^K = \frac{\sum_j k T_i^{j(K)} d_{ij(K)}}{n} \tag{5-1}$$

式中，S_i^K 表示乡村社区中区位 i 处 K 类公共服务设施的供给分配水平，即前述公共服务设施供给分配指数；$\sum_j k$ 表示 K 类公共服务设施的总量；j（K）表示 K 类公共服务设施的第 j 个具体设施空间点位；$T_i^{j(K)}$ 表示在区位 i 处 j（K）类公共服务设施的使用时长；$d_{ij(K)}$ 表示空间隔离度，一般以居民从 i 处到达具体 j（K）类公共服务设施的空间直线距离表征；n 表示目标乡村社区居民人口数量。

3. 乡村社区居民公共服务设施使用需求

通过如下步骤计算公共服务设施使用需求指数。

首先，从居民出行时空行为信息数据集中提取包含居民出行点坐标、格网 ID 信息、活动时长和活动人数的相关数据信息。其次，通过 ArcGIS 地理信息平台将这些数据信息按格网 ID 连接，形成目标乡村社区的居民公共服务设施使用需求数据集。

再次，从居民公共服务设施使用需求数据集中提取格网单元居民公共服务设施使用时长、居民公共服务设施平均使用时长、居民人口参数及公共服务设施使用需求权重。最后，在 ArcGIS 地理信息平台利用上述参数计算公共服务设施使用需求指数。

乡村社区公共服务设施使用需求指数计算式如式（5-2）所示：

$$D_i^{K} = \frac{\sum_{j} k t_i^{j(K)} n}{A_i} \tag{5-2}$$

式中，D_i^{K} 表示乡村社区中区位 i 处 K 类公共服务设施的使用需求程度，即前述公共服务设施使用需求指数；$\sum_{j} k$ 表示 K 类公共服务设施的总量；j（K）表示 K 类公共服务设施的第 j 个具体设施空间点位；$t_i^{j(K)}$ 表示在区位 i 处 j（K）类公共服务设施的平均使用时长；n 为目标乡村社区居民人口数量；A_i 表示区位之处的领域面积。

5.1.2 乡村社区公共服务设施供需结构匹配

如图 5-2 所示，本节通过全局莫兰指数模型和局部莫兰指数模型相结合的空间匹配度评估模型，分析目标乡村社区公共服务设施供需配置的空间匹配度。

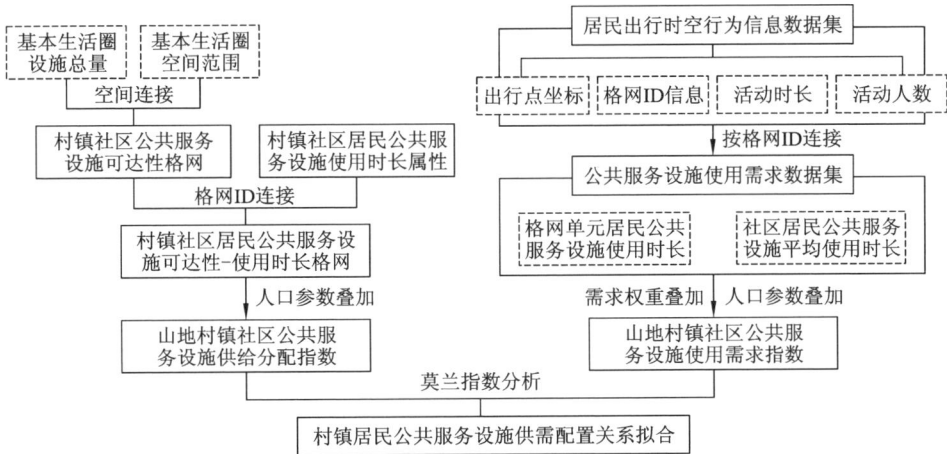

图 5-2 乡村社区公共服务设施供给分配指数运算流程

（图片来源：笔者自绘）

其中，全局莫兰指数用于衡量山地乡村社区中公共服务设施供需空间强度的集聚程度，即公共服务设施供需强度的空间关联性。

全局莫兰指数的计算式如式（5-3）所示：

$$I = \frac{N \sum\limits_{i=1}^{n} \sum\limits_{j=1}^{n} w_{ij} Z_i Z_j}{W \sum\limits_{i=1}^{n} Z_i^2}$$

(5-3)

式中，I 为全局莫兰指数，反映了山地乡村社区中公共服务设施的供需空间强度的集聚程度；N 表示相关空间数据信息集中划分的乡村社区空间格网单元总数；i 和 j 则分别为乡村社区中两个随机空间单元的索引编号；Z 为相关变量标准值，即公共服务设施供给指数或需求指数归一化处理后的标准值；w_{ij} 为空间单元 i 和 j 的空间矩阵权重；W 是乡村社区内所有 w_{ij} 之和。

本书选用 GeoDa 软件进行山地乡村社区中公共服务设施供需空间强度集聚程度自相关分析。全局莫兰指数 I 的取值范围为 [-1, 1]。

当 $0 < I \leqslant 1$ 时，表明相关变量要素间具有正向集聚性，即公共服务设施高供给或高需求；

当 $I = 0$ 时，表明相关变量要素间无空间相关关系；

当 $-1 \leqslant I < 0$ 时，表明相关变量要素间具有负向集聚性，即公共服务设施低供给或低需求。

I 的绝对值越大，表示集聚性越强。

此外，还需要通过双变量局部莫兰指数模型分析目标乡村社区公共服务设施供需配置的空间匹配度。

局部莫兰指数的计算式如式（5-4）所示：

$$I' = Z_s^i \sum_{i=1, j \neq 1}^{n} w_{ij} Z_d^j$$

(5-4)

式中，I' 表示目标乡村社区的双变量局部莫兰指数，表示乡村社区中公共服务设施的供需匹配程度；i 和 j 则分别为乡村社区中两个随机空间单元的索引编号；Z 为相关变量标准值，即公共服务设施供给指数或需求指数归一化处理后的标准值，其中 Z_s^i 表示目标乡村社区中空间单元 i 处的公共服务设施供给指数标准值，Z_d^j 表示目标乡村社区中空间单元 j 处的公共服务设施需求指数标准值；w_{ij} 为空间单元 i 和 j 的空间矩阵权重。

同上，选用 GeoDa 软件进行乡村社区中公共服务设施供需匹配空间自相关分析，采用 I' 指数测度公共服务设施供需强度的空间关联性。其中，I' 的取值范围为 [-1, 1]。

当 $0 < I' \leqslant 1$ 时，表明相关变量要素间具有空间正相关关系；

当 $I' = 0$ 时，表明相关变量要素间无空间相关关系；

当 $-1 \leqslant I' < 0$ 时，表明相关变量要素间具有空间负相关关系。

I' 的绝对值越大，表示相关性越强。

在具体实施过程中，通过 GeoDa 软件进行双变量局部莫兰指数模型运算，生成如图 5-3 所示的莫兰散点图，并根据莫兰散点图判断公共服务设施供给分配指数与公共服务设施使用需求指数之间的匹配关系。

如图 5-3 所示，莫兰散点图中的点分布在 4 个象限中，将目标乡村社区公共服务设施供需配置拟合情况分为 4 种公共服务设施供需关系：第 1、3 象限分别为"高需求 - 高供给（G-G）""低需求 - 低供给（L-L）"，第 2、4 象限分别为"低需求 - 高供给（L-G）""高需求 - 低供给（G-L）"。

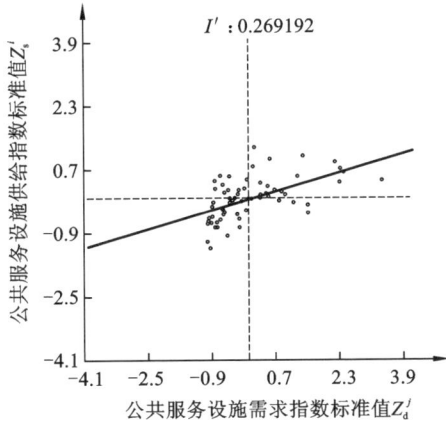

图 5-3 依据莫兰散点图分析乡村社区公共服务供需配置拟合示例

（图片来源：笔者自绘）

进一步，将上述 4 种公共服务设施供需关系归纳为 3 类供需类型：供需平衡型（第 1 象限，高需求 - 高供给（G-G）；第 3 象限，低需求 - 低供给（L-L)）、"供给＞需求"型（第 2 象限，低需求 - 高供给（L-G)）、"供给＜需求"型（第 4 象限，高需求 - 低供给（G-L)）。

5.1.3 优化调整措施

在乡村社区公共服务设施规划配置过程中，根据目标乡村社区所属的公共服务生活圈类型确定其公共服务设施基础配置方案，进而依据其公共服务设施供需关系类型确定对应的公共服务设施配置调整方案，最终形成目标乡村社区公共服务设施配置的实施方案。

预先确定不同社区生活圈类别对应的公共服务设施基础配置方案，以及每种社区生活圈中不同公共服务供需关系类型所对应的公共服务设施配置调整方案，公共服务设施基础配置方案和公共服务设施配置调整方案均基于前文网络一体化规划技术确定。在实施过程中，将社区生活圈分为通勤生活圈、基本生活圈和扩展生活圈三类，具体的公共服务设施基础配置方案可参考表 5-4 生成。

表 5-4　生活圈的公共服务设施基础配置方案

类别		项目	通勤生活圈	基本生活圈	扩展生活圈
大类	中类				
生活型公共服务设施	公共管理与服务设施	村委会、党群服务点等行政管理机构	●	●	●
		公安局、法院、治安管理机构	○	●	●
		建设部门、市场部门、土地部门等其他管理机构	○	○	●
	教育设施	幼儿园、托儿所	●	○	○
		小学	○	●	○
		初级中学	○	○	●
		高级中学、完全中学	○	○	●
	医疗卫生设施	卫生室	●	○	○
		卫生院	○	●	○
		药店与诊所	○	●	●
		专科医院、综合医院	○	○	●
	文化体育设施	文化活动室（站）	●	○	○
		健身场地（体育设施）	●	○	○
		文物、纪念、宗教类设施	○	○	○
		图书室	●	○	○
		体育公园	○	●	○
		体育馆	○	○	●
		文化馆、艺术馆等	○	○	●

| 类别 | | 项目 | 通勤生活圈 | 基本生活圈 | 扩展生活圈 |
大类	中类				
生活型公共服务设施	商业服务设施	综合修理、理发、劳动服务类设施	○	●	○
		邻里便利店	●	○	○
		综合购物超市	○	●	●
		社区物流驿站	●	○	○
		邮政寄发中心	○	●	●
		集贸市场、加工厂、收购点	○	●	○
		酒店、饭店、旅游类服务设施	○	●	●
		银行、信用社、保险机构	○	●	●
	社会保障设施	儿童保障服务设施	○	○	●
		社区互助点、日间照料中心	●	○	○
		养老院	○	●	●
		救助管理服务设施	○	○	●
	交通、市政公用设施	公共厕所、垃圾收运点、环卫类设施	●	●	●
		微型消防站	●	○	○
		消防站、防洪堤、防灾类设施	○	●	●
		停车场	○	○	●
		公交首末站	○	●	●
生产型公共服务设施	农业综合服务设施	农田水利设施	○	○	○
		电力设施	●	●	●
		物流服务设施	○	●	●
		农业仓储设施	○	○	●
		产品检验与检疫设施	○	●	●
		就业和社会保障服务设施	○	●	●
		畜牧兽医服务设施	○	●	●
		科技服务与农业技术服务设施	○	●	●
		农资服务设施	○	○	●
	工业配套设施	仓储物流设施	○	○	○
		交通、市政公用设施	○	●	●
	信息服务设施	信息服务与展销设施	○	○	●

类别		项目	通勤生活圈	基本生活圈	扩展生活圈
大类	中类				
生态型公共服务设施	生态环境综合治理设施	生态环境监测点	○	●	●
		生物监测站	○	●	●
		小游园	●	●	●
		中型公园	○	●	●
		综合郊野公园	○	○	●
	生态保育设施	水源地保护设施	○	●	●
		生态林地巡护站	○	○	●

注："●"表示必须（应该）配置，"○"表示选择性（有条件）配置。

资料来源：笔者根据相关文献整理。

在实施过程中，可将乡村社区公共服务设施供需关系类型分为供需平衡型、"供给＞需求"型和"供给＜需求"型三类。

具体来说，每种社区生活圈针对不同的公共服务设施供需关系类型具有对应的公共服务设施配置调整方案，详细内容如下所述。

①表5-5为通勤生活圈类型的山地乡村社区中不同公共服务设施供需关系类型对应的公共服务设施配置调整方案。

表5-5　乡村社区通勤生活圈的公共服务设施配置调整方案

类别		项目	乡村社区通勤生活圈配置调整			
大类	中类		基础配置	供需平衡型	"供给＞需求"型	"供给＜需求"型
生活型公共服务设施	公共管理与服务设施	村委会、党群服务点等行政管理机构	●	/	—	＋
		公安局、法院、治安管理机构	○	/	—	＋
		建设部门、市场部门、土地部门等其他管理机构	○	/	—	＋
	教育设施	幼儿园、托儿所	●	/	—	＋
		小学	○	/	/	/
		初级中学	○	/	/	/
		高级中学、完全中学	○	/	/	/
	医疗卫生设施	卫生室	●	/	—	＋
		卫生院	○	/	/	/
		药店与诊所	○	/	—	＋
		专科医院、综合医院	○	/	/	/

类别		项目	乡村社区通勤生活圈配置调整			
大类	中类		基础配置	供需平衡型	"供给>需求"型	"供给<需求"型
生活型公共服务设施	文化体育设施	文化活动室（站）	●	/	−	+
		健身场地（体育设施）	●	/	−	+
		文物、纪念、宗教类设施	○	/	/	+
		图书室	●	/	−	+
		体育公园	○	/	/	/
		体育馆	○	/	/	/
		文化馆、艺术馆等	○	/	/	/
	商业服务设施	综合修理、理发、劳动服务类设施	○	/	−	+
		邻里便利店	●	/	−	+
		综合购物超市	○	/	/	+
		社区物流驿站	●	/	−	+
		邮政寄发中心	○	/	/	+
		集贸市场、加工厂、收购点	○	/	−	+
		酒店、饭店、旅游类服务设施	○	/	/	+
		银行、信用社、保险机构	○	/	/	/
	社会保障设施	儿童保障服务设施	○	/	−	+
		社区互助点、日间照料中心	●	/	−	+
		养老院	○	/	/	+
		救助管理服务设施	○	/	/	/
	交通、市政公用设施	公共厕所、垃圾收运点、环卫类设施	●	/	−	+
		微型消防站	●	/	−	+
		消防站、防洪堤、防灾类设施	○	/	+	+
		停车场	○	/	−	+
		公交首末站	○	/	−	+
生产型公共服务设施	农业综合服务设施	农田水利设施	○	/	−	+
		电力设施	●	/	−	+
		物流服务设施	○	/	−	+
		农业仓储设施	○	/	−	+
		产品检验与检疫设施	○	/	/	/

类别		项目	乡村社区通勤生活圈配置调整			
大类	中类		基础配置	供需平衡型	"供给＞需求"型	"供给＜需求"型
生产型公共服务设施	农业综合服务设施	就业和社会保障服务设施	○	/	/	/
		畜牧兽医服务设施	○	/	－	＋
		科技服务与农业技术服务设施	○	/	－	＋
		农资服务设施	○	/	/	/
	工业配套设施	仓储物流设施	○	/	/	＋
		交通、市政公用设施	○	/	－	＋
	信息服务设施	信息服务与展销设施	○	/	/	/
生态型公共服务设施	生态环境综合治理设施	生态环境监测点	○	/	－	＋
		生物监测站	○	/	/	＋
		小游园	●	/	－	＋
		中型公园	○	/	/	/
		综合郊野公园	○	/	/	/
	生态保育设施	水源地保护设施	○	/	/	＋
		生态林地巡护站	○	/	－	＋

注："●"表示必须（应该）配置，"○"表示选择性（有条件）配置，"＋"表示依据供需差额补充配置，"－"表示依据供需盈余减少配置。

资料来源：笔者根据相关文献整理。

②表5-6为基本生活圈类型的山地乡村社区中不同公共服务设施供需关系类型对应的公共服务设施配置调整方案。

表5-6　乡村社区基本生活圈的公共服务设施配置调整方案

类别		项目	乡村社区基本生活圈配置调整			
大类	中类		基础配置	供需平衡型	"供给＞需求"型	"供给＜需求"型
生活型公共服务设施	公共管理与服务设施	村委会、党群服务点等行政管理机构	●	/	－	＋
		公安局、法院、治安管理机构	●	/	－	＋
		建设部门、市场部门、土地部门等其他管理机构	○	/	/	＋
	教育设施	幼儿园、托儿所	○	/	－	＋
		小学	●	/	－	＋
		初级中学	○	/	/	/
		高级中学、完全中学	○	/	/	/

类别		项目	乡村社区基本生活圈配置调整			
大类	中类		基础配置	供需平衡型	"供给>需求"型	"供给<需求"型
生活型公共服务设施	医疗卫生设施	卫生室	○	/	/	/
		卫生院	●	/	/	/
		药店与诊所	●	/	−	+
		专科医院、综合医院	○	/	/	/
	文化体育设施	文化活动室（站）	○	/	−	+
		健身场地（体育设施）	○	/	−	+
		文物、纪念、宗教类设施	○	/	−	+
		图书室	○	/	−	+
		体育公园	●	/	−	+
		体育馆	○	/	/	/
		文化馆、艺术馆等	○	/	/	/
	商业服务设施	综合修理、理发、劳动服务类设施	●	/	−	+
		邻里便利店	○	/	−	+
		综合购物超市	●	/		+
		社区物流驿站	○	/		+
		邮政寄发中心	●	/	−	+
		集贸市场、加工厂、收购点	●	/		+
		酒店、饭店、旅游类服务设施	●	/		+
		银行、信用社、保险机构	●	/	−	+
	社会保障设施	儿童保障服务设施	○	/	−	+
		社区互助点、日间照料中心	○	/	−	+
		养老院	●	/	−	+
		救助管理服务设施	○	/	−	+
	交通、市政公用设施	公共厕所、垃圾收运点、环卫类设施	●	/		+
		微型消防站	○	/	/	/
		消防站、防洪堤、防灾类设施	●	/	−	+
		停车场	○	/		+
		公交首末站	●	/	−	+

类别		项目	乡村社区基本生活圈配置调整			
大类	中类		基础配置	供需平衡型	"供给＞需求"型	"供给＜需求"型
生产型公共服务设施	农业综合服务设施	农田水利设施	○	/	－	＋
		电力设施	●	/	－	＋
		物流服务设施	●	/	－	＋
		农业仓储设施	○	/	－	＋
		产品检验与检疫设施	●	/	－	＋
		就业和社会保障服务设施	●	/	－	＋
		畜牧兽医服务设施	●	/	－	＋
		科技服务与农业技术服务设施	●	/	－	＋
		农资服务设施	○	/	－	＋
	工业配套设施	仓储物流设施	○	/	－	＋
		交通、市政公用设施	●	/	－	＋
	信息服务设施	信息服务与展销设施	○	/	－	＋
生态型公共服务设施	生态环境综合治理设施	生态环境监测点	●	/	－	＋
		生物监测站	●	/	－	＋
		小游园	●	/	－	＋
		中型公园	●	/	－	＋
		综合郊野公园	○	/	/	/
	生态保育设施	水源地保护设施	●	/	－	＋
		生态林地巡护站	○	/	－	＋

注: "●"表示必须（应该）配置, "○"表示选择性（有条件）配置, "＋"表示依据供需差额补充配置, "－"表示依据供需盈余减少配置。

资料来源：笔者根据相关文献整理。

③表 5-7 为扩展生活圈类型的山地乡村社区中不同公共服务设施供需关系类型对应的公共服务设施配置调整方案。

表5-7 乡村社区扩展生活圈的公共服务设施配置调整方案

类别		项目	乡村社区扩展生活圈配置调整			
大类	中类		基础配置	供需平衡型	"供给＞需求"型	"供给＜需求"型
生活型公共服务设施	公共管理与服务设施	村委会、党群服务点等行政管理机构	●	/	－	＋
		公安局、法院、治安管理机构	●	/	－	＋
		建设部门、市场部门、土地部门等其他管理机构	●	/	－	＋
	教育设施	幼儿园、托儿所	○	/	－	＋
		小学	○	/	－	＋
		初级中学	●	/	－	＋
		高级中学、完全中学	●	/	－	＋
	医疗卫生设施	卫生室	○	/	/	/
		卫生院	○	/	－	＋
		药店与诊所	●	/	－	＋
		专科医院、综合医院	●	/	－	＋
	文化体育设施	文化活动室（站）	○	/	－	＋
		健身场地（体育设施）	○	/	－	＋
		文物、纪念、宗教类设施	○	/	－	＋
		图书室	○	/	/	/
		体育公园	○	/	/	/
		体育馆	●	/	－	＋
		文化馆、艺术馆等	●	/	－	＋
	商业服务设施	综合修理、理发、劳动服务类设施	○	/	－	＋
		邻里便利店	○	/	－	＋
		综合购物超市	●	/	－	＋
		社区物流驿站	○	/	－	＋
		邮政寄发中心	●	/	－	＋
		集贸市场、加工厂、收购点	○	/	－	＋
		酒店、饭店、旅游类服务设施	●	/	－	＋
		银行、信用社、保险机构	●	/	－	＋
	社会保障设施	儿童保障服务设施	●	/	－	＋
		社区互助点、日间照料中心	○	/	－	＋
		养老院	●	/	－	＋
		救助管理服务设施	●	/	－	＋

类别		项目	乡村社区扩展生活圈配置调整			
大类	中类		基础配置	供需平衡型	"供给>需求"型	"供给<需求"型
生产型公共服务设施	交通、市政公用设施	公共厕所、垃圾收运点、环卫类设施	●	/	—	＋
		微型消防站	○	/	—	＋
		消防站、防洪堤、防灾类设施	●	/	—	＋
		停车场	●	/	—	＋
		公交首末站	●	/	—	＋
	农业综合服务设施	农田水利设施	○	/	—	＋
		电力设施	●	/	—	＋
		物流服务设施	●	/	—	＋
		农业仓储设施	●	/	—	＋
		产品检验与检疫设施	●	/	—	＋
		就业和社会保障服务设施	●	/	—	＋
		畜牧兽医服务设施	●	/	—	＋
		科技服务与农业技术服务设施	●	/	—	＋
		农资服务设施	●	/	—	＋
	工业配套设施	仓储物流设施	○	/	—	＋
		交通、市政公用设施	●	/	—	＋
	信息服务设施	信息服务与展销设施	●	/	—	＋
生态型公共服务设施	生态环境综合治理设施	生态环境监测点	●	/	—	＋
		生物监测站	●	/	—	＋
		小游园	●	/	—	＋
		中型公园	●	/	—	＋
		综合郊野公园	●	/	—	＋
	生态保育设施	水源地保护设施	●	/	—	＋
		生态林地巡护站	●	/	—	＋

注:"●"表示必须(应该)配置,"○"表示选择性(有条件)配置,"＋"表示依据供需差额补充配置,"—"表示依据供需盈余减少配置。

资料来源:笔者根据相关文献整理。

5.2 以"线上－线下"为辅的供需形式优化

因互联网发展而衍生的数字革命正在显著影响着乡村居民的社会经济活动，传统的乡村社区公共服务供给模式发生了巨大变革，乡村社区公共服务资源配置和空间结构正在被数字化浪潮重塑，深切地改变了我国乡村居民的日常生活。传统的社区公共服务设施提供线下公共服务，居民需要到公共服务设施获取所需的公共服务，如到医院就医、去学校上学、到政务中心办理政务等。而线上公共服务是指乡村社区居民可以足不出户地通过互联网和移动智能终端获取诸如医疗、教育、政务等服务，相比传统的线下公共服务，其特征是数字化、信息化和网络化，且不囿于空间载体和实体设施。线上公共服务设施的发展使得乡村社区公共服务更加丰富，乡村居民能够更加快捷、方便地获取所需的公共服务，有利于提升乡村社区居民的生活水平。但与此同时，线上公共服务也对乡村社区公共服务设施的规划、建设及管理提出了新的要求。基于乡村社区居民的需求，综合考虑公共服务设施的属性和布置场景，结合线上和线下两种服务类型，实现乡村社区公共服务设施一体化发展是乡村振兴的重要内容，也是数字乡村建设的内在要求。

因此，本节基于线上、线下的公共服务类型，构建西南山地乡村社区公共服务设施服务水平评价技术体系，主要包括：①划分线上公共服务和线下公共服务的类型；②基于公共服务设施的具体构成，构建乡村社区公共服务设施综合服务水平评价指标体系；③搭建乡村公共服务设施综合服务水平评价技术流程；④识别乡村社区公共服务设施"线上－线下"服务水平提升的关键因素；⑤根据乡村社区公共服务设施综合服务水平现状和关键障碍因子提出优化调整建议。

5.2.1 乡村社区公共服务设施"线上－线下"服务类型及界定

1. 线下公共服务

以国家相关部门和相关行业的规范及标准为依据，参考公共服务设施的相关研究，吸取有关公共服务设施规划建设的经验，将乡村社区线下公共服务设施类型分为以下几类。

1）行政管理与政务服务设施

行政管理与政务服务设施是乡村治理体系的基础，对于提升乡村治理水平、保障和改善民生、促进乡村社会经济全面发展具有重要作用。主要包括村委会、党群服务点、便民服务点、警务室、社会治安综合治理中心，以及公安部门、建设部门、市场部门、土地部门、工商部门、税务部门等其他专项管理机构。

2）公共教育设施

乡村公共教育设施是乡村教育体系的重要组成部分，是由国家和政府设立的为乡村社区适龄人口提供教育服务的设施，它们为农村学生提供学习和成长的空间，同时也承载着推动乡村社会经济发展和文化传承的重要使命。主要包括幼儿园、托儿所、小学、初级中学。

3）医疗卫生设施

医疗卫生设施承担疾病预防、妇幼保健、健康教育、残疾人康复等工作，提供常见病、多发病的一般诊治和转诊服务。医疗卫生设施是保障农村居民健康、提高生活质量的重要基础设施，对于促进农村地区的公共卫生和预防疾病传播具有重要作用。通过不断完善和提升这些设施的服务能力，可以有效改善农村医疗卫生条件，助力乡村振兴战略的实施。主要包括卫生室、药店、诊所、医院、防疫站等。

4）文化体育设施

文化体育设施是提升农村居民生活质量、促进农村文化繁荣和体育事业发展的重要基础设施。通过这些设施的建设和完善，可以有效推动农村社会经济的全面发展和农民精神文明的建设。主要包括文化站、小型图书馆（阅览室）、体育馆、健身场地（体育设施）、文化馆、艺术馆、广播电视台（站）以及文物、纪念、宗教类设施等。

5）社会保障设施

农村社会保障设施的建设和完善，是实现农村可持续发展和全面建成小康社会目标的重要保障。通过这些设施，可以有效提升农村居民的生活水平，保障他们的基本权益，促进社会公平正义、推动农村经济发展和社会进步。主要包括敬老院（养老院）、孤儿院（儿童福利院）、残疾人服务站、老年活动中心以及日间照料中心等。

6）商业基础设施

商业基础设施是指在农村地区建立的用于支持和促进商业活动的设施，它们在农村经济发展和居民生活质量提升中扮演着重要角色。农村商业基础设施的建设和完善对于激发农村市场活力、提升农村居民生活水平、推动农村经济可持续发展具有重要作用。主要包括：①银行、信用社、保险机构等金融类服务设施；②旅社、饭店、宾馆等旅游类服务设施；③百货店、超市、日杂店、副食店、药店等购物类设施；④综合修理、五金、生产资料销售、农机销售等劳动服务类设施；⑤餐饮店、理发店等生活类设施；⑥菜市场、集贸市场、加工厂、收购点；⑦邮政、快递、物流配送网点。

7）市政基础设施

市政基础设施是支撑农村日常生活和社会活动的物质基础，对于改善农村居民的生活质量、促进农村经济社会发展和实现乡村振兴具有重要意义。农村市政基础设施的完善和发展，对于缩小城乡差距、提高农村居民的生活水平、推动农村经济的多元化发展具有重要作用。主要包括自来水供应、生活污水处理、电力供应、燃气供应、信息网络、垃圾收集处理点、再生资源回收站、公共厕所、主要道路路灯、防灾避灾场所（设施）等。

8）公共交通基础设施

农村公共交通基础设施是农村地区交通网络的重要组成部分，对于促进农村经济社会发展、提高农民生活质量、推动城乡一体化具有重要作用。通过持续的投入和改进，可以有效提升农村地区的交通服务水平，为农村地区的可持续发展提供有力支撑。主要包括镇村公交、镇村道路、停车场、汽车站点等。

2. 线上公共服务

1）线上政务服务

线上政务服务是指政府机构通过互联网平台，尤其是移动互联网平台，向公民、法人或其他组织提供的各种公共服务。这种服务模式旨在简化行政程序，提高政府服务的透明度、效率和便捷性。乡村线上政务服务通常包括党建、村务、政务、社会治理、人社、法律服务、公共安全管理、智慧应急管理等方面。

2）线上医疗服务

线上医疗服务是指通过互联网技术，特别是移动互联网技术，实现医疗服务的远程化、数字化和智能化，从而为患者提供便捷、高效的医疗健康服务。这种服务模式包括在线咨询、远程诊断、在线开药、电子处方流转、药品配送、在线支付、远程监测、健康管理等多种形式。线上医疗服务可以突破地理限制，提高医疗资源的可及性和利用效率，尤其对于慢性病患者、老年人和居住在偏远地区的居民来说，线上医疗服务提供了极大的便利。

乡村地区的线上医疗服务主要包括医疗信息互联互通、远程医疗服务、智慧养老平台、电子病历信息、电子检查检验报告互认、医疗卫生机构信息化评级、远程医疗服务平台建设、远程会诊系统建设、养老服务场所信息化、电子健康档案、智慧养老服务等。

3）线上教育服务

线上教育服务是指通过互联网技术实现教育和培训活动。它允许学生和教师在不同的地点进行实时或异步的教学互动，提供了时间和空间上的灵活性。这种教育形式对于乡村地区尤为重要，因为它有助于解决乡村地区教育资源不足、师资力量薄弱、学校设施落后等问题。乡村线上教育服务的形式多样，主要是网络教育、信息技术在乡村学校中的应用，以及相关人员数字化能力培训，包括但不限于：①乡村学校教学、教育评价和生活服务信息化；②网络教育课程；③乡村教师信息化教学和数字化能力培训；④新型农民数字化能力培训等。

4）线上商业服务

乡村地区的线上商业服务是指利用互联网技术，为乡村地区居民提供各类商业活动和服务。这种服务模式利用了互联网的便捷性和覆盖范围广的特点，在企业和消费者之间搭建了一个快速、高效的线上交易平台，有助于缩小城乡之间的数字鸿沟，提升乡村地区的商业活力和居民生活质量。乡村地区的线上商业服务主要包括乡村电商、物流配送、在线支付、数字普惠金融等。

5）线上文化服务

线上文化服务是指通过互联网平台提供各种文化产品资源和文化活动服务。这种服务模式利用数字化技术，使得文化资源得以跨越时间和空间的限制，为更广泛的受众提供便捷的文化体验。乡村地区的线上文化服务主要包括农村数字博物馆、智慧图书馆、移动图书馆、非物质文化遗产网、数字农家书屋、乡村传统技艺、文化资源内容建设等。

5.2.2 乡村社区公共服务设施"线上－线下"服务水平评价体系构建

明晰乡村社区公共服务的现状及特征是对其进行优化的重要前提，评估乡村社区的公共服务水平能够给政府相关管理部门提供精准反馈，以便实现知情决策，制定更有效、更匹配、更科学的管理和优化策略，更好地提升乡村社区的公共服务水平，切实改善乡村居民的生活环境。评估乡村社区公共服务设施"线上－线下"服务水平，首先要构建一套综合、系统、客观且科学合理的评价体系，确保能够真实且准确地反映西南山地乡村社区公共服务的现状和特征。具体而言，构建评价体系时要综合考虑以下要素。

1. 基于多维视角的综合评价

传统的评价方法聚焦乡村公共服务设施的数量和结构，现有的乡村公共服务设施大多按照行政区域划分和千人指标进行配置。随着大数据和地理信息技术在规划实践中的应用，关于乡村公共服务设施的评价延展到了其空间可达性。因其关注到了空间公平性和公共服务均等化，空间可达性的评价在一定程度上是人本思想的体现。但这类评价方法同样存在缺陷，即忽视了公共服务设施的承载容量。此外，乡村公共服务设施的使用主体是乡镇居民，但相关评价鲜有关注到居民的使用感受。基于上述乡村基础设施配置方式和评价方法的缺陷，本书致力于构建一套全面且综合的评价体系，综合考虑乡村公共基础设施的数量结构、空间布局、居民使用感受等多个维度，对公共基础设施的线下服务水平进行准确、全面且能够反映居民真实感受的科学评价（表5-8）。

表 5-8　乡村社区公共服务设施综合服务水平评价指标体系

目标层	准则层	执行层	指标层
乡村社区公共服务设施综合服务水平	线下公共服务	数量结构	各类公共服务设施的数量、面积、规模
		空间布局	各类公共服务设施的可达性
		配置水平	各类公共服务设施的人均占有量
		使用感受	居民对各类公共服务设施的满意度
	线上公共服务	网络基础设施建设情况	互联网普及率、通宽带比例、通光纤比例、5G 覆盖率、平均每百户接入互联网移动电话数等
		居民对线上公共服务的接受度及使用能力	居民的数字化特征、对各类线上公共服务的认知及使用情况等
		配置水平	各类线上公共服务的供给情况（有无、数量、规模）

资料来源：笔者根据相关文献整理。

2. 充分考虑西南山地地区的地域特色

不同于平原地区成簇、成片的聚居模式，西南山地地区的居民居住点呈现碎片化、分散化的空间结构特征，这就要求线下公共服务设施在布局或者建设时，要充分考虑其服务范围，在保证服务质量和承载能力的同时，尽可能惠及更多的居民。同时由于山地条件限制，许多交通道路情况复杂，坡度、高差及通行条件等都会影响居民到达公共服务设施获取公共服务的便捷程度。因此在评价线下公共服务设施供给水平时，不但要考虑空间可达性，而且在计算空间可达性时不能简单地基于居住地和公共服务设施的平面直线距离，要综合考量实际路网和居民的出行方式，真实、准确地反映西南山地乡村社区居民获取公共服务的便捷度。

3. 结合乡村社区网络基础设施的建设情况

网络基础设施是乡村社区居民获取线上公共服务的现实载体，直接影响到居民的使用体验，同时也是开展线上公共服务的先行条件和现实基础，对于服务的可及性、效率和质量至关重要。

4. 综合考虑乡村居民对线上公共服务的接受度和使用能力

乡村居民对于线上公共服务的接受度和使用能力决定了其在日常生产生活中使用线上公共服务的频率，对线上公共服务的实际价值和意义具有直接影响，也从侧面反映了设置线上公共服务的必要性。特别是在我国快速城镇化和老龄化的背景下，西南山地地区的适龄劳动力大量外流，许多乡村社区的常住人口构成主要是老年人，老年人对于新兴事物的接受程度和学习能力相对年轻人而言较弱，这可能会导致线上公共服务的供给和居民的实际需求错位，造成公共资源的浪费。乡村社区居民在产生公共服务需求时是否会选择线上公共服务，以及在实际的生产生活中如何获取线上公共服务，是开展线上公共服务必须要考虑的重要因素。

5.2.3 乡村社区公共服务设施"线上－线下"服务水平综合评估技术流程

基于乡村社区公共服务设施"线上－线下"服务水平评价体系，收集相关数据，构建评价模型对其进行综合评价，并根据数据分析结果对乡村社区公共服务设施进行评级和类型划分。

1. 数据收集及预处理

根据乡村社区公共服务设施"线上－线下"服务水平评价体系，收集乡村社区公共服务设施各个维度的相关数据，根据数据属性分出定量数据和定性数据。为了确保数据可靠和真实，需要对收集到的原始数据进行清洗，以确保剔除异常值，缺失的定量数据利用插值法补齐。

1）定量数据的收集

定量数据主要包括统计数据、空间数据和调查数据。统计数据主要包括各类公共服务设施的数量、面积、规模；目标乡村社区的人口数据；乡村社区网络基础设施建设情况，如互联网普及率、5G 覆盖率等；各类线上公共服务的供给情况，如医疗卫生机构信息化评级、乡村学校教育教学、教育评价和生活服务信息化程度等。空间数据主要用于计算各类公共服务设施的可达性，主要包括各类公共服务设施的 POI 数据、目标乡村社区的路网数据、目标乡村社区的居民居住点数据。调查数据主要是查漏补缺，弥补一些统计数据的缺失，特别是一些线上公共服务的相关数据，如居民的数字化特征、居民对各类线上公共服务的使用情况及配置水平维度所需的数据。

2）定性数据的收集

定性数据主要是评价体系里面一些难以量化的数据，例如居民对各类公共服务设施的使用感受及对各类线上公共服务的接受程度和认知，主要通过调研的方式获取。此外，线上公共服务配置水平维度的一些数据，因为缺失统计数据、数据保密、无法量化等原因，可获取性受限，也可通过调研的方式收集。需要注意的是，定性数据最后也需要采用技术手段转化为可以纳入模型进行数据分析的数值型数据。例如，在收集居民对各类公共服务设施的使用感受、对各类线上公共服务的接受程度和认知时，可以选择利用李克特五度量表将居民的主观感受和认知进行量化。在通过调研方式收集线上公共服务配置水平相关数据时，可通过三方（居民、政府、运营商）打分的方式对其进行量化以作为原始数据。

3）数据预处理

数据预处理主要包括异常值剔除、缺失值补齐及数据标准化。

①异常值剔除：收集到的原始数据可能存在一些不符合实际情况、明显过大或过小的异常值，为避免对评价结果准确性的干扰，需要剔除这些数据。

②缺失值补齐：主要是一些统计数据在统计和记录时可能存在缺失，无法纳入模型，需要利用插值法进行补齐。

③数据标准化：收集的原始数据来自不同维度，不同的指标量纲不同，无法进行计算和对比，因此需要对数据进行无量纲化处理，即数据标准化。数据标准化的方法有许多，常用的有极差法、Z-score 法及归一法。本书选择极差法进行数据标准化，极差法的原理是通过确定数据中的最大值和最小值，对原始数据进行线性变化，进而将数据平移到 [0，1] 区间之内，其计算式如下。

正向指标

$$X_{ij}'^{+} = \frac{X_{ij} - X_{\min}}{X_{\max} - X_{\min}}$$

(5-5)

负向指标

$$X_{ij}'^{-} = \frac{X_{\max} - X_{ij}}{X_{\max} - X_{\min}}$$

(5-6)

式中，X_{ij} 为指标的原始值，$X_{\max}$ 为指标的最大值，$X_{\min}$ 为指标的最小值，X_{ij}' 为数据经过无量纲化处理后的值。

2. 模型构建

结合乡村社区公共服务设施"线上-线下"服务水平评价体系来看，其服务水平包括线上公共服务和线下公共服务两个子系统，只有两个子系统协调均衡发展，才能够有效提升乡村社区公共服务设施的服务水平，更好地满足居民的公共服务需求。基于此，选择耦合协调度模型对乡村社区公共服务设施"线上-线下"服务水平进行评价。模型构建主要包括以下步骤。

1）确定权重

根据指标体系中权重确定方式的不同，确定指标权重的方法可分为主观赋值法和客观赋值法。本书选择熵值法确定各指标在整个指标体系中的权重。熵值法是客观赋值法中的一种，其原理来自统计物理和热力学中的一个物理概念——熵。在热力学中，熵指一个热力系统在热功转换过程中热能有效利用的程度。一个热力系统的熵值越大，则该系统中能量可供利用的程度越低；熵值越小，则该系统中能量可供利用的程度越高。在指标体系中，各指标的熵值即该指标无序度的度量，其值越大，则该指标的无序度越高，数据的效用值越低，指标所占的权重也就越小；反之，熵值越小，则该指标的无序度越低，数据的效用值也就越高，指标所占的权重就越大。具体的计算过程及计算式如下。

指标所占比重

$$P_{ij} = \frac{X'_{ij}}{\sum_{i=1}^{n} X'_{ij}} \tag{5-7}$$

熵值

$$E_j = -\frac{1}{\ln q} \sum_{i=1}^{n} P_{ij} \ln P_{ij} \tag{5-8}$$

式中，$1/\ln q$ 为调节系数，q 为乡村社区的数量。

差异系数

$$D_j = 1 - E_j \tag{5-9}$$

权重

$$W_j = \frac{D_j}{\sum_{j=1}^{m} D_j} \tag{5-10}$$

2）计算评价指数

根据数据标准化之后的数据及各个指标所占权重，计算线上公共服务和线下公共服务的评价指数，计算式如下。

$$F_{(x)} = \sum_{i=1}^{m} W_j X_i \qquad (5\text{-}11)$$

$$G_{(y)} = \sum_{i=1}^{n} W_j Y_i \qquad (5\text{-}12)$$

式中，$F_{(x)}$、$G_{(y)}$ 分别代表线下公共服务和线上公共服务子系统的评价指数；W_j 为子系统中各指标的权重；X_i、Y_i 分别为子系统中各指标经数据标准化处理后的数值。

3）耦合协调度模型

耦合协调度模型用于分析事物的协调发展水平。耦合指两个或两个以上系统之间的相互作用影响，实现协调发展的动态关联关系，耦合度可以反映系统之间相互依赖、相互制约的程度。耦合协调指两个或两个以上系统或运动形式之间的相互作用特征、作用效应及作用演变趋势所表现出的良性互动现象，耦合协调度指耦合作用关系中良性耦合程度的大小，它可以体现出协调状况的好坏。基于乡村社区公共服务设施"线上－线下"服务水平评价体系，综合考虑公共服务的属性特征，以目标乡村社区的耦合协调度数值作为公共服务设施"线上－线下"服务水平的评价指数。耦合协调度的计算过程及计算式如下。

耦合度

$$C = \left\{ \frac{F_{(x)} G_{(y)}}{\left[\dfrac{F_{(x)} + G_{(y)}}{2} \right]^2} \right\}^{\frac{1}{2}} \qquad (5\text{-}13)$$

耦合协调发展水平的综合评价指数

$$T = \alpha F_{(x)} + \beta G_{(y)} \qquad (5\text{-}14)$$

式中，α、β 为待定系数，鉴于两个子系统对乡村社区公共服务均具有重要的影响，取 $\alpha = \beta = 0.5$。

耦合协调度

$$D = \sqrt{C \times T} \qquad (5\text{-}15)$$

3. 数据分析

在耦合协调度计算完成之后，依据评价指数 $F_{(x)}$、$G_{(y)}$ 和评价标准分别评价公共服务设施的线上、线下服务水平（表5-9、表5-10），并划分目标乡村社区公共服务设施的类型（表5-11），确定配置模式（以线上服务为主或实体服务为主）。在此基础上根据耦合协调度 D 和耦合度等级划分标准（表5-12），评价目标乡村社区公共服务设施"线上－线下"服务水平。

表 5-9　线下公共服务评价标准

评价指数	服务水平	特征
$0 \leqslant F_{(x)} < 0.2$	很差	大量公共服务设施未配置，居民获取线下公共服务不便且能够获取的服务类型少，整体满意度低
$0.2 \leqslant F_{(x)} < 0.4$	差	部分公共服务设施未配置，能够提供的线下公共服务较少且使用较为不便，满意度较低
$0.4 \leqslant F_{(x)} < 0.6$	一般	公共服务设施基本齐全，能够提供基本的线下公共服务，居民能够相对便捷地获取所需服务，满意度一般
$0.6 \leqslant F_{(x)} < 0.8$	良好	公共服务设施配置齐全，居民能够便捷地获取较为丰富的线下公共服务，满意度较高
$0.8 \leqslant F_{(x)} < 1.0$	很好	公共服务设施配置完善，居民能够便捷地获取高质量且丰富的线下公共服务，对公共服务设施的满意度高

表 5-10　线上公共服务评价标准

评价指数	服务水平	特征
$0 \leqslant G_{(y)} < 0.2$	很差	能够提供的服务类型极少，可及性、效率和质量低，居民不了解线上服务，不知道如何获取和使用，在日常生产生活中也不会选择线上服务
$0.2 \leqslant G_{(y)} < 0.4$	差	能够提供少量的线上服务，可及性、效率和质量较低，居民了解较少，获取渠道受限，且居民使用能力较弱，在日常生产生活中很少选择
$0.4 \leqslant G_{(y)} < 0.6$	一般	能够提供基本的线上服务，可及性、效率和质量一般，居民比较熟悉且认可，能够比较方便地获取线上服务，在日常生产生活中会基于实际情况选择线上服务
$0.6 \leqslant G_{(y)} < 0.8$	良好	能够提供比较丰富的线上服务，获取方便，可及性、效率和质量较好。居民对线上服务足够了解，接受度较高，在日常生产生活中乐于选择线上服务
$0.8 \leqslant G_{(y)} < 1.0$	很好	能够提供方便、快捷且高质量的线上服务，可及性、效率和质量高，类型丰富，能够满足居民的各种需求。居民非常熟悉且认可，在日常生产生活中会优先选择线上服务

表 5-11 配置模式分类

评价指数	配置模式
$F_{(x)} > G_{(y)}$	线下主导
$F_{(x)} < G_{(y)}$	线上主导

表 5-12 耦合度等级划分

耦合协调等级	耦合协调度	发展水平	特征
初级协调	$0 \leq D < 0.2$	很差	公共服务设施体系极不健全，大量公共服务设施缺失，能够提供的公共服务类型极少，且服务水平低，不能满足乡村社区居民的日常生产生活需要，居民满意度低
中级协调	$0.2 \leq D < 0.4$	差	公共服务设施较不健全，部分公共服务设施缺失，公共服务设施整体水平较低，基本不能满足乡村社区居民的日常生产生活需要，居民满意度较低
良好协调	$0.4 \leq D < 0.6$	一般	公共服务设施体系基本健全，各类公共服务设施基本齐全，基本能够满足乡村社区居民的日常生产生活需要，居民满意度一般
高级协调	$0.6 \leq D < 0.8$	良好	公共服务设施体系健全，各类公共服务设施配置完备合理，能够较好地满足乡村社区居民的日常生产生活需要，居民满意度较高
优质协调	$0.8 \leq D \leq 1$	很好	公共服务设施体系完善，各类公共服务设施一应俱全，居民能够便捷地获取高质量且丰富的公共服务，完全能够满足乡村社区居民的日常生产生活需要，居民满意度高

资料来源：笔者根据相关文献整理。

5.2.4 乡村社区公共服务设施"线上－线下"服务水平关键影响要素识别

在明晰了乡村社区公共服务设施"线上－线下"服务水平之后，如何制定具有针对性且高效的乡村社区公共服务设施配置优化策略，是提升其服务水平需要解决的关键问题。为了进一步识别阻碍乡村社区公共服务设施"线上－线下"服务水平提升的关键因素，本书通过障碍度模型揭示影响综合服务水平的障碍因子及其作用强度。

障碍度模型是一种用于综合评价体系中识别和量化评价指标障碍程度的分析方法。该模型能够找出限制事物进一步发展的关键因素，厘清对评价结果产生主要影响的因子，明晰关键制约因子的影响程度，为制定科学、合理的政策提供依据。在乡村社区公共服务设施"线上-线下"服务水平综合评价体系中，障碍度模型可以检测出各个因素对提升其综合服务水平的阻碍作用，识别制约乡村社区公共服务设施"线上-线下"服务水平的关键障碍因子和制约程度，为推进乡村社区公共服务设施的发展和优化提供具有针对性的理论依据。障碍度的计算式如下。

$$O_{ij} = \frac{A_j B_{ij}}{\sum\limits_{j=1}^{r} A_j B_{ij}}$$

(5-16)

式中，O_{ij} 表示第 j 个指标对目标乡村社区公共服务设施"线上-线下"服务水平的障碍度；$A_j = W_j$，代表障碍因子 j 的障碍权重；$B_{ij} = 1 - X'_{ij}$，代表指标与发展目标之间的偏差。

5.2.5　乡村社区公共服务设施优化调整建议

基于障碍度分析的结果，针对不同类型的障碍因子及其作用强度大小，制定对应的乡村社区公共服务设施配置优化策略，以提升其"线上-线下"服务水平。具体而言，即根据两个子系统中不同维度指标的阻碍强度，提出具有针对性的改善措施和建议（表5-13）。

表 5-13　优化调整策略

主要阻碍因子	现实问题	优化调整策略
公共服务设施数量结构维度的指标	公共服务设施的规模和数量不足，实际服务范围和人数超过其承载容量，导致服务质量差	加快乡村公共服务设施的发展步伐，配置居民日常生产生活所必需的公共服务设施，完善公共服务设施运营管理，提升服务质量
公共服务设施空间布局维度的指标	公共服务设施布局不合理，居民使用不便，出行成本较高，覆盖范围小	优化乡村公共服务设施的空间布局，根据当地居民居住情况、交通路网及地形特征等因素，合理规划公共基础设施的位置
公共服务设施配置水平维度的指标	公共服务设施配置不足，建设体系不健全，质量差，不能满足居民的日常生产生活需要	改善公共服务设施的配置情况，根据当地人口规模适当调整建设规模和人员配置，确保公共服务能力在不产生冗余的情况下能够满足居民需求
公共服务设施使用感受维度的指标	居民在日常生产生活中对于公共服务设施的主观感受整体较差，满意度低	优化公共服务设施的管理运营，提升公共服务人员的综合素质，增强服务质量

主要阻碍因子	现实问题	优化调整策略
网络基础设施建设情况	网络基础设施发展落后，质量差，不能承载线上公共服务，影响线上公共服务的供给	加快数字乡村建设步伐，提升乡村网络化、智能化和信息化程度，完善乡村网络基础设施建设
居民接受度	居民对于线上公共服务不信任、不认可、不接受，在日常生产生活中有公共服务需求时不会考虑线上公共服务	加强宣传和教育工作，帮助乡村居民了解线上公共服务的优势和好处，促进居民适应和使用线上公共服务
居民使用能力	居民数字化程度低，对于乡村网络化、智能化、数字化不了解，获取线上公共服务的渠道受限，不知道如何使用	加强线上公共服务的普及性，做好居民获取线上公共服务的辅助工作，帮助居民提升使用智能设备、获取线上公共服务的知识和能力
线上服务配置水平	线上公共服务不健全，部分线上公共服务缺失，提供的线上公共服务质量差，适用性、实用性低	完善线上公共服务设施体系，提升线上公共服务的丰富度、质量，降低线上公共服务的使用成本，加强其可及性和实用性

资料来源：笔者根据相关文献整理。

5.3　融合"线上－线下"的乡村社区公共服务设施完善

5.3.1　基础建设支撑乡村社区"线上－线下"服务

1. 网络基础设施支持乡村社区"线上－线下"服务供给

补齐网络基础设施建设短板是推动乡村社区"线上－线下"公共服务设施发展的关键。数字技术作为乡村社区公共服务设施建设的重要驱动力，需要高质量的网络基础设施支撑。为此，应采取措施提升乡村地区的网络质量和服务水平。

加快光纤和移动网络的提速升级，优先支持乡村宽带接入的提速，努力实现城乡网络服务的均等化。具体措施包括：推动光纤网络的铺设和移动通信网络的优化升级，确保所有村庄能够享受到高速、稳定的互联网连接；提高乡村网络覆盖率，通过增设基站和优化网络结构，确保偏远地区也能接入互联网。通过政策扶持和技术改进，力争实现城乡网络速度和稳定性的一致。乡村网络基础设施建设应朝着 5G 网络和千兆光纤宽带全域化的方向发展，以提高乡村地区的网络覆盖率和质量。

支持村域建设大数据汇聚平台，包括卫星遥感、无人机遥感和空气土壤传感器等技术，以支持特色农业产业的数字化转型，包括数字监管、智能仓储、旅游推广和在线交易等方面。例如，通过遥感卫星获取精确的农业生产数据，可以实现科学决策和精准管理。在环境监测层面，利用物联网技术和大数据分析，对乡村地区的生态环境进行实时监测，确保可持续发展。在医疗卫生层面，通过远程医疗服务，改善乡村地区的医疗卫生条件，使农民享受到高质量的医疗服务。在社会治理层面，数字技术可以提高乡村社会治理效率，加强治安管理和公共安全。

地方政府可以与企业合作，引入先进的冷链物流设施，使当地特色水果保持新鲜状态运往全国各地，从而有效提升农产品的附加值和农民收入。此外，乡村卫生部门联合医疗机构搭建远程医疗平台，使乡村医生能够与城市专家进行视频会诊，解决农民看病难的问题。通过这些措施，数字技术不仅提升了乡村公共服务设施的质量和效率，也促进了乡村经济和社会的全面发展。

2. 智慧平台承载乡村社区"线上－线下"服务供给

加强乡村信息服务基础设施建设，不仅有助于缩小城乡数字鸿沟，还能促进乡村公共服务设施智能化和乡村社区线上治理能力的提升。建设智慧乡村公共服务设施体系，打造智能服务设施平台和提供精准乡村服务管控技术。

构建集数据采集、分析处理和应用服务于一体的智慧农业平台，提供农业生产指导、市场预测和灾害预警等综合服务。推广使用物联网、大数据和人工智能等技术，实现精准医疗、娱乐和出行服务，提高乡村公共服务设施使用效率和质量。

在教育医疗信息化方面，建设乡村远程教育平台，整合优质教育资源，通过视频课程和在线辅导提高乡村教育质量。建立基于互联网的健康档案管理系统，推广远程医疗服务，提高乡村居民的健康水平。

加强乡村冷链物流设施建设，保障生鲜农产品的安全运输和新鲜度，促进农产品市场的拓展。推动快递服务延伸至行政村，降低物流成本，提高配送效率。

在社会治理方面，开发智慧社区管理平台，实现社区信息的智能化采集和处理，提升基层治理效能。完善电子政务服务平台，简化办事流程，提高政府服务效率，方便农民群众办理各项事务。利用互联网技术打造乡村旅游服务平台，宣传推介当地特色文化和旅游资源，吸引更多游客前来体验，促进乡村旅游经济的发展。运用数字化手段记录和保护乡村文化遗产，传承和发展地方优秀传统文化。

3. 基础培训适应乡村社区"线上－线下"服务供给

数字技术的应用必须充分考虑乡村的特殊状况，如人口老龄化和村庄空心化等问题。这意味着技术的引入和使用需要与乡村的人口结构和社会环境相协调，确保技术能够真正地服务于乡村的需求。乡村地区的老年人口比例普遍较高，且年轻劳动力外流，导致村庄空心化现象严重。数字技术的应用应当接受并适应"老年人乡村"的存在，有效应对由此产生的代际差异带来的挑战，包括但不限于简化操作流程，使老年人也能轻松掌握使用方法，以及开发适合老年人使用的应用程序和服务平台。针对老龄化问题，建立智慧养老模式，为老年人提供更加便捷、高效的生活服务。这种模式涵盖了日常照料、健康管理、紧急救援等基本服务，利用移动互联网技术让子女能够远程监控老年人的安全状态，增加家庭成员之间的互动。

为了确保乡村居民能够顺利采用新技术，可在村内实施数字技能培训项目，尤其是针对老年人群体，定期举办培训班，教授他们如何使用智能手机、电脑和其他智能设备。建立社区支持网络，鼓励年轻人教会家中长辈使用智能设备，同时通过志愿者和社区工作人员的帮助，让更多的老年人能够享受到数字技术带来的便利。通过数字技术的应用，增强老年人的社会参与度。通过设置在线社交平台，老年人可以与其他村民交流，分享经验，甚至参与村庄事务的讨论，从而增强他们的社交互动，减轻孤独感和社会隔离感。

5.3.2 规划设计赋能乡村社区"线上－线下"应用

1. 线上、线下融合解析乡村供需难题

1）需求分析与供给决策

在西南山地乡村社区，首先要结合当地实际情况与规划定位，明确目标人群的特征和需求。由于西南山地特殊的地理环境，其乡村社区通常较小，居民多为农民及少量的返乡创业青年，其生活方式和需求与城市居民有所不同。因此，需要根据乡村社区的具体情况，预估目标人群的年龄结构、收入水平、生活习惯等。结合乡村社区的特点，可以预期大多数居民在白天可能从事农业生产活动，而在晚上和周末则可能进行家庭聚会、农闲娱乐等活动。因此，乡村社区不仅要配置基本的生活服务设施，还需要提供满足农闲娱乐需求的服务设施，如文化活动中心、农家书屋等。乡村地区的孩子们多就读于乡村学校，优质的教育资源对于吸引和留住人才至关重要。

线上、线下设施规划应结合乡村社区的现状，提出空间布局和规模建议，重点配置的公共服务设施包括教育设施、商业购物设施等。乡村学校是教育服务的主要载体，可以考虑在乡村学校周边设立早教到家网点，提供定制化的课外兴趣班和早教课程，满足孩子们的兴趣培养需求。乡村社区的商业街可能不够发达，可以设立快递网点和无人售货机，以满足村民的基本购物需求。无人售货机可以布局在人流较为集中的地方，如学校附近、村口等。可以考虑引入无人售货站或简易餐饮服务点，满足村民的餐饮需求。可以利用乡村的自然景观优势，开发户外活动空间，如建设AR公园等，提升乡村社区的文化氛围和服务水平。

2）远程优化与分散集聚的乡村供需应对

在西南山地乡村社区，为居民的生活圈引入远程服务能够突破传统的乡村地理限制。居民可以通过线上平台获取更远地区的服务，如送货上门、远程咨询等，扩展他们的日常生活空间。乡村社区公共服务设施规划应充分考虑线上弹性生活空间，允许居民根据个人偏好、时间和行动能力灵活调整其活动范围或接受服务的距离。线上弹性生活空间要求乡村社区公共服务设施规划考虑居民的具体需求，包括分析居住人群的特征、进行时空行为研究，并评估使用远程服务满足这些需求的可行性。特别是在偏远和小规模乡村社区，远程服务可以有效降低成本，提高服务效率，增强乡村社区的自我服务能力。

乡村社区公共服务设施的分布正在向分散集聚并存的趋势转变。传统设施通常集中于人流密集的地区，集中带来了较高的地租成本。随着线上、线下服务的发展，设施可以分散布局在成本更低的乡村区域，如村庄内部。公共服务设施越来越趋向于功能复合化、体量小型化，便于在乡村社区内部分散设置，以更接近居民，满足他们的日常高频需求。同类型的公共服务设施可能形成小规模集聚，以降低配送成本，例如物流站点的集中布局。在这种模式下，乡村社区生活圈的中心性逐渐弱化，设施布局更多地由市场需求驱动。

2. 线上、线下融合应对乡村供需影响

1）服务使用方的影响

在"线上-线下"服务模式下，乡村居民可以根据自身需求选择最合适的地点和时间来接受服务，这种灵活性极大地提升了服务的可及性。村民可以通过线上平台预约医生上门服务，或是订购生活必需品直接送到家门口。这种方式减少了村民的出行次数，节省了时间和精力，提高了生活质量。

对于居住在偏远山地地区的村民来说，出行到最近的公共服务设施通常需要长途跋涉。通过"线上 - 线下"服务模式，村民可以减少不必要的出行，节省了时间和交通成本。村民可以通过电商平台购买生活用品并选择直接送到家门口，避免了长途跋涉去集市采购。

"线上 - 线下"服务模式能够为乡村居民提供更多样化和高质量的服务。例如，村民可以通过在线平台接受远程教育和医疗咨询服务，获得来自城市的专业知识和技术支持。同时，线下小型化的体验中心和共享设施也能为村民提供便捷的实地体验机会。

随着"线上 - 线下"服务模式的发展，乡村居民不再需要依赖中心城镇的公共服务设施。这不仅减少了乡村社区对中心城镇设施的依赖，也减轻了这些设施的压力，使得乡村社区可以更加自主地发展。例如，通过线上预约，村民可以轻松找到最近的医疗服务点，而不需要前往更远的城市医院。

2）服务供给方的影响

对于服务供给方而言，线上、线下融合的服务模式意味着需要重新评估服务的供给方式。例如，医疗机构可以考虑设置小型的远程医疗咨询点，同时通过线上平台提供预约挂号、在线咨询等服务。教育机构可以利用互联网技术提供在线课程，同时在乡村设立学习中心供学生使用。

在"线上 - 线下"服务模式的作用下，乡村公共服务设施将朝着小型化、分散化方向发展，服务供给也更加灵活。线上服务覆盖范围广泛，线下服务则仍然依赖传统中心化布局。"线上 - 线下"服务模式则通过远程沟通和信息服务等方式，减弱了相关活动对特定地理位置的依赖。同时，随着线下渠道带来的实物或实体服务投放功能的不断提升，许多服务能够直接下沉到乡村社区。这样的发展趋势促使乡村公共服务设施逐渐走向松散化和去中心化，形成多中心、小规模的集聚形态，从而扩大服务范围、优化布局，并降低建设和运维成本。

通过多个小型化的线下服务点进行补充，减少了对大型场地和设备的需求，使得活动场所不再局限于固定的地点，极大地降低了对各级中心的依赖，更好地适应了乡村地区空间分散的状态。随着服务范围的扩大和服务可及性的提升，活动设施可以在更大范围内灵活布置。由于一些线上、线下设施本身体积较小，可以采用嵌入式的方式布置于乡村社区、公共空间的边缘和角落，节省空间，提升服务的便利性。原本用于大型活动的物质空间在"线上－线下"服务模式的作用下得到了释放，活动空间朝着小型化、共享化的方向发展，可以在成本更低、区位相对一般的地点进行，大大节约了人力、物力和财力，更好地适应了乡村地区低密度、人口分布疏松的特点。

3）服务供给活动的影响

"线上－线下"服务模式不仅扩大了线上服务的范围，还通过配送和上门服务扩大了线下服务的范围。这一模式充分利用了虚拟化的优势，并积极拓展线下渠道，通过新兴技术实现了线上、线下的快速链接与交互，进一步突破了空间和距离的限制。借助互联网技术，不同地理空间中的个体得以相互关联，服务范围也随之扩大，乡村居民可以在任何位置享受到相应服务。随着物流与快递行业的快速发展，即时配送和上门服务的服务范围远远超过了传统方式的服务范围，乡村居民可以便捷地获取各种基本服务。线下设施通过精准的点到点配送，使得供需市场能够跨越时空的界限，即便是偏远山区的小型社区，也能享受到分散化、高质量的生产生活服务。

服务范围的扩大使得设施能够更加灵活地布局，降低了对社区中心的依赖。传统的虚拟化服务通常围绕乡村社区中心布局实体设施，而"线上－线下"服务模式则依托线上平台的虚拟特性，减少了设施的区位限制，使得设施可以在乡村范围内自由地布局。这种模式使得线上、线下设施能够下沉到乡村社区或园区等较小的空间范围内，适应了乡村人口和活动分散的特点，也降低了门槛效应和集聚效应的影响。此外，由于部分线上、线下设施体量较小，占用空间不多，因此它们的布局更为灵活多样，例如智能柜、共享设施等，可以微创式地嵌入乡村社区、公共空间的边缘和角落。

设施的灵活布置使得原本承载活动的物质空间得以释放，降低了建设和运营维护的成本。设施的分散布局使得空间承载的功能更加灵活，原来的大型功能空间可以因地制宜地转化为其他有利于乡村发展的空间。随着共享化和数字化的推进，还将间接形成多功能的空间混合使用模式，进一步提高空间使用效率，避免因功能不匹配而导致的空间浪费现象。

4）乡村社区的影响总结

线上、线下融合的服务模式有助于缩小城乡差距，提升乡村社区的整体服务水平。这种模式能够促进乡村社区内部的资源合理分配，减少对中心城镇的依赖，从而实现更加均衡的发展。例如，建设小型化的公共服务设施，如卫生室、图书馆、学习中心等，并结合线上服务，可以使乡村居民享受到与城市居民相似的服务质量。"线上－线下"服务模式对于西南山地乡村社区来说是一种重要的发展方向。这种模式不仅能够提升居民的生活品质，还能促进乡村社区的可持续发展，为乡村居民创造更多便利和机遇。

相较于单纯依靠虚拟化服务的模式，"线上－线下"服务模式通过增加线下服务渠道，为受实体条件限制的活动提供更有力的支持。对于乡村社区的服务使用者而言，这种模式围绕个人或产品的实际需求提供服务，能够有效解决乡村地区空间分散导致的出行成本高、资源利用效率低等问题，显著提高了服务的可及性和效率。通过虚拟化手段丰富活动的多样性，让人们能够轻松获取远程的优质资源，并促进家庭内部和附近的活动开展，消除了场所限制，确保人们无论身处何地都能获得高质量的服务。此外，还能提升个人和产品的选择自由度，提高服务质量，减少对乡村社区中心的依赖，支持活动以分散的形式进行。

3. 线上、线下融合构建乡村养老系统

1）线上——信息平台整合乡村养老服务

针对西南山地乡村社区的特点，线上、线下融合的信息平台能够有效整合乡村养老服务资源与市场需求。建立供给数据库，整合乡村现有的养老资源，包括医疗、护理、休闲等服务资源，强化部门间的协作，确保资源的有效分配。重点设置老年人数据库，收集乡村老年人的基本信息和服务需求，形成规模化市场，促进养老服务体系建设。在使用端设置服务数据库，建立服务评价和反馈机制，鼓励老年人积极参与并提供个性化服务。线上平台应集成多种服务功能，如在线咨询、供需匹配、在线社交、远程医疗服务、家政预约等，为乡村老年人提供便捷的"一键式"养老服务体验，缓解老年人面临的"数字鸿沟"。

2）线下——搭建乡村老年服务休闲圈

乡村为老服务圈的核心在于构建通过配送上门或服务到家的方式满足老年人需求的设施和服务网络体系。规划乡村养老服务体系时，应该构建"县级—乡镇级—村级"三级养老中心的分工协作体系，并引入社会力量参与服务供给。政府可以制定相关政策，鼓励和支持餐饮业、家政服务业、快递业等社会力量参与乡村养老服务，通过线上平台实现资源整合和统一调度。完善市场准入和监管机制，确保服务质量和安全。乡村餐馆、饭店可以通过认证成为定点餐饮服务供应商，为老年人提供线上、线下相结合的餐饮服务；家政服务公司和个人可以在经过审核后纳入一体化平台，提供上门服务；与当地"跑腿"服务团队合作，提供物品配送和代办服务；鼓励在校大学生提供远程实时服务，成为老年人的"贴身助手"。这些措施有助于强化乡村养老服务的供给能力，推动公共养老服务的市场化和普及化。

乡村养老休闲圈的重点在于布置老年人步行 10 分钟即可到达的微型服务网点。网点可以满足老年人面对面交流的需求，同时通过线上下单、线下配送的方式提供其他服务，扩大服务覆盖范围。微型服务网点应优先选择老年人自发聚集的地点，如村头、村尾的空地或小广场。这些地点具有良好的群众基础，易于推广线上、线下相结合的养老服务。在规划过程中要注意公共空间的全龄共享，鼓励不同年龄段的人群相互帮助，避免群体间的矛盾。鼓励信息水平较高的低龄老年人或家庭办公人员担任联络员，构建社区养老的行动者网络，推动公众参与和共同治理。通过以上措施，西南山地乡村社区可以构建一个高效、便捷、覆盖广泛的线上和线下融合的养老服务系统，提高乡村老年人的生活质量，同时也为乡村地区带来新的发展机遇。

3）线上＋线下——增强养老空间配置

西南山地乡村社区面临着老龄化加剧的趋势，因此需要针对其特点，优化养老服务空间配置。虽然当地政府在乡村社区养老方面投入较大，但仍面临一些挑战。例如，养老服务设施分布不平衡，部分乡村地区的养老服务设施过于集中，主要分布在交通便利、经济条件较好的村庄，而偏远山区的养老服务设施则相对较少；设施的可达性不高，由于乡村地区地理条件复杂，部分养老服务设施不方便老年人到达，尤其是在山区。可通过下列措施提高养老服务水平。

（1）加强线上、线下融合的社区养老服务

通过宣传线上平台的功能与优势，激发老年人主动参与的积极性，构建老年人需求画像，并整合成需求数据库。同时，优化设施介绍功能，增加老年人的服务评价功能，提高平台的友好性，便于老年人操作使用。

（2）扩大为老服务圈体系

增强对社会性养老服务设施的认可和支持力度，将乡村卫生室、老年人餐饮店等纳入社区养老服务网络。与周边的社会力量广泛沟通，为老年人提供优惠服务，包括预约呼叫、送货上门等。

（3）增强设施的步行友好性

挖掘现有的老年人日常活动空间，构建养老休闲圈。利用线上平台优先展示这些贴近老年人生活的网点，周边社区养老服务设施和社会力量可以为这些网点提供支持，比如送餐到场、举办健康讲座、协办文体活动等。

西南山地乡村社区公共服务设施规划：三生场景一体化技术

随着乡村振兴战略的深入推进，乡村社区公共服务设施规划面临着诸多挑战。传统规划方法过度依赖人口指标，忽视了乡村在地的社会特征和行为模式，以及三生空间系统性统筹不足、规划表现形式单一、难以实现与村民的有效沟通等问题。场景理论的引入为乡村社区公共服务设施规划带来了新的思路和方法。场景化规划通过对公共服务设施的"要素、空间、组织、情境"进行协同考虑，将生产、生活、生态服务中的设施载体重组为有机整体，既能避免传统配置中功能单一、活力匮乏的问题，又能克服三生空间条块分割的局限。同时，场景化规划将标准化的指标数据转化为可感、可观、明晰的实体场景，有效提升了村民参与度和社区治理效率。

本章提出了三生场景一体化技术路线，从场景识别到谱系构建，再到具体设计要点，形成了完整的技术体系。在场景识别环节，通过重点单元空间基因提取和人本视角需求图谱描摹两个关键步骤，系统性地识别场景空间单元。在场景谱系构建中，将公共服务设施场景分为生活型、生产型和生态型3大类，并细分为9类基础性场景和5类拓展性场景，形成了层次分明的场景体系。在设计要点方面，生活型场景注重以村民需求为导向，强调文化塑造和智慧治理；生产型场景着力推进产业升级融合，强调要素集聚和数字赋能；生态型场景则致力于维护生态格局整体性，注重生物多样性保护和人居环境改善。通过场景总体统筹，实现了公共服务设施的均衡布局、生活圈的有效覆盖及运营机制的协同优化，为西南山地乡村社区公共服务设施的规划建设提供了新的技术路径。

6.1　三生空间公共服务设施的场景识别

6.1.1　三生空间公共服务设施的场景化趋势

自21世纪开展乡村规划编制以来，乡村社区公共服务设施规划成为以资源管控为目标的村庄管制规划、以乡村发展为目标的村庄振兴规划、以工程建设为目标的专项规划的共同抓手。然而，当今公共服务设施规划正面临编制方法、空间统筹、实施过程等方面的问题。

首先，从编制方法来看，传统乡村社区公共服务设施规划往往过度依赖"未来乡村常住人口"这一单一指标。这种方法将乡村居民简化为纯粹的"数字人"，忽视了人群的社会特征和行为模式，导致规划设施与实际需求在规模和空间布局上的错配。特别是在西南山地地区，由于未能充分考虑乡村独特的社会环境与文化背景，设施规划与当地文化传统、民俗习惯等显著偏离。

其次，从空间统筹来看，在国土空间规划的背景下，各地区以公共服务设施为抓手来解决三生空间问题。例如，上海以公共服务设施带动生产空间与用地的减量提质，江苏、广东以公共服务设施引领生活空间的人居环境整治，浙江以公共服务设施强化生态空间的生态过程与格局特色。然而，这些做法往往仅将公共服务设施作为实现特定政策目标的工具，缺乏系统性的框架体系和清晰的逻辑主线。有研究进一步指出，现有设施规划过分聚焦建设空间，虽然在规划愿景中强调全域统筹，但对生态、产业等非建设空间的管理机制尚显不足。

最后，从实施过程来看，当前设施规划的表现形式过于单一，主要采用"条文"和"清单"的形式，虽具有较强的专业指导性，却缺乏情境化的形象展示。这导致在村民参与阶段，难以实现公共服务设施的"清晰化、简明化"传达，致使村民对与其生活密切相关的公共服务设施认知不足，进而影响了村民参与的深度和维护设施的主动性。

基于上述问题，引入场景理论来优化编制方法，匹配多元人群需求，强化公共服务设施在三生空间中的系统框架与空间联系，增强设施规划的情境展示，已成为乡村社区公共服务设施规划的必然发展趋势。

近年来，三生空间公共服务设施场景化在全国各地的服务设施规划与社区空间规划中正被广泛探索和实践。其中，成都建立了"1+8+S（scene）"的服务体系，以"扶老携幼、共建共享"打造服务场景、以"天府农耕、勤劳尚美"理念打造文化场景，由此进一步建立了4类具有成都文化底蕴、空间特色的场景体系。上海基于"生活、生产、生态、治理"的策略引导，以睦邻友好、健康养老、旅游休闲、智慧治理提升村庄的生活活力，以创新生产、未来创业、艺术文创强化乡村的产业基础，以自然生态维育乡村的生态基底。

在全国范围内，其他省市的实践同样富有特色（表6-1）。在生活空间方面，注

表 6-1　各地社区服务场景建设类型

正式导则和出版物	生活型公共服务设施场景	生产型公共服务设施场景	生态型公共服务设施场景
《上海乡村社区生活圈规划导则（试行）》，上海市规划和自然资源局 2021 年 12 月印发	睦邻友好场景、健康养老场景、智慧治理场景	创新生产场景、未来创业场景、艺术文创场景	自然生态场景、旅游休闲场景
《嘉兴市全域未来乡村生活圈建设导则》，嘉兴市农业农村局、嘉兴市城乡风貌整治提升工作专班办公室 2022 年 6 月发布	嘉乡风貌场景、嘉乡文化场景、嘉乡邻里场景、嘉乡健康场景、嘉乡治理场景、嘉乡交通场景	嘉乡产业场景、嘉乡智慧场景	嘉乡低碳场景
《未来社区——浙江的理论与实践探索》，浙江省发展和改革委员会、浙江省发展规划研究院编，2021 年 9 月出版	"远亲不如近邻"的未来邻里场景、"终身学习"的未来教育场景、"全民康养"的未来健康场景、"艺术与风貌交融"的未来建筑场景、"5、10、30 分钟出行圈"的未来交通场景、"党委统领、政府导治、居民自治、平台智治"的未来治理场景	"大众创新"的未来创业场景、"优质生活零距离"的未来服务场景	"近零"的未来低碳场景

资料来源：笔者根据相关文献整理。

重邻里资本培育、设施服务完善及智慧平台的应用；在生产空间方面，着力推进在地创业创新，积极开展数字场景与平台对接；在生态空间方面，大力发展绿色有机低碳产业，促进生态服务转化。这些实践在场景体系构建、场景价值塑造、场景内容创新等方面都积累了丰富经验，为我国乡村规划与建设提供了重要的参考和借鉴。

结合场景理论与场景实践，公共服务设施的空间场景一体化技术主要在乡村社区范围内，对公共服务设施的"要素、空间、组织、情境"进行协同考虑，避免传统公共服务设施配置面临的功能单一、活力匮乏等问题；将三生空间中生产、生活、生态服务中涉及的公共服务设施载体重组为联系紧密的有机整体，避免三生空间条块分割的问题；以三生场景体系统筹公共服务设施，强化系统框架与机制设计，从而进一步彰显地方文化价值。同时在呈现与展示方面，让标准化的指标数据转化为可感、可观、明晰的实体场景，切实提高村民在规划实施过程中的参与度，从而提升社区治理效率。

6.1.2 三生空间公共服务设施的场景空间识别路径

三生空间公共服务设施的场景植根于乡村三生空间的双重要素：一方面是物质性的空间实体，另一方面是包含乡村文化、乡土记忆在内的非物质信息要素。场景空间的识别过程，实质上是一个发掘与整合的过程——发掘乡村中具有发展潜力的实体空间单元与设施，并将其与文化、记忆等非物质要素有机结合，进行一体化营造。在这一过程中，由公共设施与公共空间共同构成的公共性实体空间单元，成为场景营造的核心。

基于人本导向的理念，场景营造必须与乡村居民的实际需求和生活期望相契合。因此，三生空间公共服务设施的场景空间单元识别可通过两个关键的技术步骤来实现，即重点单元空间基因提取与基于人本视角需求图谱描摹。

在重点单元空间基因提取中，建立基于乡村特征解构的分析维度，从而强化场景空间的内在唯一性与总体优势性。杨柳等（2023）提出关注乡村小生境建构与垂直生态过程，归纳地景特征的镶嵌结构与特色格局，识别生态空间的特色布局模式；陈代俊等（2022）则提出了基于地形条件、边界环境、用地结构、产业经济、街巷网络的乡村综合重点空间识别方法；孟世玉等（2022）从自然景观、聚落形态、道路结构、公共空间、非物质文化等方面进行识别与评价，并结合村民评价进行空间要素赋权校正；杨贵庆、肖颖禾（2018）则提出以乡村空间网络中心、历史聚落节点作为核心公共空间的识别方法，并指出核心节点在文化习俗、场景记忆中的关键价值。

综上所述，三生空间公共服务设施的场景空间基因提取可从三个维度展开：在生态空间方面，通过生态自然过程与地景特色格局的识别，提炼其内生基因；在生产空间层面，通过设施用地条件与产业经济特征的综合分析，凝练其特色基因；在生活空间层面，通过街巷网络与核心公共空间节点的梳理，以及乡村文脉习俗记忆的溯源，识别其重点基因。基于上述分析，本书建立了四个重点单元空间基因的提取维度，分别为生态地景特色格局、产业设施用地模式、公共空间网络节点及乡村文脉习俗记忆。这一多维度的基因提取体系，将有效强化三生空间公共服务设施的场景空间基础，为后续的场景营造提供科学依据。

在人本视角需求图谱描摹中，以人群时空轨迹描摹使用结构、基于全域空间识别活力热点、基于使用主体划分需求层次，建立需求谱系，从而以需求导向精准配置设施场景。魏萍等（2024）基于公共空间的设施使用社会特征，通过 SNA 方法分析公共空间的使用模式与轨迹特征，揭示其行为规律和社会模式偏好；屈野等（2023）通过问卷调查、访谈等手段，深入了解不同居民群体，如儿童、老年人、青年等的特定需求和期望，确保人群混龄使用，并建立了全生命周期的使用方式；蒋金亮、刘志超（2019）识别基于全域的活力热点，通过 GIS 技术和大数据分析，找出社区中的高活跃区域和潜在增长点，以便在这些区域增加投入，提升公共服务设施的使用效率和居民的满意度。上述方法能够为公共服务设施构建全面、动态、精准的需求画像，有效引导场景化应用落地和优化服务决策，从而确保公共资源的高效配置和可持续利用。

三生空间公共服务设施的场景空间识别是一个多方协同的过程，需要设计主体与管理主体的深度参与和互动。其中，设计主体基于专业知识和经验，从规划设计的角度预判场景设计愿景；管理主体则凭借丰富的基层实践经验，评估场景落地的可行性与必要性。通过双方在现场的实时协商与谋划，能够有效增强场景空间结构的合理性、存量设施的优化效果及场景重点范围划定的准确性，从而确保规划方案的实施落地。

6.2 三生空间公共服务设施的场景谱系构建

基于生活、生产、生态三生空间的空间基础，结合重点空间识别和服务需求，可将设施场景相应分为生活型公共服务设施场景、生产型公共服务设施场景及生态型公共服务设施场景三大类型。

生活型公共服务设施是乡村社区居民日常生活必不可少的关键服务载体，也是乡村治理的核心场域，因此生活型公共服务设施场景主要聚焦乡村社区居民的日常服务与乡村的治理协同等内容。乡村作为农业产品的重要供给源头，一产是乡村的基础支撑，生产型公共服务设施在提高劳动力技术水平、提升农业生产效率等方面发挥了不可或缺的支撑作用，同时也是助力三产融合发展的关键触媒，因此乡村生产型公共服务设施场景主要聚焦现代产业绿色高效发展与城乡产业融合。生态型公共服务设施承载着栖息地维育与生态人居环境监测、治理、优化的综合功能，因此生态型公共服务设施场景主要聚焦维育生态格局、创造自然宜居的生活环境、提供亲近自然的生态休闲体验等在地营造内容。

通过实地调研、案例经验与规划示范项目的技术实践，本书在生活型、生产型、生态型公共服务设施场景的分类基础上，将场景深入细分至 9 类基础性场景与 5 类拓展性场景（表 6-2），并围绕基础性场景进行设计导则编制与示范工作（图 6-1）。

表 6-2　乡村社区公共服务设施场景分类

场景类型	基础性场景	拓展性场景
生活型公共服务设施场景	和谐共融的乡邻交往场景 在地多元的文体活动场景 幸福普惠的医疗养老场景 共享共促的全龄教育场景 高效智慧的现代治理场景	交通出行场景 儿童照管场景 便民商业场景
生产型公共服务设施场景	绿色高效的现代产业场景 城乡互联的数字经济场景	乡村创业场景
生态型公共服务设施场景	安全韧性的生境保育场景 山水共栖的生态人居场景	生态文化场景

图 6-1　三生场景分类图谱

（图片来源：笔者自绘）

值得注意的是，公共服务设施场景具有动态性和适应性特征。生产、生活、生态型公共服务设施场景之间并非泾渭分明，而是呈现出高度交融、互动的复合状态。场景的具体类型、规模及功能应当根据乡村社区的本底特征和发展趋势进行灵活调整，在实践中可因地制宜地补充拓展性场景内容，丰富场的配置类型与内容，从而更好地适应地方发展需求。

6.3　三生空间公共服务设施场景设计要点

6.3.1　生活型公共服务设施场景设计

生活型公共服务设施场景是村民日常活动与设施安排的中心，它们是重塑乡村生活与公共服务联系的关键要素。

一是应关注与追求以"村民需求"为导向的设计。在公共服务设施规划的全生命周期中综合时空活动、社会网络、使用意愿、绩效反馈等主、客观指标，衡量不同层次的需求，以促进和调节不同类型、等级、规模的公共服务设施的比例组合和空间安排，如借助便民服务中心和邻里驿站等，将不同类型、不同规模的服务空间组合配置，使其与乡村建设条件、实际需求、发展目标等相适应；在空间内可考虑功能复合、全龄覆盖设计方法，如考虑活动中心的分时段使用，设置幼托共享四点半课堂、技能交换站、文化客厅，满足乡村一站式终身学习的需求；结合乡村社区老龄化分布与占比，制定线上线下分人群的养老就医模式。

二是以文化塑造场景活力内核。结合乡村的历史文化、传统习俗进行挖掘，明确乡村社区的地缘文化特色与特征。考虑空间的多功能性，如可用于集市、节庆活动、展览、教育培训等多种用途的公共空间。建立场景文化资源的整合机制，如结合村委会，建立社区邻里文化联盟组织，统筹协调内外专业力量及文化策划等各类资源，培育乡村社区生活场景文化新生态，增强居民凝聚力。

三是聚焦治理手段融合，数字智治融入公共服务设施的场景运营。以三生空间公共服务设施为居民的自治载体，营造自治空间与自治机制耦合，逐步完善常态化、可持续的居民参与和决策机制。同时以治理场景、养老、教育场景为抓手，推进乡村社区数字社区运营，建立刚弹结合、时空转换的设施定制模块，以"一站式"社区管理服务平台，提高不同地域、不同阶段的乡村公共服务设施规划的动态性、灵活性与适应性。

6.3.2　生产型公共服务设施场景设计

生产型公共服务设施场景是乡村社区发展的动力源，在完善农业生产设施建设的基础上，可依托大数据、云计算、生物和环保先进技术等提供就业创业服务和配套设施，冲破乡村地域限制，升级产业结构与助力产业发展。

一是以产业升级融合促进生产型公共服务设施场景的落位建设。明确村域的产业发展目标与产业链禀赋，横向促进村域一、二、三产融合，引导弹性复合、开放共享的生产型公共服务设施场景，如以村域内特色家庭农场为触媒，在原生产模式周边补配自然轻干扰生态休闲服务设施，以公共艺术＋创意农业获得额外的文旅收入。同时可考虑本村与邻近上下游的资源整合，带动物流中心、供应链管理平台等产业型公共服务设施，实现产业链的纵向拓展。

二是以"产村融合、要素集聚"为生产型公共服务设施场景的布局原则。在生产型公共服务设施场景的空间布局方面，可考虑适当集聚各类优势生产要素以形成重要服务空间，如在自然条件优越的生产种植区，优化交通基础设施（如村道）、交通服务设施（如驿站）等。同时关注产业本身的空间布局规律：核心园区集聚式的场景空间占地较为独立，规模较大；家庭农场分散式的场景空间规模相对适中；现代小农自由式的场景空间规模较小，分布较为零散。由此形成产业之间差异化的布局组织与形态组织。

三是拓展数字互联网应用，为乡村发展寻找新动能。一方面，生产型公共服务设施场景设计应积极应用数字智能农业技术。例如，以农牧站为物联网养殖监控的节点，拓展精准农业管理系统；以农业仓储设施复合大数据平台，收集、分析农业生产全过程数据，建立农产品溯源系统；以水利设施复合智能灌溉系统，提高农业生产率。另一方面，结合互联网直播和电子商务平台，助力乡村特色产品直接进入更广阔的市场，提高乡村地区的经济活力；同时，乡村旅游、手工艺品等也可以通过互联网进行宣传和销售，吸引更多游客和消费者，拓展乡村居民的增收渠道。

6.3.3 生态型公共服务设施场景设计

生态型公共服务设施场景旨在维护乡村的自然生态基底，合理管理乡村的自然资源，以及促进自然环境的持续发展。生态型公共服务场景与生态型公共服务设施协同运作，通过整体网络来确保生态系统的平衡，并增强其服务功能。

一是设施场景设计应考虑生态格局的整体性。基于西南山地乡村生态的脆弱性与敏感性，其生态型公共服务设施空间场景设计首先应考虑城乡地域在生态空间和功能上的有效衔接，维育生态格局的整体性。根据三区三线及相关要求，建立生态空间底图，掌握全域生态空间要素，通过识别地理、植被、建设开发等多类型乡村生态敏感空间，以"避开生态敏感空间"为底线进行空间开发，选择重点区域开展生态保护，建设相应生态保育设施。

二是维育生态景观与生物多样性。生物多样性保护是乡村生态振兴的重要内容，山地乡村社区常拥有山、水、林、田等丰富的生态要素，形成岭、滩、谷、湾、沟等复合地貌，具有生物多样性维育的良好基础，因此在生态型公共服务设施场景设计中应尽量使用本土植物，避免外来种群对生物栖息地的破坏。考虑当地的关键生物种群，在局部补充生境营造设施，如增设鸟类筑巢点、鱼类迁徙廊道等。

三是应围绕社区居民聚集点打造绿色低碳空间，缓解乡村人居环境中的生态污染问题。从垃圾收集处理设施、给水排水设施、管线综合设施等分析入手，聚焦乡村社区生态人居设施短板，同时在考虑人口增减、环境承载力的基础上，完善乡村社区不同区域的重点生态设施配置。

6.3.4 三生空间公共服务设施场景总体统筹

一是形成公共服务设施的总体场景落位蓝图。将乡村社区全域公共服务设施场景的落位表达在一张落位图上，可有效显示公共服务设施场景的布局均衡性，确保各设施场景之间的协调和互补发展，避免资源浪费和重复建设。同时，总体场景落位蓝图亦有助于村民、相关管理人员、游客快速了解村内资源分布，提高场景的服务效率，及时响应多主体需求。

二是对生活圈的交叉校核。在公共服务设施场景设计后，需与社区的基本生活圈需求、提升生活圈需求进行交叉校核，确保设施场景总体分布形成了对不同人群需求的有效响应与反馈。同时进一步评估设施场景可达性，确保设施场景可对老年人、儿童等特殊人群实现服务与设施的要素覆盖，以提升未来公共服务设施场景的使用效率。

三是公共服务设施场景运营机制的协同优化。对同类三生空间公共服务设施场景，可在总体统筹的基础上进一步优化运营机制，包括智慧化项目的平台整合、设施场景的错峰共享、设施场景的品牌化建设、市场化运营主体的打包引入等。对同域邻近的设施场景，可在设计后进一步丰富使用模式，包括设施场景的流线优化、总体空间的联动共享等。最终实现同类设施场景的协同运营、同域设施场景的多样使用。

6.4　三生场景一体化总体技术路线

三生场景一体化的总体技术路线可分为三个关键阶段：首先，基于上位规划的指引，提取乡村的发展目标与趋势，并结合人本需求与乡村本底特征，识别三生空间公共服务设施的场景空间。其次，通过重点单元空间基因提取、人本视角需求图谱描摹两个关键步骤，以在地性与实用性为准则，综合推导形成多元化、差异化、精细化的场景谱系。最后，针对生活、生产、生态三个维度的不同设计要点，遵循在地性与实用性原则，制订关键场景设计方案并落实示范项目，开展乡村社区公共服务设施的空间选址、布局与建设（图6-2）。

```
                         ┌─────────────────┐
                         │  三生场景一体化技术  │
                         └─────────────────┘
                                  │
  ┌──────────┬──────────┬────────┴────────┬──────────┬──────────┐
  │地理信息集成│上位规划传导│  交通条件研判   │产业基础评估 │闲置资源摸底│
  └──────────┴──────────┴─────────────────┴──────────┴──────────┘
                                  │
                           ╱─────────────╲
                          ╱   设施场景      ╲
                          ╲   空间识别      ╱
                           ╲─────────────╱
                    ┌─────────┴────────┐
        ┌───────────────────────────┐      ┌───────────────────────────┐
        │    重点单元空间基因提取      │      │     人本视角需求图谱描摹      │
        │ ┌─────────────┬─────────┐ │      │ ┌──────┬──────┬──────┐   │
        │ │生态地景特色格局│产业设施用地模式│←─────│ │人群时空│人群活力│需求层次│   │
        │ ├─────────────┼─────────┤ │      │ │ 轨迹 │ 热点 │ 谱系 │   │
        │ │公共空间网络节点│乡村文脉习俗记忆│ │      │ └──────┴──────┴──────┘   │
        │ └─────────────┴─────────┘ │      └───────────────────────────┘
        └───────────────────────────┘
              空间基础  ╱─────────────╲  需求导向
                      ╱   设施场景      ╲
                      ╲   谱系         ╱
                       ╲─────────────╱
```

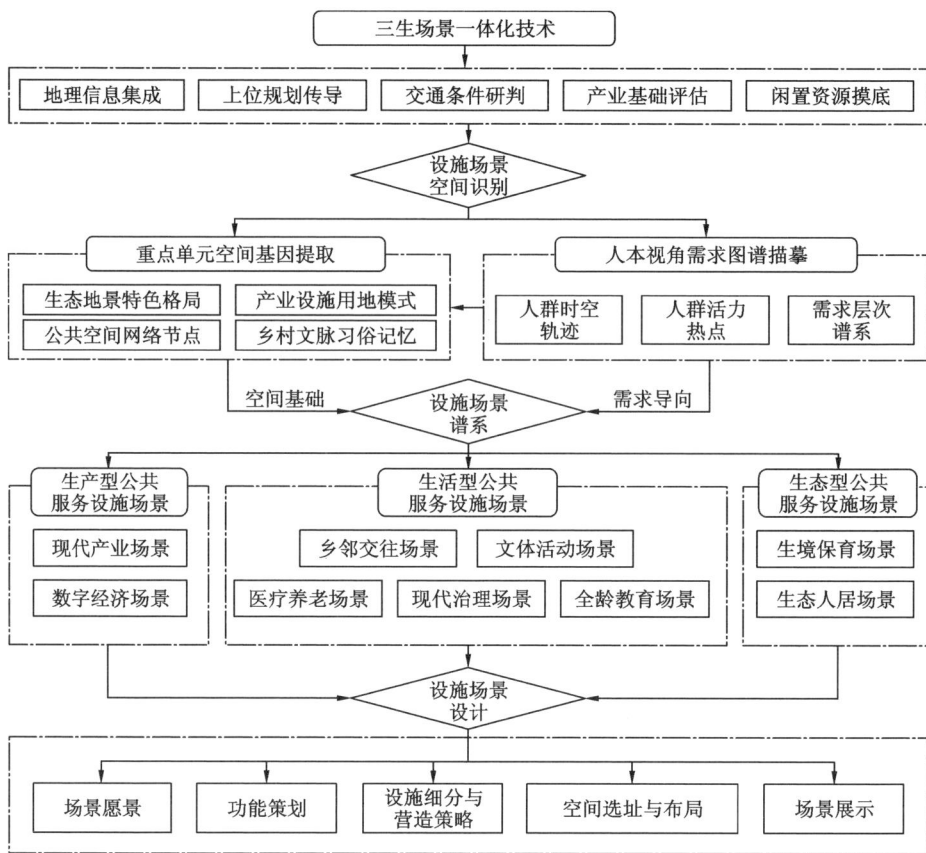

图 6-2　三生场景一体化设计技术路线

(图片来源：笔者自绘)

西南山地乡村社区公共服务设施规划导则

西南山地乡村社区公共服务设施规划导则是对九大场景的系统性指引，涵盖生活型、生产型和生态型三大类场景。每个场景指引包含场景愿景、功能策划、设施引导、空间选址与布局、场景示范和案例分析六个维度，形成了完整的规划技术体系。在生活型场景方面，重点构建和谐共融的乡邻交往、在地多元的文体活动、幸福普惠的医疗养老、共享共促的全龄教育和高效智治的行政治理五类场景，强调通过数字化赋能和多元主体参与来提升服务效能。在生产型场景方面，着力打造绿色高效的现代产业和城乡互联的数字经济两类场景，推动农业现代化升级和产业融合发展。在生态型场景方面，重点构建安全韧性的生境保育和山水共栖的生态人居两类场景，致力于维护生态安全和改善人居环境。

本章通过详细阐述各类场景的具体规划要点，为西南山地乡村社区公共服务设施建设提供实操性指引。在功能策划层面，强调设施功能与乡村发展需求的精准匹配；在设施引导方面，明确基础设施和弹性设施的具体配置要求；在空间选址与布局方面，注重因地制宜、统筹协调，强调设施布局与山地地形、村落格局的有机融合；在场景示范方面，通过典型案例分析展示设施规划建设的实践成效。这一系统化的规划导则既回应了西南山地乡村发展的现实需求，又体现了"以人为本、因地制宜、数字赋能、生态优先"的规划理念，为推动乡村公共服务设施高质量发展提供重要参考。

7.1 生活型公共服务设施与场景设计

7.1.1 和谐共融的乡邻交往场景

在西南山地乡村社区，同乡邻里的地缘结构与邻里空间形成了独特的互构关系。这种关系使乡村社区保持着互惠互助、人际往来和情感联系等传统社会网络，构成了促进公共服务设施可持续发展的关键社会资本。同时，西南山地乡村的社交空间往往也是承载民族文化和仪典祭祀的重要场所，通过民族节日庆典、传统习俗活动等形式来展现。这些文化活动不仅是地方特色文化的生动体现，更在山地地形的独特影响下，强化了山地院坝、同乡会馆、桥头码头等关键空间节点的场所活力。因此，在和谐共融的乡邻交往场景营建中，可以突出社区和谐交往和乡土文化融合等功能，营造交融交心与文化共促的交往中心。

1. 场景愿景

依托特色山地公共空间，构建以乡村公共服务设施为中心的邻里互助体系，利用乡村之间的人际情感纽带和社会资本，形成社区共同体，激活乡村社区的邻里文化，并促进公共服务的社会化供给。

2. 功能策划

和谐共融的乡邻交往场景以邻里交往、文化共享与互惠互助三大功能为主（图7-1）。在邻里交往方面，根据事件频率与当地特色，策划邻里日常交流、公共议事等功能。在文化共享方面，根据传统文化，策划节事集中活动、乡村民俗文化活动、村民文化作品展示等功能。在互惠互助方面，重点关注乡村留守老年人、儿童群体，通过邻里之间的扶持关照与紧急救助，同时对社会资源进行有效共享整合，策划乡村共享食堂、紧急救助帮扶等功能。

图 7-1 和谐共融的乡邻交往场景功能策划

（图片来源：笔者自绘）

3. 设施引导

在和谐共融的乡邻交往场景空间中，基础设施清单中主要包括社区活动中心、活动广场、邻里紧急救助设施，应按相关标准和要求建设；弹性设施清单中包括共享食堂、线上社区生活平台、乡邻资源互助市集、乡村客厅、社区议事调解室、村史馆等，拓展乡邻交往的应用场景（图7-2）。

图 7-2　和谐共融的乡邻交往场景设施引导

（图片来源：笔者自绘）

4. 空间选址与布局

和谐共融的乡邻交往场景首先需要提取乡村社区活力较高的空间载体，一方面可选取乡村社区中人流、信息流最易集聚的便民服务中心作为核心的邻里交往空间布局区域。另一方面，部分西南山地乡村社区居民点呈小聚落－村组化分布，乡邻交往场景落位可选取聚落的空间网络中心节点或与小卖部、入口广场复合设置。还可选取多个村组聚落的网络中心节点集中设置为小组团的乡邻交往场景落位点。布局时应合理利用现有地形、自然要素，结合大树、庭院、街角打造自然社交空间（图7-3）。

图 7-3　和谐共融的乡邻交往场景空间组织

（资料来源：笔者自绘）

5. 场景示范

和谐共融的乡邻交往场景示范如图 7-4 所示。

图 7-4 和谐共融的乡邻交往场景示范

（图片来源：笔者自绘）

6. 案例分析

重庆市铜梁区土桥镇河水村便民服务中心（图 7-5）是铜梁区在乡村振兴和基层服务能力提升背景下建设的村级便民服务中心之一。河水村乡邻交往场景设置于便民服务中心前区广场，在重要节事可方便村民组织特色活动。同时注重融入当地文化和特色，河水村便民服务中心依托本村特色的山水文化，设置艺术家工作室、美术展示厅、特色餐饮店、茶艺休闲吧等设施，旨在促进当地文化和经济的发展。此外，河水村还利用红色资源发展乡村旅游，利用入口围墙、景墙等要素，增添红色文化氛围。乡邻交往场景不仅改善了村民的生活质量，活化了乡村社区的邻里文化，还促进了社区共同体的建设。

图 7-5　重庆市铜梁区河水村便民服务中心

（图片来源：https://app.cqrb.cn/economic/2021-07-02/731428.html）

7.1.2　在地多元的文体活动场景

西南山地乡村特色的人文环境，产生了根植乡村土壤的民间歌舞戏曲、节日活动等文化内容。在互联网普及的背景下，数字技术的应用为乡村文体活动的传播与交互提供了平台，结合村民体育活动组织，产生了广泛的文化传播与放大效应。在地多元的文体活动场景既有利于将文体活动和农村生产生活紧密结合，又能以趣味性、艺术性、互动性来提高村民对文体活动的参与度。因此，在文体活动场景营建中，可以突出社区文化特色，注重体育设施与社区人群特征的匹配度，同时结合线上互动技术，打造在地多元的文体活动节点。

1. 场景愿景

以本土文化底蕴与线上互动技术为载体，因村制宜地丰富乡土文体活动形式，挖掘并整合多类型的文体资源，以促进乡村社区的全面发展和丰富居民的精神文化生活。

2. 功能策划

在地多元的文体活动场景主要包括文化体验、体育健身、互动文体三大功能。文化体验功能主要服务在地村民，一方面包括完善乡村图书阅读、村史展示、村综合文化服务等功能，另一方面也包括传统文化宣传、露天电影播放、节日庆典等流动文化服务。体育健身功能应基本保障村民的日常体育锻炼，同时宜具体考虑民间特色体育活动与设施。互动文体功能的服务对象则拓展至外地游客，一方面以虚拟现实、增强实境等技术促进人机交互活动，提供智慧运动场等沉浸式运动体验；另一方面以线上短视频、自媒体带动文体活动直播，使数字技术赋能乡村文体服务，进而提高乡村的知名度与吸引力（图7-6）。

图 7-6　在地多元的文体活动场景功能策划

（图片来源：笔者自绘）

3. 设施引导

在文体活动场景中，应配建的基础设施包括体育健身场地与综合文化服务中心，其中村民体育健身场地包含篮球场、乒乓球场等运动场地，以及配有健身器械的健身角。体育方面的弹性设施包括整合乡村步道资源的健身步道、融入数字技术的交互型体育设施，以及适合开展歌舞活动、体育比赛等的田间休闲设施，同时倡导健身设施的灵活利用，可与流动文化设施复合使用。文化方面的弹性设施宜基于在地资源与文旅特色，设置文旅游客服务中心、村史馆、图书室、民俗文化设施、智能导览设施等（图7-7）。

图 7-7　在地多元的文体活动场景设施引导

（图片来源：笔者自绘）

4. 空间选址与布局

体育健身场地应选址在村中心、学校周边或其他公共区域等便于多数村民到达的位置，其布局应强调外向开放性和识别便利性。对于具有民族特色的体育活动，可在宗祠、庙宇等传统建筑内举办，以提升民俗体育活动的影响力。健身步道的规划则应结合村民日常活动路径，优先考虑林盘、江畔等景观区域，并与文旅开发实现一体化融合。在文化服务设施方面，综合文化服务中心可与村委会统筹建设。图书室、村史馆等文化设施宜围绕村委会等进行集约化配置，同时需着力提升数字化服务能力，为村民提供线上网络资源与共享学习平台。在文旅发展方面，应深入挖掘和整合西南山地特色文化资源，将其串联活化为传承乡村文化的关键节点。精心打造村民舞台等聚集空间，使其成为承载乡村风俗活动的空间触媒。对于文旅特色鲜明的乡村，可将智能导览设施与民俗文化设施、村史馆等有机结合，形成功能互补的复合型服务空间（图7-8）。

图7-8　在地多元的文体活动场景空间组织

（图片来源：笔者自绘）

5. 场景示范

在地多元的文体活动场景示范如图7-9所示。

图7-9　在地多元的文体活动场景图示

（图片来源：笔者自绘）

6. 案例分析

重庆市北碚区柳荫镇东升村是中国美丽休闲乡村，是市级乡村振兴示范村、乡村旅游重点村。东升村的文体活动场景位于村口东堂处，由村史馆和村民活动广场组成（图7-10）。村史馆展示了东升村活化各种作物生产的东西，包括竹编、叶雕、香作等。道路两旁展示着四川美术学院与村子合作的作品，以及村里孩子所绘制的心中家乡的模样，承载着东升村的人文历史。村民活动广场是村民聚集地和日常活动承载空间，同时是对外接待游客的，集展示、集聚、交流等功能于一体的重要空间节点。

图 7-10 重庆市北碚区柳荫镇东升村村史馆和乡情大舞台

（图片来源：https://h5.thepaper.cn/html/zt/2022/100cun/dongshencun/）

7.1.3 幸福普惠的医疗养老场景

第七次全国人口普查数据显示，西部地区人口老龄化的速度明显加快，乡村老年人的医疗与养老问题十分严峻。当前乡村养老呈现出独有的特征：老年人以家庭养老为主导模式，且普遍仍承担部分农业劳动，在心理层面对乡镇养老院、福利院等机构存在一定程度的排斥。同时，乡村基层医疗服务主要局限于提供基础兜底型的日常诊治，现有医疗服务设施难以满足村民日益增长的多层次就医需求。因此，提升基础医疗服务设施品质、推动志愿互助的在地养老方式，成为实现幸福普惠的医疗养老场景营造的切实路径。特别是在乡村数字技术普及推广的背景下，乡村在地养老与线上医疗的发展优势与潜力逐步显现，这为深化幸福普惠的医疗养老场景服务内容与方式提供了新的可能。

1. 场景愿景

以深入理解乡村老年人医养需求为出发点，系统整合线上、线下医疗资源和多层级养老社会资本，构建温暖人心的普惠型城乡医养共同体。通过资源共享与服务协同，让乡村老年人享有便捷可及的医疗服务和富有温度的养老关怀，实现城乡医养服务的均衡发展与共同提升。

2. 功能策划

幸福普惠的医疗养老场景主要围绕普惠医疗、互助养老和健康生活三大核心功能展开（图 7-11）。在普惠医疗方面，以村卫生室（所）的基础医疗服务为基石，通过更新配置智慧远程设备，积极与镇、县、市级医院开展合作，构建完善的"线上医疗"体系，形成线上诊疗与流动问诊相结合的乡村医疗服务新模式。

图 7-11　幸福普惠的医疗养老场景功能策划

（图片来源：笔者自绘）

在互助养老方面，坚持以家庭养老为主体，通过盘活低效设施用地或闲置宅基地，将其改造为日间照料中心等社区养老互助点，为乡村老年人提供餐饮交流、康复理疗等多元服务。同时，积极推广志愿服务、低偿服务和"时间银行"等创新模式，鼓励低龄健康老年人为高龄或生活不能自理的老年人提供互助养老服务。

在健康生活方面，通过建设"互联网＋农村医养"线上服务平台，系统完善农户健康信息库和健康档案，定期开展健康知识宣传活动，全面提升健康管理和卫生预防水平。这种多维度的服务体系既满足了老年人的基本医养需求，又为乡村医养服务的可持续发展提供了有力支撑。

3. 设施引导

在幸福普惠的医疗养老场景中，基础设施主要聚焦于满足老年人的兜底服务需求，以社区养老互助点为核心载体，确保基本医养服务的可及性。弹性设施则着眼于深化社会资本参与、拓展流动服务范围和丰富特色康养功能，具体包括乡村卫生室、流动医疗服务站、远程医疗设施、老年人食堂、心理健康关爱服务中心及老年康养旅居点等多元化设施（图7-12）。这种层次分明的设施体系既保障了基本医养服务的普惠性，又为特色康养服务的创新发展预留了空间。

图7-12　幸福普惠的医疗养老场景设施引导

（图片来源：笔者自绘）

4. 空间选址与布局

幸福普惠的医疗养老场景采用"分散式居家护理－集中式设施共享－线上式互助协同"的空间组织模式（图7-13）。在居家养老环境方面，应逐步推进自理老年人住宅的适老化改造，重点实施防滑地面等安全性更新。在村小组等乡村组团中心，通过配置远程设备，为老年人提供线上养老服务支持。社区养老互助点可依托村级综合服务中心设置，也可独立布局，形成医养结合的空间布局模式。

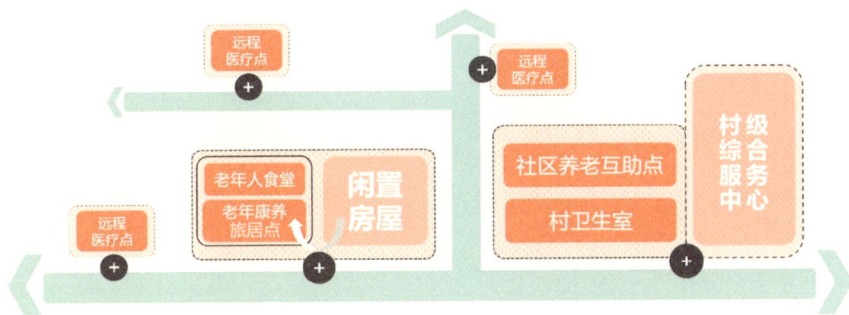

图7-13　幸福普惠的医疗养老场景空间组织

（资料来源：笔者自绘）

在医疗设施配置标准上，每个行政村应设置 1 所村卫生室；对于常住人口低于 800 人的行政村，可与相邻行政村联合设置村卫生室；而人口在 2500 人以上的行政村，则可增设 1 所村卫生室。同时，可充分利用社区居民点集中地段的闲置民房、教室、庭院等存量资源，改造为老年人食堂、老年康养旅居点等设施，全面提升社区互助养老的服务内容与水平。

5. 场景示范

幸福普惠的医疗养老场景示范如图 7-14 所示。

图 7-14　幸福普惠的医疗养老场景图示

（图片来源：笔者自绘）

6. 案例分析

重庆市万州区长岭镇东桥村作为重庆首个乡村适老化改造项目，因年轻人外出务工而老龄化问题突出。该村的医疗养老场景布局于村庄核心公共区域，从安全性、便捷性、适用性和参与性四个维度进行系统营造（图 7-15）。

图 7-15　重庆市万州区长岭镇东桥村户外休闲适老性活动场地

（图片来源：https://mooool.com/dongqiao-village-changling-town-wanzhou-district-chongqing-city-by-donehome.html）

在医疗服务方面，依托村委会完善提质村卫生室，并创新性地增设线上帮扶问诊服务。在文化建设层面，打造富有人文关怀的适老化科普文化长廊。针对老年人出行安全需求，在道路两侧全程安装无障碍扶手，确保活动安全。考虑老年人的生理特点，场地内合理布置座椅和休闲健身设施，营造开阔的广场及活动空间，并巧妙植入农耕小品，既提升了空间适用性，又通过农耕文化唤起老年人的身份认同感。

为丰富活动场地功能，项目精心设计了太极广场、器械健身区、康体漫步道和卵石按摩步道等多元化活动空间，在确保安全的前提下最大限度地提升老年人参与活动的积极性。这种多维度的场景营造不仅满足了老年人的基本医养需求，更为乡村适老化改造提供了可借鉴的实践经验。

7.1.4　共享共促的全龄教育场景

我国西南山地乡村教育设施面临双重挑战：一方面是乡村办学条件相对薄弱，教育质量不均衡；另一方面是随着乡村空心化趋势加剧，大量乡村儿童随父母向城镇流动，导致乡村学龄儿童数量持续减少，这要求乡村基础教育设施的配置必须采取差异化的应对策略。与此同时，在产业化、数字化快速推进的乡村地区，村民对现代农业技术、线上农业运营、乡村旅游管理等新型知识的学习需求日益增长，特别是乡村中老年群体对智能终端使用和数字应用技能的学习需求也在不断提升。因此，共享共促的全龄教育场景营造应当精准匹配不同乡村人群的教育特征与需求，顺应发展趋势进行教育资源结构优化，加强区域教育资源的统筹协调，将教育学习场景扩展为全民共享的服务平台。

1. 场景愿景

立足西南山地乡村社会经济发展趋势和人口变迁特征,构建城乡统筹、线上共享、多元利用的乡村教育设施体系。通过创新资源配置模式和服务供给方式,打造覆盖全龄段、满足多样化学习需求的全龄教育场景,实现教育资源的高效配置与村民终身学习的良性互动,助力乡村教育振兴与可持续发展。

2. 功能策划

共享共促的全龄教育场景围绕全龄学习、城乡统筹、线上共享三大核心功能展开(图7-16)。在全龄学习方面,深入结合乡村人群特征和实际需求,积极盘活闲置空间与校舍资源,开展现代农业生产、线上直播营销、产业运营管理、旅游餐饮服务等多元化培训,有效降低村民职业技能提升的学习成本。

图7-16 共享共促的全龄教育场景功能策划

（图片来源：笔者自绘）

在城乡统筹方面,通过乡镇层面统筹配置幼儿园、小学等基础教育资源,同时积极响应区域新型教育需求,创新开发自然教育、乡野教育、现代农业科普教育等特色课程内容,丰富乡村教育体系。

在线上共享方面,充分运用智慧平台,实现优质教育资源的共建共享,不断提升乡村教育质量,有效缩小城乡教育差距,促进教育公平发展。

3. 设施引导

在共享共促的全龄教育场景中,基础设施包括幼儿园和乡村书屋,主要服务学龄前儿童和乡村常住居民。弹性设施包括小学、自然教育设施、乡野教育设施、农业技术培训站、就业技能培训站及网络课堂等,打造全民参与、全龄友好的服务设施(图7-17)。

图 7-17　共享共促的全龄教育场景设施引导

（图片来源：笔者自绘）

4. 空间选址与布局

共享共促的全龄教育场景空间布局应合理统筹"县级—镇级—乡村"小规模学校资源，实现教育空间的高效利用（图 7-18）。在具体布局上，将幼儿园、小学的通学前区广场营造为家长聚集、村民交流的活力公共空间。同时，结合主要居民点和小学，打造儿童友好的学径环境，通过合理配置照明设施等基础设施，全面保障通学空间的安全性。

图 7-18　共享共促的全龄教育场景空间组织

（图片来源：笔者自绘）

在功能复合方面，乡村书屋可与村级党群服务中心统筹建设；自然教育设施、乡野教育设施应充分利用乡村自然资源禀赋，选择交通便利区域布局，并积极引入社会力量参与建设和运营。此外，可盘活小学闲置校舍空间，将其合理改造更新为农业技术培训站、就业技能培训站等设施，实现教育资源的复合利用。

5. 场景示范

共享共促的全龄教育场景示范如图 7-19 所示。

图 7-19　共享共促的全龄教育场景图示

（图片来源：笔者自绘）

6. 案例分析

拾云山房（图 7-20）是浙江省金华市武义县梁家山村的一处特色乡村书屋，其以独特的建筑设计和人文功能，营造了富有特色的共享共促全龄教育场景。该村保留了完整的传统夯土民居风貌，建筑群随山势高低错落有致，四周群山环抱，村口百年古树葱郁，展现出典型的江南山村韵味。

书屋巧妙选址于村口广场附近，与一处保存完好的夯土三合院比邻而居。建筑设计新颖而实用：首层采用十根结构柱打造架空的半室外开放空间，仅设一处小型水吧供应茶水；主体功能区集中于二层，通过一道户外楼梯与地面空间自然连接。这种错落的空间布局既保持了场地的开放性，又创造了丰富的活动场景。

在功能使用上，拾云山房成为村民文化生活的重要载体：老年人在此品茶叙事、

图 7-20　浙江省金华市武义县梁家山村的拾云山房

（图片来源：https://www.gooood.cn/mountain-house-in-mist-zhejiang-china-shulin-architectural-design.htm）

阅读书报，儿童在开放空间自由阅读玩耍，形成了跨年龄段的文化交流平台。这一共享共促的全龄教育场景不仅提升了村民的生活品质和文化素养，更加强了社区的凝聚力，成为推动乡村文化振兴的生动实践。

7.1.5　高效智治的行政治理场景

乡村行政服务是我国基层治理的核心内容，以村委会为主导的行政空间构成了乡村公共服务设施布局的关键场域。在西南山地乡村现代化进程中，治理体系面临着多元主体参与协调、村集体经济发展及社会资本培育等多重挑战。通过有效运用网络化、数字化技术，构建乡村智慧行政管理平台，打造数字化服务体系，能够有效补齐公共服务末端的治理短板，实现高效智治的行政治理场景。同时，通过积极引导多元主体深度参与乡村治理事务，不断推进乡村治理能力现代化建设，可以全面提升基层党建信息化水平，形成共建、共治、共享的基层治理新格局。

1. 场景愿景

以党建引领为统领，深度融合数字技术，推动乡村行政服务创新升级，全面加强智慧治理平台建设，积极引导多元主体协同参与，持续完善治理服务机制，促进城乡服务资源共享，打造共建、共治、共享的现代乡村治理新格局。

2. 功能策划

高效智治的行政治理场景围绕党建统领、智治平台、多元共治三大核心功能构建（图 7-21）。在党建统领方面，系统整合党群服务、社会服务、人口管理、行政信息处理等基础功能，强化基层党组织在乡村治理中的引领作用。智治平台作为数

图 7-21 　高效智治的行政治理场景功能策划

（图片来源：笔者自绘）

字乡村服务的系统中枢，整合构建政务信息调度、国土空间"治理大脑"、线上便民服务等多层级数字系统，打造高效便捷的智慧治理体系。在多元共治方面，通过建立互联、互动、互享的协同平台，积极引导和支持行政管理人员、村民、企业、乡贤、社会组织等多元主体深度参与乡村治理进程，形成可持续的治理长效机制。

3. 设施引导

在高效智治的行政治理场景中，必需的公共服务设施主要包括党群服务中心、社区警务室、便民服务中心等基础设施，同时应加强智慧安保设施建设，完善应急管理服务点布局，构建全方位的安全监测管理机制。在弹性设施方面，依托多层级智慧系统，有条件的乡村可积极打造乡村智慧服务终端、乡村智慧治理平台等数字化设施，实现治理服务的智慧化升级（图 7-22）。

图 7-22 　高效智治的行政治理场景设施引导

（图片来源：笔者自绘）

4. 空间选址与布局

高效智治的行政治理场景以行政村党群服务中心为核心进行布局，通过数字化升级改造，整合新型设施与智慧平台，打造线上和线下深度融合的现代行政服务空间（图 7-23）。党群服务中心应成为展示治理能力与乡村风貌的重要窗口，在建筑设计上注重运用本土化材料与建筑语言，因地制宜地打造山地院落或平坝院落式布局，并灵活利用地形条件设置户外休憩平台。在空间布局上，智慧安保设施重点布设于村庄入口、村小组入口等重要交通节点；乡村智慧服务终端根据各村小组人口分布和空间布局灵活设置；具备条件的乡村可在党群服务中心统筹设置多元主体议事空间、户外休憩平台和智慧治理平台，形成功能完备的现代化治理服务体系。

图 7-23　高效智治的行政治理场景空间组织

（图片来源：笔者自绘）

5. 场景示范

高效智治的行政治理场景示范如图 7-24 所示。

图 7-24　高效智治的行政治理场景图示

（图片来源：笔者自绘）

6. 案例分析

湖北省十堰市武当山特区元和观村是一个积极推动民宿经济发展的示范村落。该村紧邻景区入口，在景区周边风貌治理中被选为优先试点。随着原村委会聚落规划改造为民宿接待示范区，新的党群服务中心选址极具战略意义：一处紧邻主干道交叉口的废弃宅地成为新址。这块土地曾因某项目开发被征用，后来项目虽搁置，但保留了地面基座和首层结构柱，为续建提供了良好基础，既缩短了工期，又盘活了荒废的村西片区资源。

在建筑设计上，新党群服务中心采用木结构续建方案，既呼应了武当山的地域文化特色，又展现了现代建筑美学。新党群服务中心不仅承担着行政管理、政策宣传、公共服务等基础职能，还为村民提供了日常休憩、交流的公共空间。通过整合现代化信息管理系统，营造出高效智治的行政治理场景，实现了传统与现代的完美融合（图 7-25）。

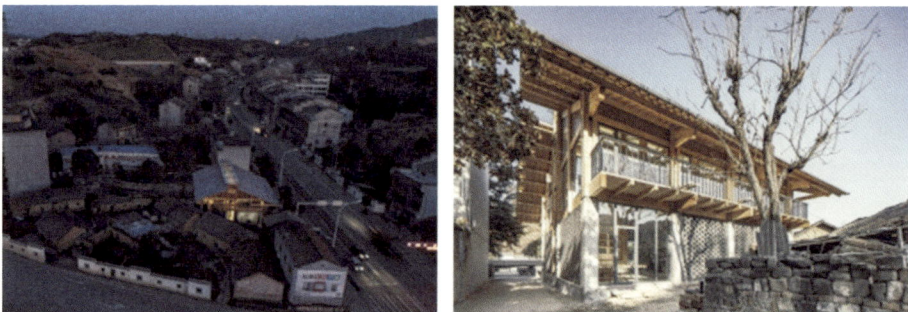

图 7-25　湖北省十堰市武当山特区元和观村党群服务中心

（图片来源：https://www.archdaily.cn/cn/934744/yuan-he-guan-cun-dang-qun-fu-wu-zhong-xin-luo-yu-jie-gong-zuo-shi?ad_source=search&ad_medium=projects_tab）

7.2　生产型公共服务设施与场景设计

7.2.1　绿色高效的现代产业场景

相较于东部，我国西南山地乡村地区一、二、三产融合水平仍较为不足，乡村产业存在小而散、小而低、小而弱的问题，各类人才和技术在乡村较为短缺，转型升级任务艰巨。另外，我国西南地区拥有多样多态的自然生境、特色丰富的文化旅游资源，开发潜力巨大。在此背景下，现代产业场景成为推动乡村振兴的关键抓手。通过促进农业、商贸、文化、旅游、体育等多业态融合发展，深化农村集体产权制度改革，推动农业生产和农民技术的现代化升级，最终实现生活富裕、产业兴旺的乡村发展新格局。

1. 场景愿景

以产业振兴为引擎，打造产村深度融合、绿色集约高效的乡村现代产业新格局，通过产业发展激活公共服务需求，以优质公共服务支撑产业转型升级，形成产业兴旺与服务提升良性互促的发展态势。

2. 功能策划

绿色高效的现代产业场景主要围绕智慧农业、家庭农场、农旅观光三大核心功能展开（图 7-26）。在智慧农业方面，通过加快农业结构调整、延伸产业链条，依托"互联网＋现代农业"模式，构建集农业科技研发、农产品加工、特色农产品展示与产品策划于一体的现代农业体系。针对西南山地乡村家庭农场显著的空间集聚特征，精准识别乡村内部及乡村之间家庭农场发展的产业差异性，围绕核心主导产业完善农业、农资、农技设施配置，建立健全农业现代机械的租用与配置机制。在农旅观光领域，推动传统农家体验向多元化升级，从传统的"摘农家果、吃农家饭、住农家屋"拓展为融"产品、风景、文化、体验、康养、教育、乡愁、健康"于一体的新型乡村农旅休闲服务体系。

图 7-26　绿色高效的现代产业场景功能策划

（图片来源：笔者自绘）

3. 设施引导

在绿色高效的现代产业场景中，基础设施涉及农业生产基础设施、农业旅游服务设施两大类型，具体包括农业仓储设施、农田水利设施、农资服务设施、旅游服务管理设施、车站及停车场等生活性交通设施。弹性设施则主要聚焦于智慧农业升级以及助力乡村旅游服务，包括智慧农业配套设施、智能化生产加工车间、智能导览设施、农产品销售展示中心、采摘点、超市等服务配套设施（图7-27）。

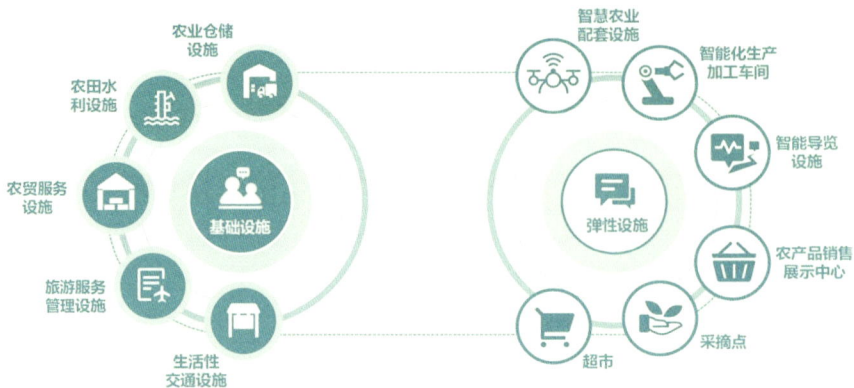

图 7-27　绿色高效的现代产业场景设施引导

（图片来源：笔者自绘）

4. 空间选址与布局

在绿色高效的现代产业场景中，应打造产村融合、优势强化、村域统筹的空间布局体系（图7-28）。农业生产基础设施应结合村内主导产品特色，沿主要交通网络布局农业仓储设施和农贸服务设施，既实现与外部资源的高效链接，又促进周边村落之间的协同配合，构建农贸设施共享服务网络。智慧农业配套设施重点围绕农业示范区和村主导产业家庭农场进行一体化布局，通过物联网技术赋能，提升农产品附加值。农业旅游服务设施可依托村庄主要公共服务中心布局，充分发挥其服务集中、信息丰富的优势，也可选择生态或文化环境优越的区域，为农业产学研创业者营造优质的发展环境。

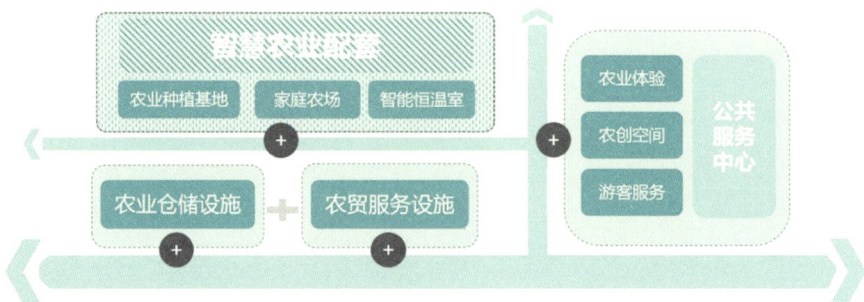

图 7-28　绿色高效的现代产业场景空间组织

（图片来源：笔者自绘）

5. 场景示范

绿色高效的现代产业场景示范如图 7-29 所示。

图 7-29　绿色高效的现代产业场景图示

（图片来源：笔者自绘）

6. 案例分析

重庆市铜梁区西郊三角梅基地是目前川渝地区规模最大、品种最丰富的三角梅产业园（图 7-30）。作为铜梁区乡村振兴西郊示范片区的重要项目之一，三角梅基地的主导产业是发展三角梅生产、乡村休闲旅游。三角梅基地现代产业场景围绕三角梅产业与相关企业共同打造主题公园，吸引生产、销售和文旅运营等全产业链企业参与，形成"产业基地 + 乡村主题旅游"的产旅融合示范基地。此外，三角梅基地采用不同颜色的品种进行嫁接，同一株三角梅可以开出多色花，三角梅的藤枝上挂着二维码，顾客可以直接扫码购买，方便快捷，提高了花卉交易效率。三角梅基地现代产业场景不仅形成了产业基地，带动了周边村民增收致富，还发展了乡村旅游，吸引了较高的人气。

图 7-30 重庆市铜梁区西郊三角梅基地产业种植

（图片来源：https://www.sohu.com/a/398607443_120388781）

7.2.2 城乡互联的数字经济场景

近年来，西南山地乡村地区的数字基础设施建设取得显著进展，乡村网络基础设施实现全覆盖的同时，线上电商、直播带货等新业态加速向乡村延伸，有效弥补了乡村线下消费和就业的不足。在物流领域，以菜鸟乡村、京东物流为代表的服务商正在完善县、乡、村三级物流体系，将"24 小时达"服务扩展至县镇级消费者，并不断提高快递进村覆盖率，构建起以农产品供应、消费品寄送为基础的高效农村寄递物流与数字金融体系。

基于这一发展态势，城乡互联的数字经济场景主要围绕乡村电商、数字物流、普惠金融三大核心领域展开，通过拓展农产品销售渠道、完善乡村配送网络、创新金融服务模式，全面助力乡村数字化发展。

1. 场景愿景

完善乡村电商配套、物流配送和普惠金融支撑体系，推动城乡生产与云端消费深度互联，支撑乡村新经济、新服务创新发展。

2. 功能策划

城乡互联的数字经济场景主要围绕乡村的直播带货、物流配送与普惠金融三大功能展开。直播带货可依据乡土生活特色、乡村产品特色定制内容，提供人文型直播、销售型直播、生活型直播等多种形式，发展乡村自媒体就业与线上带货渠道。在物流配送方面，整合各类社会资源，搭建共享式配送网络，既满足村民日常消费与服务的普通快递需求，也为乡村农产品上行提供专业化供应链寄递服务，推动乡村物流配送资源共享衔接。在普惠金融方面，在对数字经济需求较高的乡村社区推进普惠金融到村服务，建设金融综合服务示范站、金融消费者权益保护与金融知识宣传站（图7-31）。

图 7-31　城乡互联的数字经济场景功能策划

（图片来源：笔者自绘）

3. 设施引导

在城乡互联的数字经济场景中，基础设施主要包括日常快递物流驿站、网络基础设施、乡村物流运输服务站，弹性设施包括农村电商服务站、媒体中心、电商直播创业示范点、数字创业服务站等设施（图7-32）。

图 7-32　城乡互联的数字经济场景设施引导

（图片来源：笔者自绘）

4. 空间选址与布局

在城乡互联的数字经济场景中，物流设施优先布局在农畜产品生产加工区域和交通便利地段，同时结合乡村小卖部、农技站、修理站等人流密集的日常场所提供普通快递服务。远期规划应预留乡村物流快件中转存储场地和作业人员休憩整备空间，并积极探索无人机、自动配送机器人等新型快递物流模式。直播带货空间则选址村内特色区域，包括展现乡村自然景观的田间地头、农畜产品生产基地，以及乡村博物馆、名人故居、乡村集市等具有文化和商业特色的场所，通过完善线上直播设备与网络传输设施，提升实体空间的数字共享能力（图7-33）。

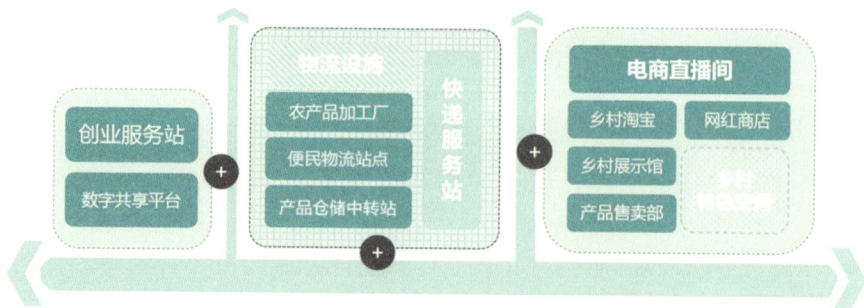

图7-33　城乡互联的数字经济场景空间组织

（图片来源：笔者自绘）

5. 场景示范

城乡互联的数字经济场景示范如图7-34所示。

图7-34　城乡互联的数字经济场景图示

（图片来源：笔者自绘）

6. 案例分析

重庆市渝北区大盛镇青龙村是规模化种植柑橘类水果和生态旅游的宜机化示范村（图 7-35）。青龙村数字经济场景以技术、品牌、运营赋能，融合线上线下，联通城市乡村，使农商文旅实现深度融合。青龙村通过线上直播带货、"即看即买"的方式，实现展示、销售、运输的一体化服务。同时，青龙村打造线上电商平台和线下实体商铺相结合的商店，售卖沃柑、石斛、红糖、土鸡蛋、原麦挂面、土鸡、土鸭等农家货物，提供品牌策划运营、产品标准化制定、线上线下流通渠道。此外，青龙村还建立了一个资源共享、互联互动的科普基地，旨在打造"科普文化＋教育赋能＋产业振兴"的新农村发展样板。城乡互联的数字经济场景对于畅通城乡商贸、助力乡村振兴、服务农民增收起到了重要作用。

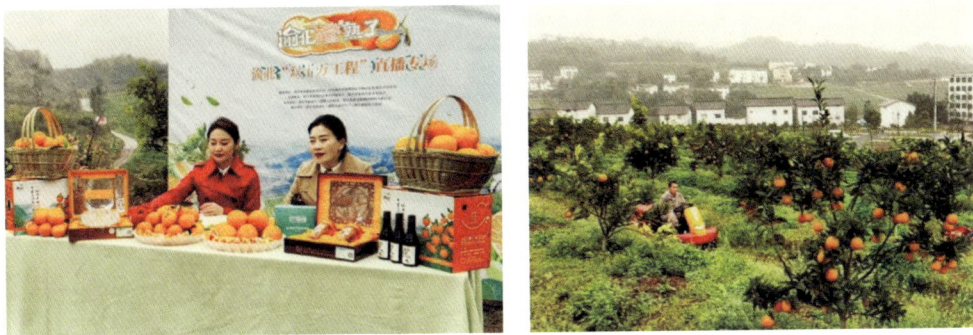

图 7-35　重庆市渝北区大盛镇青龙村电商直播与机械化种植科普场景

（图片来源：https://baijiahao.baidu.com/s?id=1692761015941747398&wfr=spider&for=pc）

7.3　生态型公共服务设施与场景设计

7.3.1　安全韧性的生境保育场景

西南山地地区的生境系统是集山水林田湖草于一体的立体多要素复合体，其地质构造活跃，原生生境保育面临自然与社会的双重挑战。西南山地乡村不仅是地质灾害的首要暴露区域，同时相较东部地区，其经济发展的相对滞后性也增加了生境保育的实施阻力。因此，西南山地乡村生境保育已成为统筹发展与安全的关键环节，需要通过构建安全监测基础设施、推进生态格局修复工程，以及强化保育宣传主体带动，形成系统化的保育体系。

1. 场景愿景

坚持生态优先原则，筑牢乡村生态安全屏障，增强生态系统韧性，促进人与自然和谐共生的乡村可持续发展。

2. 功能策划

安全韧性的生境保育场景聚焦安全监测、生境修复、保护宣传三大功能（图7-36）。安全监测方面，通过部署地质灾害预警设施与监测驿站，开展乡村地质监测和江河水质监测，提升乡村安全韧性。生境修复方面，以山水林田湖草生境脆弱性评估为基础，开展专项修复整治，并结合自然优势打造湿地、溪流等绿色休闲空间。保护宣传方面，积极倡导可持续发展理念，提升村民和游客的环保意识，引导村民参与生境保育工作。

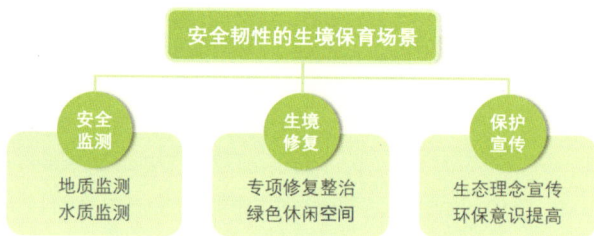

图 7-36　安全韧性的生境保育场景功能策划

（图片来源：笔者自绘）

3. 设施引导

在安全韧性的生境保育场景中，设施主要涉及安全监测、生境韧性两个方面。其中基础设施包括环境与地质灾害监测设施、山体保固设施；弹性设施则包括河道沿岸韧性设施、林盘生态维育设施、田野生态多样性监测设施、生态休闲设施、生态安全宣传设施等（图7-37）。

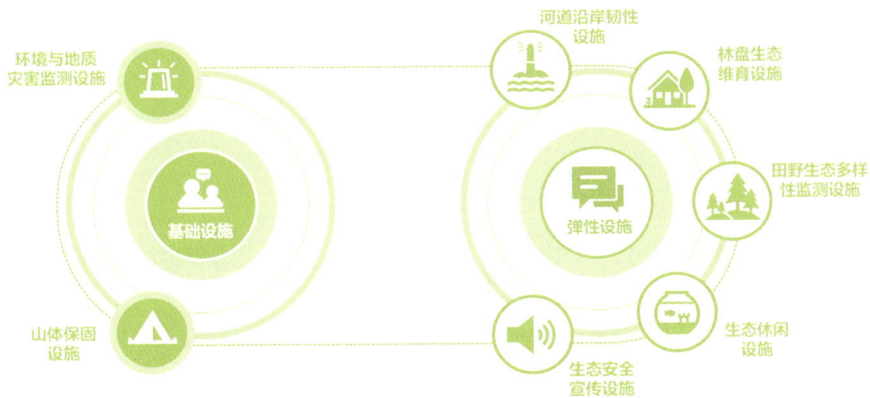

图 7-37　安全韧性的生境保育场景设施引导

（图片来源：笔者自绘）

4. 空间选址与布局

在安全韧性的生境保育场景中，应针对不同空间特征采取差异化策略：识别乡村生态敏感空间并布置地质灾害监测设施，采用韧性方法通过覆土种植、崖壁修整、石缝固土种植等手段进行山体保固与植被恢复，逐步培育丰富的植物群落；河道治理优先使用自然材料建设沿岸韧性设施，通过生态清淤、水生植物净化提升水质，打造滨水慢行休闲空间，并在高落差区域建设多段式鱼道，确保生物通道畅通；在林田生境方面，植入林盘生态维育与田野生态多样性监测设施，营造林田交织、林水相依的生态景观格局，构建镇村绿色生态廊道（图 7-38）。

图 7-38　安全韧性的生境保育场景空间组织

（图片来源：笔者自绘）

5. 场景示范

安全韧性的生境保育场景示范如图 7-39 所示。

图 7-39　安全韧性的生境保育场景示范

（图片来源：笔者自绘）

6. 案例分析

四川省成都市大邑县王泗镇庙湾村是大邑县林盘生境治理的重点村庄，其生境保育场景设置于庙湾村赵家大院子林盘生态区，美田弥望，林盘错落（图 7-40）。基于对自然优势的利用，庙湾村依照地势打造了庙湾最美绿道，设置田野多样性监测设施、生态韧性设施等提高村庄生态安全韧性，同时村庄内生态敏感区域设置有地质灾害监测设施、山体保固设施进行生态监测与保育。此外，赵家大院子林盘引进了全国优秀设计师团队，依托乡村自然肌理进行专业设计，以不改变林盘原有形态作为林盘保护修复工程的核心理念，以林盘、绿道串联村内资源和业态场景，原汁原味地保留林盘风貌与生态韧性。设计将休闲的茶座延伸进田间，用木栈道架空连接，最大限度减少硬化土地的面积，秸秆打碎掺进涂料，作为室内顶面装饰，同时通过"林盘＋民宿""林盘＋文创体验"等业态植入促进林盘经济价值增长，促

图 7-40 四川省成都市大邑县王泗镇庙湾村林盘维育设施建设

（图片来源：https://www.thepaper.cn/newsDetail_forward_14512227）

进林盘生态维育韧性发展。生境保育场景不仅实现了庙湾村本底生态环境的可持续保育，还维系了林盘经济的传承与发展，为村庄的生态安全韧性建设提供了坚实的环境基础。

7.3.2 山水共栖的生态人居场景

在西南山地乡村发展进程中，山水生态与人居环境的耦合问题日益凸显。当前部分乡村存在环境污染识别滞后、治理动力不足、村民参与度低等问题。因此，构建山水共栖的生态人居场景是建设美丽乡村、实现乡村生态振兴的关键基础，需要通过建立污染面源风险预估监测体系、推进绿色低碳的人居环境整治、激发多元主体参与乡村治理，形成系统化的环境提升路径。

1. 场景愿景

打造和谐共生、山水共栖的生态人居模式，减少乡村人居的污染排放、提高乡村人居的环境整治水平，促进乡村有机繁荣。

2. 功能策划

山水共栖的生态人居场景聚焦污染监测、环境整治、社区参与三大功能（图7-41）。污染监测方面，在乡村人居单元边界部署环境监测设施，建立污染源识别与风险预警机制，实现环境风险的早期发现与防控。环境整治方面，系统推进污水处理、秸秆资源化利用、垃圾分类回收等措施，构建全域化的人居环境治理体系。社区参与方面，通过宣传引导培育生态文明理念，倡导低碳环保的生活方式，调动村民参与环境治理的积极性，形成共建共治共享的乡村治理格局。

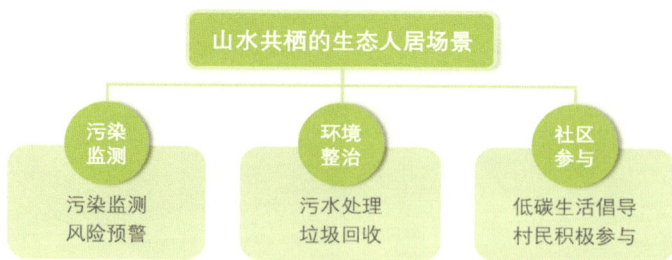

图7-41 山水共栖的生态人居场景功能策划

（图片来源：笔者自绘）

3. 设施引导

在山水共栖的生态人居场景中，设施主要涉及污水处理、垃圾回收两个方面。其中基础设施包括污水循环处理设施、污水监测设施、垃圾分类收集设施；弹性设施包括农残净化设施、生态秸秆利用设施、生态公厕、社区参与宣传设施等（图7-42）。

图7-42 山水共栖的生态人居场景设施引导

（图片来源：笔者自绘）

4. 空间选址与布局

在山水共栖的生态人居场景中，各类环保设施的布局应遵循科学合理的原则：污水循环处理设施应围绕居民聚集点布置，充分利用地形高差与自然坡度，将设施设置于地势低处；污水监测设施优先布置于生态敏感区域和水源保护区，或与污水循环处理设施统筹布局；垃圾分类设施应根据村庄规模合理配置，人口密集区域设置垃圾收集站，并与居住单元保持适当距离；农残净化设施应与高标准农田建设统一规划，形成系统化布局；生态公厕选址应便于接入给排水管网，采用符合当地气候特点和文化传统的建筑设计，确保良好的通风、采光和保温性能（图 7-43）。

图 7-43　山水共栖的生态人居场景空间组织

（图片来源：笔者自绘）

5. 场景示范

山水共栖的生态人居场景示范如图 7-44 所示。

图 7-44　山水共栖的生态人居场景示范

（图片来源：笔者自绘）

6. 案例分析

云南省石屏县坝心镇龙港村作为石屏县"绿美乡村"建设的典型代表，围绕"清、治、建、管"工作理念，全力开展村庄生态美化行动，先后被评为中国传统村落、省级美丽村庄等。该村在滨水生态敏感区设置生态人居场景，通过河流生境修复与生态保育，实现环境提升（图7-45）。在具体实践中，龙港村充分发挥社区组织的宣传带动作用，组织村民拆除改造滨水生态敏感区域内的猪圈、空心房等不协调建筑1万余平方米，用地重新布局污水循环处理、污水监测、垃圾分类、生态公厕等公共生态服务设施，并结合村民建议，通过合理的绿化布局打造特色旅游产品。同时，村庄建立了村规民约和绿化管护长效机制，通过植树节、河湖清理整治等活动宣传生态环保理念，落实专项经费和责任主体，巩固建设成果。这一生态人居场景不仅提升了龙港村的人居环境质量，更实现了村庄发展与山水生态的良性互动，成为兼顾发展与保护的美丽乡村建设典范。

图7-45　云南省石屏县坝心镇龙港村滨河生态空间建设

（左图来源：https://epaper.hh.cn/html/2021-12/25/content_15873_5497908.htm；右图来源：https://ynfprx.yunnan.cn/system/2020/12/28/031203627.shtml）

参 考 文 献

[1] CASTELLS M.The rise of the network society:economy, society and culture[M].Hoboken:Wiley-Blackwell, 2009.

[2] HASHIMOTO A, TELFER D J, TELFER S. Life beyond growth? rural depopulation becoming the attraction in Nagoro, Japan's scarecrow village[J]. Journal of heritage tourism, 2021, 16(5): 493-512.

[3] OSTROM E. Governing the commons:the evolution of institutions for collective action[M]. Cambridge:Cambridge University Press, 1990.

[4] YAMASHITA R, ICHINOSE T.Significance and limitations of the support policy for marginal hamlets in the strategy of self-sustaining regional sphere development[J].Strategies for Sustainability, 2013, 1(17):51-67.

[5] SAMUELSON P A. The pure theory of public expenditure[J]. The Review of Economics and Statistics, 1954, 36(04):387-389.

[6] 丹尼尔·亚伦·西尔, 特里·尼科尔斯·克拉克. 场景:空间品质如何塑造社会生活 [M]. 北京: 社会科学文献出版社, 2019.

[7] 列甫琴柯 Я П. 村镇规划技术经济基础 [M]. 城市建设总局, 译. 北京:建筑工程出版社, 1956.

[8] 《北京规划建设》编辑部 .15 分钟城市:一刻钟生活圈定义下的理想城市图景 [J]. 北京规划建设, 2023(04):4-5.

[9] 卞素萍. 美丽乡村建设背景下农村人居环境整治现状及创新研究——基于江浙地区的美丽乡村建设实践 [J]. 南京工业大学学报 (社会科学版), 2020, 19(06):62-72.

[10] 蔡晓梅, 邹小丹, 张丹宁, 等 .漩涡式流动:新型城乡两栖群体的日常生活实践过程与机制 [J]. 地理研究, 2024, 43(01):17-30.

[11] 陈安华, 周琳. 县域乡村建设规划影响下的乡村规划变革——以德清县县域乡村建设规划为例 [J]. 小城镇建设, 2016(06):26-32.

[12] 陈代俊, 杨俊宴, 史宜. 基于空间基因的村镇聚落空间谱系构建研究 [J]. 中国园林, 2022,

38(12):115-120.

[13] 陈国军, 王国恩."盒马村"的"流空间"透视:数字农业经济驱动下的农业农村现代化发展重构 [J]. 农业经济问题, 2023(01):88-107.

[14] 陈林, 刘云刚.日本的乡村驿站建设经验及其借鉴 [J]. 国际城市规划, 2018, 33(02):128-134.

[15] 陈铭, 杨磊.多元治理主体视角下的乡村公共空间更新治理研究——以武汉市雄岭村为例 [J]. 小城镇建设, 2023, 41(12):103-110.

[16] 陈小卉, 闾海.国土空间规划体系建构下乡村空间规划探索——以江苏为例 [J]. 城市规划学刊, 2021(01):74-81.

[17] 陈莹.农村公共文化空间重构与服务路径优化——基于场景理论的分析 [J]. 安徽农业大学学报 (社会科学版), 2023, 32(01):32-40.

[18] 陈羽, 陈珏颖, 刘合光.中央农村工作会议系列解读⑪破除城乡要素流动壁垒 促进优质要素流向农村 [EB/OL].(2023-01-09) [2024-11-10].https://kepu.gmw.cn/2023-01/09/content_36289231.htm.

[19] 陈玉娟, 曹毓倩.基于新型生活圈的乡村基础教育设施配置研究 [J]. 浙江工业大学学报, 2020, 48(03):275-282.

[20] 陈玉龙.乡村公共服务设施优化布局的地理计算 [D]. 上海:华东师范大学, 2019.

[21] 程遥, 王理.流动空间语境下的中心地理论再思考——以山东省域城市网络为例 [J]. 经济地理, 2017, 37(12):25-33.

[22] 大野晃.限界集落と地域再生 [M]. 京都:京都新聞出版センター, 2008:16.

[23] 戴彦, 肖竞, 胡雨杉.乡村收缩背景下历史文化名镇保护的思考与探索——以重庆市欠发达地区为例 [J]. 城市规划学刊, 2021(05):101-109.

[24] 邓蓉敬.公共服务均等化研究综述 [J]. 资料通讯, 2007(05):14-18.

[25] 翟国方.日本国土规划的演变及启示 [J]. 国际城市规划, 2009, 24(04):85-90.

[26] 翟娜.基于乡村振兴战略下的县域城镇化发展再认识 [J]. 城市建筑, 2019, 16(12):50-51.

[27] 杜国明, 刘美.基于要素视角的城乡关系演化理论分析 [J]. 地理科学进展, 2021, 40(08):1298-1309.

[28] 段锴丰, 施建刚, 吴光东, 等.城乡融合系统:理论阐释、结构解析及运行机制分析 [J]. 人文地理, 2023, 38(03):1-10+68.

[29] 范佳慧, 栾峰.国际乡村发展的理念演变、前沿议题与规划响应 [J]. 国际城市规划, 2024, 39(04):1-9.

[30] 方远平, 闫小培. 西方城市公共服务设施区位研究进展 [J]. 城市问题, 2008(09):87-91.

[31] 费菲, 马行. "未来社区 + 乡村"理念下小城镇城乡联动设计实践——以嘉兴 1 镇 6 村城市设计为例 [C]// 中国城市规划学会. 人民城市, 规划赋能——2023 中国城市规划年会论文集 (18 小城镇规划). 北京: 中国建筑工业出版社, 2023.

[32] 冯君明, 李翅, 孙悦昕, 等. 城市公共服务设施供需空间匹配研究——以北京市回天地区为例 [J]. 城市规划, 2023, 47(05):75-85.

[33] 冯旭, 王凯, 毛其智. 我国乡村规划的技术演进与理论思潮——基于"三农"政策及城乡关系视角 [J]. 城市规划, 2023, 47(09):84-95.

[34] 付毓, 田菲. 需求导向下上海乡村社区生活圈规划导则编制思路 [C]// 中国城市规划学会. 人民城市, 规划赋能——2023 中国城市规划年会论文集 (16 乡村规划). 北京: 中国建筑工业出版社, 2023.

[35] 高翰, 张晨阳. 人地双向视角下的山地村镇公共服务设施布局优化研究——以重庆市板桥镇为例 [J]. 小城镇建设, 2022, 40(04):66-74.

[36] 高莉, 刘傲然, 李建伟, 等. 基于生活圈的欠发达地区城乡公服设施配置体系研究——以岚皋县为例 [C]// 中国城市规划学会. 面向高质量发展的空间治理——2020 中国城市规划年会论文集 (11 城乡治理与政策研究). 北京: 中国建筑工业出版社, 2021.

[37] 高明明, 王竹, 裘知, 等. 动态发展视角下乡村公共服务设施配置研究综述与展望 [J]. 西部人居环境学刊, 2023, 38(02):129-135.

[38] 高橋伸夫. 日本の生活空間にみられる時空間行動に関する一考察 [J]. 人文地理, 1987, 39(04):295-318.

[39] 戈大专, 龙花楼. 论乡村空间治理与城乡融合发展 [J]. 地理学报, 2020, 75(06):1272-1286.

[40] 葛丹东, 梁浩扬, 童磊, 等. 社区化导向下衢州芳村乡村生活圈营建研究 [J]. 现代城市研究, 2021(10):30-35.

[41] 宫嶋博史. 东亚小农社会的形成 [J]. 朱玫, 译. 开放时代, 2018(04):73-89.

[42] 顾媛媛, 杨奕锋. 西南地区县级城市公服设施布局优化策略研究——以重庆市永川区为例 [C]// 中国城市规划学会. 人民城市, 规划赋能——2023 中国城市规划年会论文集(18 小城镇规划). 北京: 中国建筑工业出版社, 2023.

[43] 官钰, 李泽新, 杨琬铮. 乡村生活圈范围测度方法与优化策略探索——以雅安市汉源县为例 [J]. 规划师, 2020, 36(24):21-27.

[44] 刚传军. 乡村收缩背景下的发展规划路径探索 [J]. 魅力中国, 2020(46):382.

[45] 郭风华，程丽萍，傅学庆，等．基于栅格结构的旅游景观感知计算方法 [J]. 地域研究与开发，
　　 2018，37(01):125-130.

[46] 郭远智，刘彦随．中国乡村发展进程与乡村振兴路径 [J]. 地理学报，2021，76(06):1408-1421.

[47] 韩锡菲，甘曦，马行．基于生活圈理论的全域未来乡村规划方法探索——浙北多镇在地化实践
　　 [C]// 中国城市规划学会．人民城市，规划赋能——2023 中国城市规划年会论文集 (16 乡村规
　　 划). 北京：中国建筑工业出版社，2023.

[48] 韩志辉．生活圈视角下大邑县乡村公共服务设施适宜性配置研究 [D]. 成都：西南交通大学，2022.

[49] 郝力宁．对农村规划和建筑的几点意见 [J]. 建筑学报，1958(08):61-63.

[50] 郝亚光，张琦，王玉斌，等．专题研讨：我国城乡公共服务设施建设现状、问题及对策建议 [J].
　　 国家治理，2024(03):59-67.

[51] 何兴华．中国村镇规划 :1979—1988[J]. 城市与区域规划研究，2011，4(02):44-64.

[52] 胡畔，谢晖，王兴平．乡村基本公共服务设施均等化内涵与方法——以南京市江宁区江宁街道
　　 为例 [J]. 城市规划，2010，34(07):28-33.

[53] 黄丹．农村公共产品供给"多予"机制建设与欠发达地区农民收入问题研究 [D]. 贵阳：贵州大
　　 学，2007.

[54] 黄振华．县域、县城与乡村振兴 [J]. 理论与改革，2022(04):156-165.

[55] 黄宗智．中国乡村研究 (第十六辑)[M]. 桂林：广西师范大学出版社，2021.

[56] 惠小明，张丁文．生活圈视角下川渝乡村地域系统异变与规划应对 [C]// 中国城市规划学会．面
　　 向高质量发展的空间治理——2021 中国城市规划年会论文集 (16 乡村规划). 北京：中国建筑
　　 工业出版社，2021.

[57] 蒋和胜，岳峰，李小瑜．激活人才引擎 赋能乡村振兴 [N/OL]. 新华网，2021-08-23〔2024-12-10〕.
　　 http://www.xinhuanet.com/politics/2021-08/23/c_1127787266.htm.

[58] 蒋金亮，刘志超．时空间行为分析支撑的乡村规划设计方法 [J]. 现代城市研究，2019(11):61-67.

[59] 蒋青纯．重庆市农村基础设施投资研究 [D]. 重庆：重庆大学，2007.

[60] 焦必方，孙彬彬．日本现代农村建设研究 [M]. 上海：复旦大学出版社，2009.

[61] 金涛．居民行为活动视角下乡村社区生活圈测度与优化研究——以丽江市古城区为例 [D]. 昆
　　 明：昆明理工大学，2023.

[62] 靳程，杨永川，周礼华，等．村落风水林助力山地乡村生物多样性保护——以金钱松为例 [J].
　　 广西植物，2023，43(08):1437-1445.

[63] 藍沢宏．農村集落における生活圏の設定と生活関連施設の配置に関する研究 [J]. 農村計画

学会誌，1983，1(04):27-38.

[64] 雷刚 . 县城的纽带功能、驿站特性与接续式城镇化 [J]. 东岳论丛，2022，43(03):138-145.

[65] 李畅 . 从乡居到乡愁——文化人类学视野下中国乡土景观的认知概述 [J]. 中国园林，2016，32(09):29-32.

[66] 李华，孙文策，张正岩 . 日本、韩国和欧盟农村发展政策：经验借鉴与启示 [J]. 改革与战略，2021，37(08):88-97.

[67] 李郇 . 自下而上：社会主义新农村建设规划的新特点 [J]. 城市规划，2008(12):65-67.

[68] 李澜鑫 . 生活圈理论视角下大城市周边地区乡村公共服务设施布局研究——基于武汉市江夏区的实证 [D]. 武汉：华中科技大学，2018.

[69] 李立峰，梁伟研，祝文明，等 . 空间规划背景下乡村社区生活圈规划研究与实践——以广东省陆丰市为例 [J]. 城乡规划，2024(02):37-46.

[70] 李立峰，梁伟研，祝文明，等 . 乡村生活圈可持续供给的规划路径与实践 [J]. 规划师，2024，40(01):68-74.

[71] 李洺，孟春，李晓玉 . 公共服务均等化中的服务标准：各国理论与实践 [J]. 财政研究，2008(10):79-81.

[72] 李培林，蔡昉 .2020: 走向全面小康社会——"十三五"规划研究报告 [M]. 北京：社会科学文献出版社，2015:544.

[73] 李卫东，刘介民，田祚茂，等 . 西南山区脱毒马铃薯推广的实践与思考 [J]. 作物杂志，2008(03):86-89.

[74] 李卫东，秦邦，范鹏，等 . 西南山区乡村振兴的实践探索与一线思考——以湖北省恩施州农业科学院帮扶的四合村为例 [J]. 农业科技管理，2020，39(04):1-5.

[75] 李文静，翟国方，周姝天，等 . 乡村振兴背景下日本边缘村落规划及启示 [J]. 世界农业，2019(06):25-30.

[76] 李向振 . 日常空间：现代民俗学关注日常生活的重要维度 [J]. 民间文化论坛，2021(05):91-97.

[77] 李小云，杨培良，乐美棚 . 基于生活圈的欠发达地区乡村公共服务设施配置研究 [J]. 中外建筑，2021(12):72-77.

[78] 李晓晗 . 基于精明收缩的乡村地域空间规划策略探讨——以湖南省岳阳市为例 [C]// 中国城市规划学会 . 活力城乡 美好人居——2019 中国城市规划年会论文集 (18 乡村规划). 北京：中国建筑工业出版社，2019.

[79] 李依浓，李洋 ."整合性发展"框架内的乡村数字化实践——以德国北威州东威斯特法伦利普

地区为例 [J]. 国际城市规划，2021，36(04):126-136.

[80] 李玉恒，黄惠倩，宋传垚 . 中国西南贫困地区乡村韧性研究——以重庆市为例 [J]. 人文地理，2022，37(05):97-105.

[81] 郦文曦 . 原型的在地演绎：日本越后妻有大地艺术祭中两处永久性公共空间的设计策略对比 [J]. 华中建筑，2020，38(05):6-9.

[82] 梁婷，徐坚，李小亚，等 . 基于时空间行为的乡村社区生活圈探究 [C]// 中国城市规划学会 . 人民城市，规划赋能——2023 中国城市规划年会论文集 (16 乡村规划). 北京：中国建筑工业出版社，2023.

[83] 刘建娥，凌巍 . 中国县域城镇化再抉择——社会性流动的重大转向与系统性构建 [J]. 社会学研究，2023，38(03):23-44.

[84] 刘守英，陈航 . 东亚乡村变迁的典型事实再审视——对中国乡村振兴的启示 [J]. 农业经济问题，2022(07):25-40.

[85] 刘守英，王宝锦 . 中国小农的特征与演变 [J]. 社会科学战线，2020(01):63-78.

[86] 刘守英，王一鸽 . 从乡土中国到城乡中国——中国转型的乡村变迁视角 [J]. 管理世界，2018，34(10):128-146.

[87] 刘守英 . 东亚乡村转型对中国乡村振兴的启示 [N]. 北京日报，2023-01-16.

[88] 刘守英 . 加快建设农业强国，从"一号文件"开始 [J]. 中国合作经济，2023(02):41-42.

[89] 刘守英，等 . 中国乡村转型与现代化 [M]. 北京：中国人民大学出版社，2023:12.

[90] 刘彦随，王介勇 . 转型发展期"多规合一"理论认知与技术方法 [J]. 地理科学进展，2016，35(05):529-536.

[91] 刘彦随，杨忍，林元城 . 中国县域城镇化格局演化与优化路径 [J]. 地理学报，2022，77(12):2937-2953.

[92] 刘彦随,周扬,李玉恒.中国乡村地域系统与乡村振兴战略[J].地理学报,2019,74 (12):2511-2528.

[93] 刘彦随，周扬，刘继来 . 中国农村贫困化地域分异特征及其精准扶贫策略 [J]. 中国科学院院刊，2016，31(03):269-278.

[94] 刘彦随 . 新时代乡村振兴地理学研究 [J]. 地理研究，2019，38(03):461-466.

[95] 刘彦随 . 中国新时代城乡融合与乡村振兴 [J]. 地理学报，2018，73(04):637-650.

[96] 卢银桃，侯成哲，赵立维，等 .15 分钟公共服务水平评价方法研究 [J]. 规划师，2018，34(09):106-110.

[97] 鲁懿莹 . 公共艺术介入乡村社区营造研究——以日本越后妻有大地艺术节为例 [D]. 长春：东北

师范大学，2021.

[98] 陆大道，孙东琪. 黄河流域的综合治理与可持续发展 [J]. 地理学报，2019，74(12):2431-2436.

[99] 罗桑扎西，戴骊静，杨子江. 乡村社区生活圈视角下的实用性村庄规划框架——以腾冲市新岐社区为例 [J]. 规划师，2023，39(04):126-132.

[100] 罗兴佐，贺雪峰. 农村社区组织建设与公共品供给 [J]. 理论与改革，2008(02):64-66.

[101] 马红坤，毛世平，陈雪. 小农生产条件下智慧农业发展的路径选择——基于中日两国的比较分析 [J]. 农业经济问题，2020，12(12):87-98.

[102] 马红梅，高倩，王鹏程，等. 西南山区乡村振兴发展战略与实践路径——以贵州山区为例 [M]. 北京：中国农业出版社，2023.

[103] 马克思，恩格斯. 马克思恩格斯全集：第 25 卷 [M]. 中共中央马克思恩格斯、列宁斯大林著作编译局，编译. 北京：人民出版社，2001:584.

[104] 毛科轶，王超，吴燕萍. 基于生活圈视角下的上海乡村建设策略探究——以闵行区马桥镇同心村为例 [J]. 时代建筑，2022(02):150-154.

[105] 孟世玉，杨芳绒，李卓，等. 广西乡村景观村民满意度评价及障碍因子分析——以北流市北部乡村为例 [J]. 中国园林，2022，38(09):87-92.

[106] 宁志中，张琦. 乡村优先发展背景下城乡要素流动与优化配置 [J]. 地理研究，2020，39(10):2201-2213.

[107] 潘传杨，冯旭，张宗敏. 基于空间网络的乡村多级生活圈构建方法——以河北省丰宁县为例 [C]// 中国城市规划学会. 人民城市，规划赋能——2023 中国城市规划年会论文集 (16 乡村规划). 北京：中国建筑工业出版社，2023.

[108] 彭家园，庄优波. 从英国地方生物多样性行动计划看乡村发展与生物多样性保护协同路径 [J]. 中国园林，2023，39(07):28-34.

[109] 彭恺，曾姗. "生活圈"理念下的山地城镇乡村振兴发展路径研究——以保康县五道峡景区周边乡村为例 [J]. 城市建筑，2020，17(17):15-18.

[110] 屈野，何韶瑶，彭奕妍，等. 积极老龄化视阈下脱贫地区乡村老年农户可持续生计研究——融合个体空间的路径探析 [J]. 热带地理，2023，43(11):2102-2118.

[111] 尚青艳，杨培峰. 日本过疏化对策对我国乡村振兴的启示 [C]// 中国城市规划学会. 活力城乡 美好人居——2019 中国城市规划年会论文集 (18 乡村规划). 北京：中国建筑工业出版社，2019.

[112] 邵琳. 人口流动背景下的城乡基本公共服务供需研究 [M]. 北京：中国建筑工业出版社，2020.

[113] 邵云通，吴晓. "等级—网络"双维度下长三角城市关联性的演变模式——基于人口流动大

数据的分析 [J]. 城市规划学刊，2023(6):59-67.

[114] 沈璐兰. 数字乡村建设典型报道 ‖ 德清县五四村：一张数字图 智慧治乡村 [EB/OL].(2022-07-16)［2024-11-20］.http://cs.zjol.com.cn/jms/202207/t20220716_24529945.shtml.

[115] 沈权平. 韩国乡村振兴社会政策的起源、演进及政策路向 [J]. 中国农业大学学报 (社会科学版)，2021, 38(05):49-57.

[116] 师莹，惠怡安，王天宇，等 . 设施需求导向下的黄土丘陵沟壑区乡村生活圈划定研究 [J]. 小城镇建设，2021, 39(04):5-13.

[117] 石培琴 . 我国区域基本公共服务均等化研究 [D]. 北京 : 财政部财政科学研究所，2014.

[118] 史育龙 . 畅通城乡要素循环 促进城乡融合发展 [N/OL]. 农民日报，2022-02-25［2024-11-20］. https://szb.farmer.com.cn/2022/20220225/20220225_003/20220225_003_1.htm.

[119] 寿民 . 乡镇企业与村镇规划 [J]. 建筑学报，1984(06):18-21.

[120] 宋聚生，尹宏玲，杨震，等 . 村镇社区服务设施规划方法与实践 [M]. 北京 : 北京大学出版社，2023.

[121] 苏红键 . 城乡两栖的内涵转变与市民化战略转型 [J]. 学习与探索，2024(04):48-55.

[122] 苏红键 . 中国特色的县域城镇化：以城乡两栖促城乡融合 [J]. 甘肃社会科学，2023(04):200-208.

[123] 苏红键 . 中国县域城镇化的基础、趋势与推进思路 [J]. 经济学家，2021(05):110-119.

[124] 孙德芳，沈山，武廷海 . 生活圈理论视角下的县域公共服务设施配置研究——以江苏省邳州市为例 [J]. 规划师，2012, 28(08):68-72.

[125] 孙姗姗，张京祥，李志江 . 基本公共服务设施布局均等化研究进展 [J]. 经济论坛，2011(03):17-22.

[126] 孙姗姗 . 乡村地区基本公共服务设施布局均等化研究 [D]. 南京 : 南京大学，2011.

[127] 孙雅芳，王京超，赵之枫 . 城乡要素流动视角下县域城镇体系研究 [C]// 中国城市规划学会 . 人民城市，规划赋能——2023 中国城市规划年会论文集 (18 小城镇规划). 北京 : 中国建筑工业出版社，2023.

[128] 覃颖 . 中国西南山区乡村聚落空间分布特征及可持续发展评价研究——以苗岭山区为例 [D]. 贵阳 : 贵州师范大学，2023.

[129] 陶德凯，杨晨，吕倩，等 . 国土空间规划背景下县级单元新型城镇化路径 [J]. 城市规划，2022, 46(06):25-36+76.

[130] 田琳，程遥，钮心毅 . 网络视角下的镇村空间组织——基于杭州市临安区居民出行联系的分析 [J]. 城市规划学刊，2023(01):104-110.

[131] 田毅鹏. 20 世纪下半叶日本的"过疏对策"与地域协调发展 [J]. 当代亚太，2006(10):51-58.

[132] 田毅鹏. 东亚乡村振兴的社会政策路向——以战后日本乡村振兴政策为例 [J]. 学习与探索，2021(02):23-33.

[133] 田毅鹏. 东亚乡村振兴社会政策比较研究断想 [J]. 中国农业大学学报 (社会科学版)，2018，35(03):23-28.

[134] 涂圣伟. 通畅城乡要素流动是城乡融合发展的重中之重 [N/OL]. 四川日报，2023-12-18 〔2024-11-20〕. https://epaper.scdaily.cn/shtml/scrb/20231218/v10.shtml.

[135] 万成伟，杨贵庆. 式微的山地乡村——公共服务设施需求意愿特征、问题、趋势与规划响应 [J]. 城市规划，2020，44(12):77-86+102.

[136] 王常年，侯倩倩. 绿色增长理念下乡村生活圈构建研究——以周至县为例 [J]. 城市建筑，2021，18(18):63-65.

[137] 王成，李颢颖，何焱洲，等. 重庆直辖以来乡村人居环境可持续发展力及其时空分异研究 [J]. 地理科学进展，2019，38(04):556-566.

[138] 王丛虎，门理想. 公共资源配置方法的变革逻辑及历史验证——基于公共资源交易理论价值的视角 [J]. 公共管理与政策评论，2021(03):92-106.

[139] 王丛虎. 公共资源交易管理 [M]. 北京 : 经济科学出版社，2018:3.

[140] 王宏亮，吴健生，高艺宁，等. 城市公共资源与人口分布的空间适配性分析——以深圳市为例 [J]. 北京大学学报 (自然科学版)，2021，57(06):1143-1152.

[141] 王龙. 新农村建设进程中的农村公共产品供给制度研究 [D]. 郑州 : 郑州大学，2007.

[142] 王蒙. 产业振兴下的乡村产业空间特征及规划策略——以武汉市东西湖区都市田园综合体为例 [J]. 城市规划，2023，47(03):105-114.

[143] 王士君，廉超，赵梓渝. 从中心地到城市网络——中国城镇体系研究的理论转变 [J]. 地理研究，2019，38(01):64-74.

[144] 王晓莉. 中国百年乡村建设的历史沿革与有效性初探 [J]. 行政管理改革，2021(04):59-68.

[145] 王新鹏，王庆峰. 城乡统筹理念下的村镇基本公共服务资源配置方法研究——以山西省孝义市乡村建设规划为例 [J]. 小城镇建设，2017(02):20-24.

[146] 王竹韵，常江. 中国乡村建设演变历程及展望 [J]. 建筑与文化，2019(03):81-84.

[147] 魏后凯. 减速期中国城镇化转型与村镇发展 [EB/OL].(2022-06-08)[2024-11-15].https://mp.weixin.qq.com/s/FZs0KksT12uZcP6Q98HDNw.

[148] 魏后凯，黄秉信. 农村绿皮书 : 中国农村经济形势分析与预测 (2018—2019)[M]. 北京 : 社会科

学文献出版社，2019.

[149] 魏萍，蔺宝钢，张斌，等 . 基于 SNA 的城市周边乡村公共空间精准优化研究——以白鹿原地区车村为例 [J]. 中国园林，2024，40(06):91-96.

[150] 吴彬，徐旭初，徐菁 . 跨边界发展网络 : 欠发达地区乡村产业振兴的实现逻辑——基于甘肃省临洮县的案例分析 [J]. 农业经济问题，2022(12):59-72.

[151] 吴超 . 打造一支"不走的扶贫工作队"，新知新觉 : 促进乡村本土人才回流 [N/OL]. 人民日报，2018-10-10[2024-11-15].http://opinion.people.com.cn/n1/2018/1010/c1003-30331250.html.

[152] 吴军 . 城市社会学研究前沿 : 场景理论述评 [J]. 社会学评论，2014，2(02):90-95.

[153] 吴梦笛，陈晨，赵民 . 城乡关系演进与治理策略的东亚经验及借鉴 [J]. 现代城市研究，2017，32(01):6-17.

[154] 习近平 . 把乡村振兴战略作为新时代"三农"工作总抓手 [J]. 求是，2019(11):4-10.

[155] 席广亮，甄峰，项欣怡，等 . 智能技术作用下的城市生活服务供需匹配研究进展与展望 [J]. 地理科学进展，2023，42(11):2231-2241.

[156] 席恒 . 西部地区乡村振兴促进共同富裕的难点与重点 [EB/OL].(2022-12-05)[2024-12-11].https://theory.gmw.cn/2022-12/05/content_36209471.htm.

[157] 项文惠 . 台湾农村发展的进程、模式和趋势 [J]. 台湾研究，2021(04):80-87.

[158] 肖作鹏，柴彦威，张艳 . 国内外生活圈规划研究与规划实践进展述评 [J]. 规划师，2014，30(10):89-95.

[159] 肖作鹏，韩来伟，柴彦威 . 生活圈规划嵌入国土空间规划的思考 [J]. 规划师，2022，38(09):145-151.

[160] 谢正伟，李和平 . 论乡村的"精明收缩"及其实现路径 [C]// 中国城市规划学会 . 城乡治理与规划改革——2014 中国城市规划年会论文集 (14 小城镇与农村规划). 北京 : 中国建筑工业出版社，2014.

[161] 辛晖，陶欣雅 . 县域电子商务产业集群背景下乡村空间重构研究 [J]. 全国流通经济，2021(24):13-15.

[162] 邢琰，潘芳，陈子怡 . 社区生活圈在国外的历史演变及近期实践 [J]. 北京规划建设，2020(05):102-105.

[163] 熊熙，张仕超，梁靖茹，等 . 丘陵山区家庭农场时空拓展特征及驱动力分析——以重庆市江津区为例 [J]. 山地学报，2021，39(01):71-87.

[164] 徐克帅，赵永宏，李裕瑞 . 县域生活圈中心村镇选择与发展——以河南省郸城县为例 [J]. 经

济地理，2013，33(10):132-137.

[165] 徐素.日本的城乡发展演进、乡村治理状况及借鉴意义 [J]. 上海城市规划，2018(01):63-71.

[166] 亚当·斯密.国富论 [M]. 郭大力，王亚南，译.北京：商务印书馆，2015:359.

[167] 晏龙旭.流空间结构性影响的理论分析 [J]. 城市规划学刊，2021(05):32-39.

[168] 杨传开，张凡，宁越敏.山东省城镇化发展态势及其新型城镇化路径 [J]. 经济地理，2015，35(06):54-60.

[169] 杨殿闯，温铁军."东亚土改经验"何以成立——促使"东亚土改"成功的共性因素分析 [J]. 农业考古，2015(01):1-8.

[170] 杨舸.日本的区域人口增减分化与人口老龄化 [J]. 日本问题研究，2023，37(06):51-61.

[171] 杨贵庆，肖颖禾.文化定桩：乡村聚落核心公共空间营造——浙江黄岩屿头乡沙滩村实践探索 [J]. 上海城市规划，2018(06):15-21.

[172] 杨君，陈冬梅.生活视角下乡村社区共同体建设 [J]. 学习与实践，2023(03):109-120.

[173] 杨柳，谢心意，徐梓雅.特色村镇地区空间基因识别、表达与演进过程初探——以川东平行岭谷明月山脉河源台地区为例 [J]. 小城镇建设，2023，41(01):32-40.

[174] 杨露萌.大路村阔步走在致富"稻"路上 [EB/OL].(2021-11-03)[2024-12-11].https://www.tlnews.com.cn/xwpd/tlxw/content/2021-11/03/content_9295353.htm.

[175] 曹志奎，陈雪萤，武前波，等.场景理论框架下的未来乡村建设要素与场景类型研究——以杭州市桐庐县大路村为例 [J]. 规划师，2022，38(12):125-130.

[176] 杨忍，潘瑜鑫.中国县域乡村脆弱性空间特征与形成机制及对策 [J]. 地理学报，2021，76(06):1438-1454.

[177] 杨嵘均.论新型城镇化与乡村振兴战略的内在张力、政策梗阻及其规避 [J]. 南京农业大学学报 (社会科学版)，2019，19(05):24-32.

[178] 杨山，杨虹霓，季增民，等.快速城镇化背景下乡村居民生活圈的重组机制——以昆山群益社区为例 [J]. 地理研究，2019，38(01):119-132.

[179] 姚传德."离农"与韩国农业的现状 [J]. 苏州大学学报 (哲学社会科学版)，2002(01):115-120.

[180] 叶红，唐双，彭月洋，等.城乡等值：新时代背景下的乡村发展新路径 [J]. 城市规划学刊，2021(03):44-49.

[181] 叶兴庆.新时代中国乡村振兴战略论纲 [J]. 改革，2018(01):65-73.

[182] GRABSR H，EHRENHALT A.15 分钟城市｜从巴黎到奥法伦：为何规划届如此钟爱超本地化的 15 分钟社区 (两则)[EB/OL]. 邱同春，东方，译.(2023-10-12)[2024-12-11]. https://

mp.weixin.qq.com/s/f80adFBSFNYalH4Uu3s3gw.

[183] 喻明明 . 大城市周边乡村生活圈空间组织模式及其调控策略——基于北京大兴区张公垡村的研究 [D]. 天津：天津大学，2021.

[184] 袁方成，周韦龙 . 要素流动何以推动县域城乡融合：经验观察与逻辑诠释——以佛山市南海区全域土地综合整治为例 [J]. 南京农业大学学报（社会科学版），2024，24(02):63-74.

[185] 袁芳 . 人口城乡两栖状态下农村经济的振兴之路 [J]. 农业经济，2019(09):75-77.

[186] 袁鹏奇，杜新坡，许忠秋 . 基于生活圈的乡村地区公共设施优化配置研究 [C]// 中国城市规划学会 . 面向高质量发展的空间治理——2021 中国城市规划年会论文集 (16 乡村规划). 北京：中国建筑工业出版社，2021.

[187] 云南省农业农村厅社会事业促进处 . 共建绿美乡村 同享绿色福祉——红河州石屏县异龙镇仁寿村大水村委会绿美村庄建设典型案例 [EB/OL].(2024-06-05)[2024-12-11]. https://nync.yn.gov.cn/html/2024/nongcunrenjuhuanjingzhengzhi_0605/1412121.html.

[188] 湛礼珠 . 台湾精致农业发展政策演变、成效及经验 [J]. 世界农业，2019(06):39-45.

[189] 张贝贝 . 新型乡村生活圈规划及其公共服务设施配置研究——以肥城市为例 [D]. 济南：山东建筑大学，2018.

[190] 张彬 . 基于乡村基本生活圈的村庄公共服务设施研究——以上海市青浦区练塘镇为例 [J]. 上海房地，2018(05):15-17.

[191] 张晨阳，史北祥 . 基于知识图谱技术的村镇公共服务设施网络研究 [J]. 西部人居环境学刊，2022，37(04):26-32.

[192] 张建波，余建忠，孔斌 . 浙江省村庄设计经验及典型手法 [J]. 城市规划，2020，44(z1):47-56.

[193] 张剑文 . "农业学大寨"社会动员背景下的中国新村规划建设 [J]. 建筑师，2019(05):90-96.

[194] 张杰 . 村镇社区规划与设计 [M]. 北京：中国农业科学技术出版社，2007.

[195] 张娟，王玉虎，刘航 . 对平原地区县域城镇化的若干思考——基于山东、河北的县域城镇化调研 [J]. 城市发展研究，2016，23(09):C1-C6.

[196] 张军以，苏维词，王腊春，等 . 西南喀斯特地区城乡融合发展乡村振兴路径研究 [J]. 农业工程学报，2019，35(22):1-8.

[197] 张立，李雯骐，白郁欣 . 应对收缩的日韩乡村社会政策与经验启示 [J]. 国际城市规划，2022，37(03):1-9.

[198] 张立，李雯骐，张尚武 . 国土空间规划背景下建构乡村规划体系的思考——兼议村庄规划的管控约束与发展导向 [J]. 城市规划学刊，2021(06):70-77.

[199] 张立. 乡村活化：东亚乡村规划与建设的经验引荐 [J]. 国际城市规划，2016，31(06):1-7.

[200] 张莎. 重庆三个层面发力让农村老有所养 [N]. 重庆日报，2021-05-01(02).

[201] 张文静，沈克印. 乡村振兴战略下农村公共体育服务的协同治理研究——基于多元主体协同治理模型 [J]. 沈阳体育学院学报，2020，39(03):35-42.

[202] 张延龙. 城乡要素合理配置的四条路径 [EB/OL].(2022-08-08)[2024-12-11].http://theory.people.com.cn/n1/2022/0808/c40531-32496815.html.

[203] 张玉林. "现代化"之后的东亚农业和农村社会——日本、韩国和台湾地区的案例及其历史意蕴 [J]. 南京农业大学学报 (社会科学版)，2011，11(03):1-8.

[204] 赵宏钰，彭攀，万衍，等. 基于熵值法的乡镇公共服务设施现状综合评价——以四川省合江县 7 个乡镇级片区为例 [EB/OL].(2023-03-29)[2024-12-11].https://mp.weixin.qq.com/s/-dhZUrQyUWGh3XKjMCNU6A.

[205] 赵民，游猎，陈晨. 论农村人居空间的"精明收缩"导向和规划策略 [J]. 城市规划，2015，39(07):9-18+24.

[206] 赵鹏军，胡昊宇，于昭. 中国乡村交通出行与地域系统 [J]. 人文地理，2020，35(04):1-8+138.

[207] 赵鹏军，于昭，贾雨田. 中国村镇居民跨区域出行与乡村地域系统调查研究 [J]. 地理科学，2020，40(04):497-508.

[208] 赵万民，冯矛，李雅兰. 村镇公共服务设施协同共享配置方法 [J]. 规划师，2017，33(03):78-83.

[209] 赵万民，李雅兰，魏晓芳，等. 非均等化到均等化：基于 GIS 分析的城乡公共服务设施布局研究——以重庆市长寿区公共服务设施规划为例 [J]. 西部人居环境学刊，2016，31(05):35-41.

[210] 尚天宇. 县域数字乡村指数全国第一，浙江湖州市德清县以数字技术激活农村"沉睡资产"[EB/OL](2022-06-02)[2024-12-11].https://zj.cnr.cn/zjyw/20220602/t20220602_525847462.shtml.

[211] 浙江省自然资源厅国土空间规划局，信息中心. 醉美自然•看"浙"里丨一笔一划，绘出永旺新图景 [EB/OL].(2023-03-30)[2024-12-11].https://zrzyt.zj.gov.cn/art/2023/3/30/art_1289955_59015633.html.

[212] 中共中央党史和文献研究院. 习近平关于"三农"工作论述摘编 [M]. 北京 : 中央文献出版社，2019.

[213] 中华人民共和国国家发展和改革委员会就业司. 改变育训模式，补齐乡村人才短板 [EB/OL].(2023-02-28)[2024-12-11].https://www.ndrc.gov.cn/fggz/jyysr/jysrsbxf/202302/t20230228_1350401.html.

[214] 中华人民共和国国家发展和改革委员会社司司. 农村公共服务经典案例点评 [EB/OL].(2021-

01-09)[2024-12-11].https://www.ndrc.gov.cn/xwdt/ztzl/qgncggfwdxal/202101/t20210119_1265226.html.

[215] 中华人民共和国农业部土地利用局 . 人民公社规划汇编 第一辑 [M]. 北京 : 科学普及出版社,
1958:73.

[216] 重庆日报 . "小花花"如何变成大产业 带你走进西南最大三角梅基地 _ 重庆 [EB/OL]. 搜狐网,
2022-06-07[2024-12-11]. https://www.sohu.com/a/398607443_120388781.

[217] 赵伟平 . 铜梁区土桥镇河水村 : 用好红色资源推进乡村振兴 [EB/OL].(2021-07-02)[2024-11-10].
https://app.cqrb.cn/economic/2021-07-02/731428.html.

[218] 周弦 .15 分钟社区生活圈视角的单元规划公共服务设施布局评估 : 以上海市黄浦区为例 [J].
城市规划学刊, 2020(01):57-64.

[219] 周晓娟 . 资源紧约束背景下超大城市乡村振兴战略和规划策略的思考——以上海为例 [J]. 上
海城市规划, 2018(06):22-29.

[220] 周奕言, 张晨阳 . 城市近郊村镇公共服务设施"借用"特征分析与机制研究——以重庆永川
区板桥镇为例 [J]. 上海城市规划, 2023, 3(03):99-106.

[221] 朱查松, 王德, 马力 . 基于生活圈的城乡公共服务设施配置研究——以仙桃为例 [C]// 中国城
市规划学会 . 规划创新——2010 中国城市规划年会论文集 . 重庆 : 重庆出版社, 2010.

[222] 朱介鸣 . 城乡统筹发展 : 城市整体规划与乡村自治发展 [J]. 城市规划学刊, 2013(01):10-17.

[223] 朱明明, 杨伟光, 徐秋寅 . 田野工法 : 乡村空间设计新范式——以当涂县大青山为例 [J]. 城
市规划学刊, 2022(z2):209-215.

[224] 朱晓青, 李苧薇 . 乡村振兴下日本乡村驿站功能设定与地方性操作解析 [J]. 建筑与文化,
2023(09):69-71.

[225] 邹於娟 . 新中国七十年农业农村发展历程及政策演变 [J]. 农业经济, 2020(10):35-37.

[226] 朱媛媛, 罗源 . 中国乡村社会空间重构过程再认知及展望——基于人口城乡逆流视角 [J. 地理
科学进展, 2024, 43(02):374-386.

[227] 吴斌, 涂静宇 . 乡村收缩背景下的乡村振兴路径与空间规划支撑——以南京市溧水区为例 [C]//
中国城市规划学会 . 活力城乡 美好人居——2019 中国城市规划年会论文集 (18 乡村规划). 北
京 : 中国建筑工业出版社, 2019.